臺灣歷史與文化 研究輯刊

十 三 編

第24冊

臺灣海洋文學研究（1950～2010）（下）

張 錦 德 著

花木蘭文化事業有限公司

國家圖書館出版品預行編目資料

臺灣海洋文學研究（1950～2010）（下）／張錦德 著 — 初版
— 新北市：花木蘭文化事業有限公司，2018〔民107〕
目 2+230 面；19×26 公分
（臺灣歷史與文化研究輯刊 十三編；第 24 冊）
ISBN 978-986-485-316-8（精裝）
1. 臺灣文學 2. 文學評論
733.08   107001617

ISBN-978-986-485-316-8

9 789864 853168

臺灣歷史與文化研究輯刊
十三編　第二四冊   ISBN：978-986-485-316-8

臺灣海洋文學研究（1950～2010）（下）

作　　者　張錦德
總 編 輯　杜潔祥
副總編輯　楊嘉樂
編　　輯　許郁翎、王筑　美術編輯　陳逸婷
出　　版　花木蘭文化事業有限公司
發 行 人　高小娟
聯絡地址　235 新北市中和區中安街七二號十三樓
　　　　　電話：02-2923-1455／傳真：02-2923-1452
網　　址　http://www.huamulan.tw 信箱 hml 810518@gmail.com
印　　刷　普羅文化出版廣告事業
初　　版　2018 年 3 月
全書字數　375559 字
定　　價　十三編 24 冊（精裝）台幣 60,000 元

臺灣海洋文學研究（1950～2010）（下）

張錦德 著

目次

第七章　80年代的海洋書寫

　　進入 80 年代，臺灣海洋書寫如同臺灣文壇一般，也隨臺灣社會的風起雲湧而波動。在解嚴之前，為了挑戰國民政府的長期以來控制政治、思想、經濟、文化等，臺灣文學發出不同聲音與多元主張，而形成眾聲喧嘩；同樣的這時候的海洋書寫也離不開向威權體制抗議、本土意識抬頭等多元發展特色。

　　海洋在詩方面，未被文壇注意的大海洋詩社，一直默默在高雄創作，創辦人朱學恕不但將近十年在《大海洋》發表的長詩〈飲浪的人〉於 1986 年出版，而由他所發起主編的《中國海洋詩選》也在 1985 年出版。同樣也在海軍服務，與《大海洋》詩人汪啟疆友好，並在《大海洋》發表詩作的林燿德，也於 1987 年 7 月出版由他所主編的一套三本《中國現代海洋文學選》。

　　海洋詩選與海洋文學選輯的出現，其在文學史的意義說明了是當時對海洋文學這一文類概念的形成，尤其是海洋詩已經累積足夠的作品。

　　而在小說方面，70 年代所興起的鄉土文學，到了 80 年代開始起了變化，原本鄉土文學是書寫鄉土，關懷底層小人物，到了 80 年代，隨著本土意識抬頭，關懷的對象從鄉土轉為本土臺灣，而批判對象也從原本現代化所帶來的政經問題，也隨著政治威權的鬆動，轉而直接批判政府，小說中帶有政治批判意識表達政治訴求。同樣的，70 年代海洋與鄉土結合的海洋小說，到了 80 年代，也有了延續與轉向。首先呂則之以《海煙》這本長篇小說入圍黨外第一大報《自立晚報》百萬小說決選，並由自立晚報社於 1983 年 4 月出版。在文壇闖出名號的呂則之，續續於隔年 9 月出版《荒地》一書，1988 年 3 月出版《雷雨》，這些著作都是以澎湖漁村生活為背景，可以說是 70 年代海洋與鄉土合體的海洋小說的延續。

　　另外，70 年代就以短篇小說步入文壇的東年，在 1985 年 3 月出版《失蹤的太平洋三號》長篇小說，並且也入圍了《自立晚報》百萬小說決選。這本小說可以說是他 70 年代短篇海洋小說的延續，同時也是轉向，因為東年在這部小說中傳達個人的政治思維與國家認同。無獨有偶，70 年代的鄉土小說家王拓，在獄中所完成了《牛肚港的故事》，這本小說延續他 70 年代的鄉土小說，依舊以以家鄉八斗子漁港為背景，所不同的是，王拓更將自己陷入牢獄所受的冤屈寫進作品裡，是一部政治批判相當強烈的海洋小說。

　　嚴格來說，王拓的《牛肚港的故事》故事背景依舊停留在岸上八斗子漁港，小說的重心也著重於對當時政府的控訴，漁村只是故事背景，反觀呂則之與東年的小說，對於海洋生活的描述則相當豐富，寫出海洋對澎湖、臺灣本島的密切關係。因此，本章將以呂則之、東年的海洋小說為主，王拓小說為輔，探討 80 年代的海洋書寫。

第一節　眾聲喧嘩的 80 年代

一、80 年代文學背景

　　70 年代末期，臺灣連續發生幾個社會活動事件，首先是 1977 年公職人員選舉活動中因舞弊嫌疑所爆發的「中壢事件」；而在 1978 年原預定舉辦的增額中央民意代表選舉卻因臺灣與美國斷交而宣佈停辦；接著是 1979 年在《美麗島》創刊酒會上，國民黨發起群眾包圍中泰賓館，發生對立雙方衝突正面交鋒的「中泰賓館事件」；最後則是 1979 年 12 月 10 日在高雄由黨外人士所舉辦的紀念世界人權日集會遊行活動中爆發激烈的軍警衝突，與在隨後的軍事公開審判經由國內外媒體的充分報導下，為臺灣社會引爆一股巨大的省思。

　　高雄發生的衝突最為嚴重，當時以《美麗島》雜誌社成員為核心的黨外人士，組織群眾進行遊行及演講，訴求民主與自由，當天晚上吸引許多群眾參加，治安單位則以有人點燃火把為由，派出鎮暴車包圍民眾，形成警民嚴重衝突，此事即為「美麗島事件」又稱「高雄事件」。同月 13 日，警備總部以「涉嫌叛亂」罪名展開逮捕行動，大舉逮捕黨外人士，並進行軍事審判，為臺灣自二二八事件後規模最大的一場警民衝突事件。高雄事件在押嫌犯經軍事檢查官偵察完畢，其中黃信介等八人以叛亂罪提起公訴；王拓、楊青矗等三十七人移送司法機關起訴，甚至一度以叛亂罪問死，史稱「美麗島大審」。

　　美麗島事件對臺灣往後的政局發展有著重要影響，一是臺灣民眾於美麗島事件後開始關心臺灣政治。二則是象徵戰後歷經波折的臺灣本土政治運動，準備進入體制抗衡，踏出組織化的第一步。之後又陸續發生林宅血案、陳文成命案撼動國際社會，使國民黨執政的政府不斷遭受國際輿論的壓力以及黨外勢力的挑戰，臺灣主體意識日益確立，在教育、文化、社會意識等方面都有重大的轉變。

二、本土意識抬頭的文學風潮

　　文學方面，70年代鄉土文學論戰開始以來，作家就以提倡「參與的文學」（committed literature），以為文學創作活動是一種實踐活動，欲以文學作品的內涵來感化民眾，使民眾覺醒，積極的參與改革社會提高生活品質，使國家成為現代化的國家。〔註1〕而在發生美麗島事件之前，許多支持鄉土文學論點作家如王拓、楊青矗等，就已放棄其文學生涯而投入政治反對運動，兩人都成為1978年底中央民意代表增補選舉的黨外候選人，後來也都加入《美麗島》團體。隨著1979年發生美麗島事件，兩人被捕入獄後，也使得鄉土文學更漸趨沉寂的。

　　隨著王拓與楊青矗等人入監服刑，70年代興起的鄉土文學彷彿走入尾聲。楊照就認為經過美麗島事件的刻意打壓，以及聯合報小說獎徵選標準的丕變，使得鄉土文學被馴化收編，無論是《千江有水千江月》，或立足都市尋求溫暖純樸的精神母土《楊桃樹》，都喪失了70年代揭發社會弊病、呼求正義公理的批判精神。當兩大報文學獎樂於哄抬鄉土文學的合法性之時，也終結了鄉土文學。〔註2〕儘管美麗島事件造成鄉土文學陣營的潰散，但誠如呂正惠所說：「作家把他的現實關懷逐漸轉移到政治上去了」。〔註3〕他認為80年代反對勢力的勃興，使得70年代興起的鄉土文學作家作家投入實際的政治運動。

　　從這點看來，鄉土文學到了80年代並不是式微，文學的「關懷」與「批判」依舊延續，所不同的是到了80年代，文學的「關懷」與「批判」對象已經轉向。而這與80年代國民黨執政政府的鬆動，以及臺灣本土意識抬頭有關。

〔註1〕葉石濤：《臺灣文學史綱》（高雄：春暉出版社，1987年2月），頁167。
〔註2〕楊照：〈從「鄉土寫實」到「超越鄉土」──八○年代的臺灣小說〉，收入楊照：《夢與灰燼──戰後文學史散論二集》（臺北：聯合文學出版社，1998年4月），頁179～197。
〔註3〕呂正惠：〈八○年代臺灣小說的主流〉，收入孟樊、林燿德編《世紀末偏航》（臺北：時報出版，1990年12月），頁271～280。

　　1979 年所發生的美麗島事件後，使民眾開始同情黨外人士，同時進一步思考相對於「中國」的「臺灣」母土。謝春馨就認爲「美麗島事件激起了臺灣民眾自七〇年代以來隱隱約約的臺灣意識，也大幅度地退卻了七〇年代和臺灣意識並存的中國意識」〔註4〕美麗島事件使得臺灣的本土意識取代鄉土而成爲 80 年代的主流思想，這是在政治社會層面所呈顯之臺灣本土化的發展過程，其中特別突出地強調臺灣意識，用以別於過往所教育形塑之大中國意識。

　　而反映到文學上，更產生臺灣結與中國結的對立。1981 年 1 月詹宏志在〈兩種文學心靈——評兩篇聯合文學小說獎得獎作品〉一文中提出「邊疆文學」之詞，首度引發 80 年代臺灣文壇針對臺灣文學定位問題的熱烈討論，他在文中表示：

> 如果三百年後有人在他中國文學史的末章，要以一百字來描寫這三十年來的我們，他將會怎麼形容，提及那幾個名字？小說家東年曾經對我說：「這一切，在將來，都只能算是邊疆文學。」邊疆文學。這一詞深深撼動了我，那意味著遠離了中國人的問題與情感，充滿異國情調，只提供浪漫夢幻與遐思的材料……如果我們還能因著血緣繼續成爲中國的一部分；如果三百年後我們應得的一百字是遠離中國的，像馬戲團一般的評價——我們眼前這些熙來攘往的文化人，豐筵川流的文壇，孜孜矻矻的創作活動，這一切，豈非都是富饒的假象？〔註5〕

這樣的省思與憂心直接觸發沉寂已久的文壇，詹宏志對臺灣文學自主性的悲觀態度，這個假設性的問題引發本土文學界的不滿，游勝冠就認爲：

> 在美麗島事件、二二八林家血案激起臺灣歷史主體意識的覺醒之後，詹宏志提出自比爲中國庶子的邊疆文學論，無異再次突顯了臺灣受中國壓迫的歷史形象，促使本土作家將政治民主化運動中對臺灣歷史主體地位的追求帶到文學界來，在後續對邊疆文學論的批判、反省中，臺灣文學本土論開始邁出去中國中心的腳步。〔註6〕

〔註4〕葉春馨：《八〇年代「臺灣文學」正名論》（桃園：中央大學中國文學研究所碩士論文，1995 年），頁 34。

〔註5〕詹宏志：〈兩種文學心靈——評兩篇聯合報小說獎得獎作品〉，《書評書目》第 93 期（1981 年 1 月），頁 23～24。

〔註6〕游勝冠：《臺灣文學本土論的興起與發展》（臺北：前衛出版社，1996 年 7 月），頁 335。

從去中國中心到強調臺灣的主體性，本土論者進而彰顯臺灣文學的自我的存在意義與價值。

　　這場發生於 80 年代初期的文學論爭議題雖不少，但主要的指稱主題只有一個，就是「臺灣文學」，諸如臺灣文學的地位、臺灣文學的方向、臺灣文學的特質、甚而臺灣文學的定義等，各方熱切積極地界定環繞於臺灣文學的各項問題，從名號的確立到內質的爭議，在在說明了他們急切地欲證明臺灣文學本身即具有獨立存在發展的意義與價值。

　　因「邊疆文學」事件而重現的「臺灣文學」之名號，雖然在文壇上紛紛擾擾引發諸多論戰，無論這些環繞於臺灣文學的問題是否得到共識與答案，但有一點可以確定「臺灣文學」開始在文壇中自然地被廣泛使用，誠如宋冬陽所說的，「經過『邊疆文學論』的挑戰，這個名詞便取代了過去一般所廣泛使用的『鄉土文學』」，他同時指出這樣發展是進步的，「因為，他們掙脫了論戰中對『鄉土文學』的形式上的爭議，而以更具包容的態度把臺灣島嶼上誕生的文學直接稱為『臺灣文學』」〔註7〕

　　自此，在臺灣作家互相對談、思考的過程中，臺灣意識逐漸抬頭，他們在文學中所標舉出的自主性、本土化的文學主張，在 80 年代以後的文壇，形成一股潮流。

第二節　海洋文學選集

　　儘管本土化風潮吹過整個臺灣文學界，但是位於高雄的大海洋詩社，卻似乎感受不到這股炫風，他們繼續默默寫詩，並且於 1985 年出版了厚達四百多頁，臺灣第一本的《中國海洋詩選》。同樣也在海軍服務，與《大海洋》詩人汪啟疆友好，並且在《大海洋》發表詩作的林燿德，也於 1987 年 7 月出版由他所主編的一套三本《中國現代海洋文學選》。《中國海洋詩選》、《中國現代海洋文學選》的出現，正反映出他對於時代氣氛的敏銳感觸，清楚察覺到海洋意識對於臺灣當下社會的前瞻性意義。

〔註 7〕宋冬陽：〈現階段臺灣文學本土化的問題〉，《臺灣文藝》第 86 期（1984 年 1 月），頁 24。

一、《中國海洋詩選》

大海洋詩社選編的第一本《中國海洋詩選》，厚達四百多頁的海洋文學選，《大海洋》詩刊早在 1976 年 12 月的第 5 期就曾刊載〈本刊編印中國海洋詩選〉的廣告：

> 縱貫五千年，橫集全中華之海洋詩粹，用以開拓海洋文學新境界，發揮傳統文化功能。內容包括有關海洋，古典詩，白話詩，以及現代詩三輯。
>
> 編輯群：主任委員　黃永武
>
> 總編輯：瘂弦
>
> 編輯：江聰平、朱沉冬、李春生、林煥彰、朱學恕、蘇紹連、阜東、
> 　　　汪啓疆、林仙龍、皓浩、江夏、李新名
>
> 敬請各詩社各詩人推荐，惠賜大作，來稿並請附玉照、小傳，註明刊載處。六十六年三月卅一截稿。
>
> 稿件暨聯繫函請寄高市楠梓軍校路 780 巷 77 弄 65 號林仙龍收。〔註8〕

然而一直到 1977 年底仍未見出版，僅於第 8 期（1977 年 12 月）〈大海洋潮訊〉刊登：「本刊籌編『中國海洋詩選』，仍繼續收稿，預計明年刊版，歡迎詩友惠賜重要海洋作品。」〔註9〕顯然編輯進度不如預期。

所幸，最後《中國海洋詩選》於 1985 年出版，並且是由「大海洋詩刊社編委會」掛名主編，檢視其內容，出版頁裡取而代之的是大海洋詩社的同仁；古典詩則是由江夏序，現代詩總序放的是朱學恕在《大海洋》創刊號上的代序〈開拓海洋文學的新境界〉。最後，在寫於 1983 年的一篇文章裡，朱學恕曾轉載了「出版『中國海洋詩選』的一封公開信」，〔註10〕從內容可以推測，由黃永武掛名主委的第一次編輯委員會應是改組了，1983 年的編輯會議，成員全改為詩社成員，也因此，這次的選本內容在現代詩部分幾乎全是詩刊同仁。儘管如此，這本選輯終究是目前可見的第一本海洋詩選輯，在海洋文學史上具有開創的意義。現代詩選的部分，共收四十五人作品，主體仍是大海

〔註8〕大海洋詩社：〈本刊編印中國海洋詩選〉，《大海洋》第 5 期（1976 年 12 月），頁 44。

〔註9〕大海洋詩社：〈大海洋潮訊〉，《大海洋》第 8 期（1977 年 12 月），頁 56。

〔註10〕朱學恕：《開拓海洋新境界》（高雄：大海洋文藝雜誌社，1987 年 10 月），頁 142。

洋詩社成員，特別的是重要詩人都附有照片、簡介與詩觀，在往後的 1994 年版《中國海洋詩選》與 2002 年的《中國海洋文學大系：二十世紀海洋詩精品賞析選集》〔註11〕裡，也都沿襲這個體例，形成重要的海洋文學資料庫。

二、《中國現代海洋文學選》

　　至於 1987 年林燿德主編的《中國現代海洋文學選》是由三本選集編纂而成，依序為小說選《海事》、散文選《藍種籽》以及新詩選《海是地球的第一個名字》等三種文類選集。其中散文與新詩兩本文集所選錄的作品，收錄了解嚴之前涉及海洋內容的創作，更擴及 1945 年戰前中國現代文學作家的創作，時間橫跨戰前與戰後，空間則不拘海峽此岸與彼岸。在這三本選集裡，海洋多半只是單純的佈景道具，但也有像東年、汪啟疆、林燿德等作品，以海為主要敘述、抒懷的主體。

　　三本選集當中，無論是主編林燿德的導言或是名作家為之作序，皆於文中直言指陳對於中國文學而言，海洋文學的養分可謂相當貧乏，如司馬中原對於中國歷代海洋書寫的總評：

　　　　從古到今，我們的文學作品，描寫和刻繪海洋的，少之又少，古代
　　　　詩歌裏，涉及海洋者，也祇有一兩句感嘆式的吟誦；若干傳奇和平
　　　　話小說，涉及海洋者，也多以感性為主，略作點綴；有些以傳說為
　　　　經，牽強附會，有些更荒誕神奇，毫無依據。……足證歷代文士，
　　　　對海洋知識體認的淺浮。〔註12〕

而林燿德對此一現象更是直言批評：

　　　　這些兒拿到八○年代仍然令人感到娛樂性十足的通俗海洋冒險小
　　　　說，所缺乏的不用說正是藝術的經營，更遑論及海洋心靈的呈現以
　　　　及人海之間的辯證探究。〔註13〕

林燿德在中國現代文學的脈絡中，遍尋不著經營海洋小說格局的成就，即使是中國作家巴金的中篇作品《海底夢》，在其看來卻是一篇「沾染了幾絲海洋鹹味的政治小說」，海洋的呈現也只是「一種詭異的象徵」罷了。

〔註11〕朱學恕、汪啟疆編：《中國海洋文學大系：二十世紀海洋詩精品賞析選集》（新
　　　　北：詩藝文出版社，2002 年 4 月）。
〔註12〕林燿德編：《海事》（臺北：號角出版社，1987 年 7 月），頁 6。
〔註13〕同註12，頁 10。

從這不難看出林燿德對戰前中國海洋文學的失望，他更從中體認到海洋意識之於臺灣的重要意義，他坦言，在深具陸權文化特質的中國文學內涵中，海洋文學之養分是貧瘠而匱乏的，並且他也曾坦承臺灣因其特殊的人文地理環境，所以能夠引發海洋創作的出現。以下就三本選輯做扼要介紹。

（一）中國現代海洋小說選《海事》

海洋小說選集《海事》不同於散文與新詩選集之處，在於選錄作品的創作時間與地點不及後兩者廣泛，大多集中在 70 年代所發表的臺灣小說，上一章所介紹的東年的小說，就收入了兩篇〈暴風雨〉、〈海鷗〉，對此，編者林燿德在導言中有所解釋：

> 民國以後，仍不見海洋小說的經營……
>
> 一九四九迄八〇年代，大陸地區沒有出現中國式海洋小說的範例，原因待考；同一期間，臺灣地區因為人文、地理的特殊條件，少數小說家開始以漁民、船員生活為題材，有軍旅經驗的作家也完成不少以海戰為主題或背景的作品，編者將其中具代表性者匯整為本書。〔註14〕

由此可知，《海事》所選錄的海洋小說，多以臺灣漁民、漁村的生活經驗，以及海軍作家的海戰小說為主，但除了東年〈暴風雨〉、〈海鷗〉，汪啟疆的〈劍門〉，是發生在海上的故事，大多數的作品，只是將小說的背景設定在濱海漁村，「海洋」在這小說裡終究是客體背景的存在，是故事發生的舞臺，而非書寫的主體，例如洪醒夫的〈漁網村的傳奇〉，是敘述二次大戰後，村民期待南洋軍伕回鄉的故事，小說內容與海洋無關，只是背景剛好設定在漁村。

（二）中國現代海洋散文選《藍種籽》

相較於小說明確的文類限制，散文創作能夠省去故事情節的費心安排，字數的多寡也全由作者自行決定，因此當作家們以陌生的海洋做為創作素材，選擇散文形式的書寫似乎較為容易上手，因而海洋散文的創作質量遠勝於小說類別。

海洋散文的選錄，林燿德依據創作的時間次序以及所在地，將所有作品明確的直接一分為二：其一為「自中國啟航」系列，選錄的作品皆為作家們

〔註14〕林燿德編：《海事》，頁 10～11。

在戰前中國之時所寫，其中更有徐志摩、巴金等之作；另一則是「夢迴太平洋」系列，其創作的時間與地點則以戰後的臺灣為主。當然，對於多數中國人而言，海洋是個「陌生存在」的矛盾議題，林燿德的看法與前人如朱學恕等相同，以正面的態度將問題歸因於「大陸性文化」、「歷朝海禁」以及「帝國主義自海上輸入的侵略」等歷史的必然，他在〈海圻艦的奇遇——《中國現代海洋散文選》導言〉如此嘲諷地表示：

> 編者所欲呈現的並非止於「中國式的海洋精神和海洋情感」(除非你把上下引號之間的十三個字當做一句反諷的警句)，也著力於數十年來無法擺脫的大陸性文化陰影。〔註15〕

一語道出編選的困難性，也可看出他心中所想選錄的作品是有真實海洋體驗的。

在這些精選的散文作品中，或寫親身搭船渡海之經驗，或寫海岸觀海之心得，都是藉由海洋活動的經驗而抒發自身對於海洋的各種想像，綜合觀之，可以發現作者將觀察到的海洋現象，轉化推演成對於人生境遇的感嘆，藉由描寫海洋呈現的各種姿態，觸發心中不同的生命想像，此類型的書寫內容是為海洋散文選集的大宗，例如向陽〈歸航賦〉：

> 在海上的行腳裏，我的意志銘誓著：海水必須向岩岸作無盡的沖激才能形成花般綻放的浪濤；風潮必須向山谷作不歇的怒吼才能迴應為歌般嘹亮的音符。這種銘誓，使我更深刻地瞭解到，一切自塑，缺少了掙扎、抗鬥和血淚，縱然成功地綻放出花蕊卻不熱烈；縱然完美地譜出樂章，卻不莊嚴。生命的過程，求其熱烈，終結，應求其莊嚴。〔註16〕

又如林燿德的〈海〉：

> 每當我注視海洋良久，一旦閉起眼睛，整個海洋的遼闊氣象，都滾湧在我的胸臆中。海正替地球進行著永恆無間的洗禮，日月昇沉，潮汐起落，面對海洋，我感悟到：猶似柔軟而巨大的棺蓋，海洋正埋藏著生命與文明的昨日。在這無垠的空間中，人間所有的遺憾和怨恨，都顯得多麼的卑猥小氣，該和海洋學習著包容和博大，該將視線投向最遙遠的彼岸……〔註17〕

〔註15〕林燿德編：《藍種籽》(臺北：號角出版社，1987年7月)，頁9。
〔註16〕同註15，頁204。
〔註17〕林燿德編：《藍種籽》，頁273。

海洋意象成爲了作者對於人生觀的啓發，大海的廣闊與深邃，是人類必須學習的目標。

　　另外，有些作品則是將海洋當成淘洗心靈的工具之一，尤其是海岸邊浪來潮往的自然特質，誘發文人最爲擅長的聯想能力，例如汪啓疆〈到海上來〉：

> 有一次我臥在沙灘上，聽海浪來，海浪去。甚至聽出了沙灘表層上沙粒的沖動。我不懂凡沖動的東西總是乾淨的，是爲什麼？滾動的石頭不生苔，活動而探尋的靈魂永遠也沒個止域……。我就想，是否凡和海接觸的，都會爲它所感動、所改變；放棄了一切，而又擁有了一切。像一粒泡在海水裏流盪的生命種子，以原始的胚形來把你一層層剝落，讓你找到、或得到自己眞正的形態模樣。〔註18〕

又例如簡媜〈海路〉：

> 心思單純得像一張紙，像初生的嬰兒一樣地空白著，向海告別，向天空中盤旋的一隻孤獨的海鳥告別，我會再來，來洗八荒九垓的塵埃。〔註19〕

　　有些作品則是藉由大海來塡補心中無以名之的鄉愁與眷戀，又或是當作者站在浩瀚海洋的面前，因爲目睹大海澎湃壯闊，心中總不免興起曠古之幽思，例如郭兀濤〈又聞潮聲〉：

> 滄海桑田，去有多少歷史在大海的浪濤裏被改變？多少風流人物被海浪淘盡湮沒？
>
> 沙灘柔柔，海水悠悠，而我心也幽幽。潮聲仍繼續澎湃，湮滅的浪花不再復現，失落的歷史也不再復現，而我們人類究竟能掌握住多少個現在呢？
>
> 潮聲澎湃，我心也澎湃。〔註20〕

在此，書寫海洋成爲作者自我人生觀的辯證與呈現，也是撫慰心靈的方式，藉浪潮往來的洗滌，抒解傷感的鄉愁；作家們面對大海思古幽情，彷彿看盡歷史中的起起落落，頗有去國之思的惆悵。

　　從這點來看，海洋雖是書寫的對象，但是多半成了寄情的的客體，也因此這些作品總是讓人有種錯覺，就是作家對於海洋生活體驗並不深刻，以至

〔註18〕同註17，頁162。
〔註19〕同註17，頁268。
〔註20〕同註17，頁113～114。

於抒情有餘，記實稍嫌不足。如同本書封底所言：「因此雖然中國文人與海洋接觸並不密切，但海洋散文卻一樣精彩」，這一句話看似嘲謔十足，卻也是這本散文集的一大問題。因爲即使像汪啓疆，這位航行在大海的艦長，對於海洋詩創作也有出色表現，但是他在這本散文選中，不論是〈沙灘〉、〈夜泊西引〉、〈海洋散記〉、〈到海上來〉、〈雨浴〉等文，在這些作品中，海洋始終被過多的抒情想像而遮掩其眞實的波瀾，或許這正是林燿德所嚮往的「海洋心靈的呈現以及人海之間的辯證探究」，但是，過多的文人心中愁緒抒懷之作，對於海洋過多美好的嚮往，忽略海洋的凶險驟變，也讓作家書寫的海洋缺乏了眞實性。

不過，《藍種籽》能夠編輯成書，實屬不易，誠如張拓蕪在序中所說，對於編者所期許「只不過想爲尙未開發的中國海洋文學做一點奠基工作」〔註21〕之苦心，仍有必須肯定。

（三）《海是地球的第一個名字》〔註22〕

至於海洋新詩的選錄，作品質與量方面的成績遠勝於小說與散文的表現，顯現在 80 年代以前，海洋詩的發展遠勝於過往。林燿德認爲這與詩人向來具有敏銳與激進的特質有關，他論及中國人對於海洋生活的陌生與忽視，直言不諱地批評歷代海洋詩作「莫不以摹臨海景爲基調，或藉海以抒懷明志、或藉海以傳奇誌異，總括而言，其中所缺乏的正是深刻的海洋生活經驗」，〔註23〕也因如此，新詩創作者較爲古代詩人，在創作上對於海洋題材，顯然有更多的海洋生活經驗，以及更多的想像空間與可觀的開拓性：

> 這本選集如果具備了趣味，那麼所呈現的趣味，就在於呈現現代詩
> 人如何在作品中處理海洋這個「陌生」的素材。〔註24〕

從選輯中所錄選的詩人，就更能清楚明白，撇開戰前詩人不論，戰後的詩人，覃子豪就入選了六首，瘂弦入選了四首，汪啓疆則有五首，佔所有詩篇中五分之一。其中覃子豪是第一位將創作重心擺在海洋題材上的詩人，他

〔註21〕林燿德編：《藍種籽》，頁 4。

〔註22〕這名字本來是汪啓疆散文〈到海上來〉裡頭的一句話，（該書名甚至成爲 1993 年聯合報社辦理「海洋文學座談會」時的主標題），參林燿德編：《藍種籽》，頁 164。

〔註23〕林燿德編：《海是地球的第一個名字》（臺北：號角出版社，1987 年 7 月），頁 9。

〔註24〕同註 23，頁 11。

的《海洋詩抄》是現代中國第一部重要的海洋詩集。而瘂弦與汪啟疆因為海軍的關係，自然相對於其他詩人而言，有更多的海洋體會。而如果從詩人與海軍的關係這點來看，所入選的詩人如洛夫、瘂弦、汪啟疆、林仙龍、劉克襄、向陽、林燿德等都曾在海軍服務過，顯然海軍詩人的海洋詩仍屬大宗，這也符合本論文對 70 年代以前臺灣海洋文學發展的敘述。

除此之外，其中還有一點值得注意，這本詩選收錄汪啟疆、林仙龍外，但其餘大海洋詩社同仁的詩作都未被收錄，筆者研判林燿德在選詩之時，為了與大海洋詩社所出版的《中國海洋詩選》有所區隔的緣故。

由三本選集編纂而成的《中國現代海洋文學選》，其中所收錄的作品竟橫跨戰前到戰後近七十年之長，這段時間所經歷的各種文學思潮，如 50 年代的「戰鬥文藝」、60 年代的「現代主義」、70 年年代的「鄉土文學」等，都對於這些作品的創作有著不同程度之影響。然而這套選集仍有不少缺失，例如散文作品中，多是寄情憂思的作品，海洋多半成為洗滌心靈的工具，這樣的書寫特色，倒使得作品看來有千篇一律的味道。另外選文內容繁雜，其中小說及與散文集中，甚至連有描寫長江水戰的〈寒江戰錄〉（楊家浦），毫無海洋內容的〈北戴河海濱的幻想〉（徐志摩）、〈雨浴〉（汪啟疆），或者僅以海洋起興的〈在墨藍的海洋深處〉（劉半農）都收錄在內；這顯示了編者在收錄上有可能陷入巧婦難為無米之炊的困境，由此也可以看見林燿德對「海洋文學」界定，是屬於寬泛。

縱然在《中國現代海洋文學選》中，林燿德未能明確為讀者指出海洋文學的定義，但當林燿德開始進行編選時，就表示有一類可稱之為「海洋文學」的作品供其進行分類，而且該一文類的質量還達到一個門檻，可篩選出優質作品來刊傳。而從這些選集所選的作品當中，也可以釐清一個清楚架構，就是當時對「海洋文學」有著什麼樣的想像與期待。

相較於朱學恕所編選的《中國海洋詩選》，林燿德的《中國現代海洋文學選》更完整去整理了臺灣前期各類文體的海洋文學作品，文學史地位不能輕忽。而選擇於 1987 年成書出版的《中國現代海洋文學選》，其背後所代表的時代意義與編纂動機，〔註 25〕似乎也是一個值得深入探討的議題。林怡君在

〔註 25〕1987 年 7 月 14 日，總統蔣經國頒布總統令，宣告臺灣地區自同年 7 月 15 日凌晨零時起解除《臺灣省戒嚴令》，臺灣於隔天 15 日正式進入解嚴時期，而《中國現代海洋文學選》正好就在 7 月 15 日這一天出版。

其碩士論文中，就認爲林燿德在《中國現代海洋文學選》裡展現的歷史觀點是承接中國歷史脈絡而來，對於戰前的臺灣歷史則是缺而不錄，如此刻意的承繼與排除，卻暴露了編者先行意識與選錄作品相互抵觸的矛盾。〔註26〕

　　筆者認爲這樣的批評實屬太過，儘管80年代，本土意識、臺灣意識正在文學界抬頭，但那終究還只是一種聲音，在當時各個作家，終究因爲自身的出身背景，生活經驗的不同，而有不同的價值判斷與歷史觀點。以林燿德來說，他年輕時曾被牽扯進「神州事件」〔註27〕，而被牽連調查，而他在編選之時，剛從海軍服役，在那時空背景下，他應該是與朱學恕一樣，以「大中國」爲正統的國家歷史認同，要他所編選的《中國現代海洋文學選》裡去承接戰前臺灣文學的歷史脈絡，展現臺灣本土意識的歷史史觀，似乎不可能，也不太合理。

　　不過不能否認，不論是朱學恕所主編的《中國海洋詩選》，以及林燿德所編選的《中國現代海洋文學選》，因爲遠離了80年代文學界所颳起的本土化風暴，因此使得這兩本選輯一直以來較少人注意，即使是以海洋文學爲研究主題的論者也鮮少討論這兩本選集。反觀因爲入圍本土第一大報《自立晚報》百萬小說決選的呂則之長篇小說《海煙》、東年的《失蹤的太平洋三號》，則受到相當程度的重視，成爲80年代海洋書寫的代表。

第三節　鄉土與海洋合體的續章——呂則之的海洋小說

　　70年代臺灣經濟起飛，大量鄉村人口移動到城市生活、工作，因此論者如李順興認爲80年代以後鄉土作品逐漸式微的主要原因，是因爲政府實施土地重劃、社區建設的措施之下，工廠已然進駐農村、三合院式的紅磚厝改建成一至三層的水泥房，連帶的傳統農村社會與倫理文化的消逝，造成鄉土文學面臨題材短缺的困境。〔註28〕

〔註26〕　林怡君：《戰後臺灣海洋文學研究》（臺南：成功大學中國文學研究所碩士論文，2007年），頁57。

〔註27〕　林燿德高中時代即加入以溫瑞安、方娥眞等馬來西亞學生爲主的神州詩社。該詩社組織精密，向心力強，引發情治單位嚴重關切，1980年9月25日溫瑞安、方娥眞二人被捕，後經軍法審判裁定「爲匪宣傳」，感化三年。

〔註28〕　李順興：〈美麗與窮敗：七〇年代臺灣小說中的農村想像——兼論鄉土文學的式微〉，收入陳義芝編：《臺灣現代小說史綜論》（臺北：聯經出版事業公司，1998年12月），頁173。

這對於生長於離島澎湖的呂則之而言，顯然不是問題，位於臺灣西側的澎湖群島由於四面環海，離島的封閉性使得相較於本島臺灣，保留更多的農村景觀與鄉土文化。而澎湖島上無高聳地形做為屏障，因而時常遭受海風鹹雨的侵襲，使得島嶼土地貧瘠不易耕作，因此澎湖人勢必得向海上尋求發展。對澎湖人而言，海洋不僅提供生活所需，同時也帶來生命的威脅，每一次出海討生活就是一次的冒險，然而這也是澎湖人毫無選擇，必須面對的課題。而呂則之的小說創作所關注的就是這一群澎湖的小人物在澎湖生存的故事。

一、呂則之的創作背景

呂則之（1955），本名呂俊德，澎湖縣湖西鄉龍門村人，父親是漁夫，他自己偶爾也跟著船出海。〔註29〕高中之前都在澎湖就讀，畢業後便到臺灣求學，後來畢業於中國文化大學中文系文藝組。大學時期開始寫詩、寫短篇小說，受到趙滋蕃的啓蒙，1981 年起，開始專注於長篇小說，陸續完成《海煙》、《荒地》、《雷雨》、《憨神的秋天》等四部長篇小說。曾任《聯合報》綜藝新聞中心副主任，退休後考上臺北教育大學臺灣文學研究所，並且又開始從事小說創作，自 2008 年開始，又陸續完成《浪潮細語》、《父親的航道》、《風中誓願》、《悠悠瘋狗天》等四部長篇小說。

這些都是以故鄉澎湖做為敘述背景，描繪澎湖為一個孤懸海外、地瘠人窮的孤島，呈現出人與自然之間的關係。其中《海煙》、《荒地》與《憨神的秋天》更有「菊島三組曲」的稱號。〔註30〕足見作者對於故鄉情感的濃厚綿密。誠如葉連鵬所說：

> 由澎湖人來寫澎湖，對背景的描繪與刻劃總多了那麼一點深刻的感
> 覺，因為這是他成長的地方，這兒有他從小就熟悉的人事物，有他
> 對土地的依戀，有他的情感歸屬。〔註31〕

〔註29〕董成瑜：〈呂則之——孤島心語盡付大海〉，《中國時報》第 43 版，1997 年 8 月 14 日。

〔註30〕《海煙》和《荒地》原由自立晚報出版社於 1983 年 4 月、1984 年 9 月出版，後來轉移至草根出版社與《憨神的秋天》於 1997 年 4 月一起出版，並把這三本小說定為「菊島組曲」。

〔註31〕葉連鵬：《臺灣當代海洋文學之研究》（桃園：中央大學中國文學研究所博士論文，2006 年），頁 203。

　　呂則之早期的作品大都完成於 80 年代，而在出版完《雷雨》之後，一直
到 90 年代才再度出版《憨神的秋天》，中間足足隔了九年，儘管如此，《憨
神的秋天》以 60 年代的澎湖漁村爲故事背景，故事屬性與筆調上仍與前三本相
似，因此一併在此討論。第一本小說《海煙》曾進入《自立晚報》百萬小說
最後決選。當時的評審葉石濤譽爲「臺灣文學史上未曾出現過的海洋爲主題
的小說，暗示在臺灣文學的領域上可以開拓的一條新路。」〔註 32〕葉石濤的
讚譽有些言過其實，〔註 33〕甚至忽略前期作家們的努力與耕耘，但是卻突顯
出呂則之的創作在 80 年代文壇中獨樹一格的特殊地位。

　　呂則之求學時期正是臺灣鄉土文學正當興盛的 70 年代，因此他的文學創
作勢必受到鄉土文學思潮影響。另外他的老師趙滋蕃的鼓勵也是一大因素，
老師曾鼓勵他說：「你要寫你身邊最熟悉的東西」之後，他才風格一變，開始
將筆觸描繪到故鄉澎湖。〔註 34〕所以綜觀他早期的四本小說的背景全都設定
爲早期的澎湖漁村，從小說中可以看到澎湖的天氣、地形、景觀以及人民的
生活百態。如東北季風、鹹水煙、漁船、天人菊、木麻黃、硓𥑮石、花生藤、
地瓜田、放牛、捕魚、養雞、餵豬等，作品內容有著濃厚的鄉土氣息，深具
鄉土小說特質是絕對毫無疑問，他藉由創作抒發對於故鄉澎湖的依戀，島上
生活困苦的小人物則是他關注所在。

　　不過呂則之的小說不只有鄉土而已，葉連鵬曾以「鄉土」與「海洋」的
合奏曲來形容呂則之的創作，認爲呂則之的創作「以鄉村人物爲經，以農漁
村生活爲緯」〔註 35〕，從這點看來，呂則之的小說，不但屬於 70 年代鄉土文
學的延續，更是鄉土文學與海洋文學的合體。

　　如果細究呂則之的四部作品可以發現，《海煙》的主軸是對抗「鹹水煙」
（海洋）〔註 36〕，《荒地》角色不但是漁民，故事內容也涉及到澎湖海域走私
問題，因此這兩部小說海味十足，被歸類爲海洋小說是毋庸置疑；但是到了

〔註 32〕葉石濤：〈談「百萬元長篇小說徵文」三部佳構——森林・傷心城・海煙〉，
　　　　收入呂則之：《海煙》（臺北：自立晚報，1983 年），頁 11。

〔註 33〕不只是葉石濤如此讚譽，草根事業出版社在 1997 年後的再版，更在書封上提
　　　　上「呂則之崛起文壇的海洋文學代表作」，顯然已將呂則之視爲海洋文學作家。

〔註 34〕董成瑜：〈呂則之——孤島心語盡付大海〉，《中國時報》第 43 版，1997 年 8
　　　　月 14 日。

〔註 35〕葉連鵬：《臺灣當代海洋文學之研究》，頁 204。

〔註 36〕鹹水煙是澎湖入秋以後到冬天，東北季風從海上帶來灰濛濛的黑霧水氣，由
　　　　於水氣中帶有鹽份，對土地上的農作物、建築具有腐蝕性。

《雷雨》，主角進旺已經不是漁民，除了最後決定出海冒險，向海洋挑戰尋找人生價值，故事中的海洋場景幾乎等於零，海洋味道完全不見了。而到了《憨神的秋天》，雖然主角憨神仍具有漁民身份，但故事背景則是在「停海」魚事已畢的秋天，海洋在小說裡重要的場景也只有三場；一是小說開頭憨神的父母被海浪捲走；二是憨神從海中救起軟仔；三是憨神不小心落海，漂到鄰近的村莊。

姑且不論呂則之在創作之初，是否有意為臺灣海洋文學留下浪濤，但其所描述的故鄉澎湖，孤懸於海外，四周皆為海洋所包圍，在地理環境上，自成一獨立空間。在交通不便的年代，不容易與外界接觸而形成孤島，島民的生活免不了與海洋有關，與海洋無法切割。套一句小說《海煙》主角有寬所說的：

> 「在澎湖，我們不喜歡海，有什麼好喜歡的？」
>
> 「這種天氣……」
>
> 「阿嬤，妳知道，我們不能選擇。」〔註37〕

不論是喜歡還是討厭，海洋是澎湖人無法選擇也無法逃避的宿命，是澎湖鄉土文化的最大特色，因此呂則之筆下的澎湖，是離不開海洋的。不過嚴格來說，《雷雨》與《憨神的秋天》兩部小說，因為描繪海洋場景少，有關海洋的幾幕畫面只是對於故事背景的交代，而非作者關注的書寫主題，因此本節以《海煙》、《荒地》為主，《雷雨》、《憨神的秋天》為輔，分別探討呂則之的海洋書寫主題以及特色。

二、呂則之海洋書寫的主題

綜觀呂則之的海洋小說，可以分為三個主題，1、對抗海洋，2、對離島傳統價值觀的揭露，3、探索人性的本質，分述如下：

（一）對抗海洋

這一主題主要表現在海洋風格最為強烈的《海煙》海煙就是鹹水煙，小說一開頭就暗示了海的神秘威力，藉由隨著東北季風而來的海煙做為故事開端，忠實刻畫澎湖居民深受海煙侵襲影響的清苦生活，更為整篇小說營造出朦朧、陰鬱的氛圍：

〔註37〕呂則之：《海煙》（臺北：草根出版，1997年4月），頁289。

有寬自甲板上翹望不遠處的陸地，駭然發覺，此時的陸地竟陷於一
大片的黑霧中，悽悽慘慘的。那黑霧，是鹹水煙與飛沙聚成的，所
有生活在澎湖的男女老少，都在吸著黑霧，受黑霧的侵襲，連澎湖
最現代化的市區──馬公，也不例外。……

從九月開始，澎湖的東北季風就像一頭發瘋的野牛，憤怒的從臺灣
海峽，這又深又長的喉嚨裡鑽著來，把海洋裡最邪門、最令這個小
小的澎湖島感到恐懼的「鹹水煙」，統統帶了來。它就像是這頭發瘋
的野牛鼻孔呼嘯出來的，也像是嘴裡氾濫出來的毒液。〔註38〕

在澎湖，季風和海洋一而再侵襲這塊土地，及土地上的人民，那避無可避的
鹹水煙，彷彿是一頭來勢洶洶的怪獸正侵擾澎湖，到處籠罩在澎湖孤島上，
在呂則之的筆觸下，一股山雨欲來的氣氛籠罩更為小說揭開了序幕。

　　小說以澎湖漁村龍門村為背景，初看這部小說，會以為故事主軸圍繞在
有寬與梅映的情感，以及梅映背後一家三代的家庭紛擾，但細看之後會發現
這部小說真正的主題是變化莫測的海洋，展現澎湖人必須面對海洋的宿命，
以及其對抗海洋堅韌不屈的精神。小說依情節來說，大致可分為三條主線，
一是男主角有寬與梅映的情感糾葛，二是「龍珠號」漁船上討海人跟大海的
決鬥，三是風鼓伯築堤對抗海洋。

　　小說的第一條主線是男主角有寬與梅映的情感糾葛。有寬與梅映原是一
對相愛的戀人，卻遭到梅映母親強硬的反對而苦無結果。梅映的母親與祖母
代表的是傳統家庭，尤其是母親是一個強悍的女人，而父親是入贅於古家，
故事暗示他和某個女人跑了，但與梅映家族女性的強勢多少有些關係。之後
梅映的兄長永道曾去找過父親而與母親發生衝突，於是也選擇離家到赤崁居
住，並致力追求心靈美學的泉源。永道的設定有追逐自由愛情的象徵。

　　由此可知，母親不但傳統而且強勢，她一手掌控家庭事業新文川堂的生
意，也掌控了家族地位，干涉女兒的情感，她甚至買通算命先生造假八字結
果，認為有寬帶桃花，非理想對象。母親的強勢干預，以及缺乏男人在家，
致使梅映家中始終充滿著陰鬱的氣氛，小說寫到梅映祖母的警告：

「鹹水煙很可怕，房子被弄髒了，容易敗壞。」老婦人像是自語的
說著。「味道是苦的。祇要有北風，妳不相信的話，看風裡是不是有

〔註38〕呂則之：《海煙》，頁16。

> 濕濕的煙在飛，飛到妳的臉，臉上就有一層鹽，會把臉醃得像菜頭
> 乾一樣，人長得漂亮也沒用，有一天妳就會知道。」〔註39〕

小說說明鹹水煙得可怕，會敗壞房子的外在景觀，但真正敗壞梅映家的是家裡沒有男人，是因為母親的強勢，對於梅映的家族而言，母親就如同無所不在的鹹水煙。小說巧妙的將梅映母親固執的個性，與澎湖鹹水煙連結起來，鹹水煙無時無刻掌控澎湖天氣，侵襲澎湖土地，同樣的梅映的母親控制著新文川堂，也侵蝕著男女主角的心性。

小說以男女主角的感情，對抗母親為主軸，但實際上也是暗指生活在澎湖地居漁民不得不面對鹹水煙，甚至必須要對抗的宿命。而鹹水煙的產生來自於海洋，換句話說，貫穿這部小說的主體一直都是海洋，誠如葉石濤所說：

> 小說的主角嚴密地說起來，並非一群性格、扮相互異的農、漁民，
> 也不是澎湖島特有的風物景觀，而是圍繞澎湖周圍無所不在的那洶
> 湧的海洋。海洋才是這部小說的主角，他是控制澎湖居民的主宰。
> 於是小說中的海煙猶如巴哈的賦格（fuga）週而復始地重複出現，
> 愚弄著人們，左右了人們的思想和行為而無可避免地帶來命運的悲
> 劇。〔註40〕

除了有寬與梅映為了愛情與母親對抗，《海煙》的第二條主線，則是有寬所跟船的漁船「海龍珠號」為了生存也要與海搏鬥，書中藉由船員的描述，勾勒出澎湖漁民的討海生活與船隻作業情形，每一次出海工作，都是一場決鬥，都在對抗大海：

> 敲壁仔和老頭子在船尾，很快的穿上了雨衣，把扣子逐個扣上。瘋
> 狗並沒有穿，又急著追問：「是不是要決鬥？」
> 「時辰總是會到的。」老頭子淡淡的說。
> 「看你的力量和運氣了。」敲壁仔說。
> 「需要求神保佑嗎？」
> 「在這種時候，求神是多餘的。」〔註41〕

漁民生活靠的是力量和運氣，可憐的是，每一次與大海決鬥，都是輸多贏少，不是破網就是遇到大風，甚至面臨到船員拆夥的問題。

〔註39〕同註38，頁18。
〔註40〕呂則之：《海煙》，頁3。
〔註41〕同註40，頁120。

　　而與大海的搏鬥，最可憐、最悲劇性的莫過於築牆的風鼓伯，而這正是小說的第三條主線。風鼓伯是有寬的房東，他為了抵擋鹹水煙，在田邊築起一道牆：

> 有寬心想，這是件大工程啊！他辦得到嗎？然而風鼓柏風趣又達觀地說：「海水和海煙，祇不過是調皮的小孩子而已，牆築起來，看他們又能怎樣？」有寬聽他這麼說，心裡叫著：「天啊！他竟把海水和海煙，當作調皮的小孩而已，太蔑視他們了。」
>
> 風鼓伯面色風舞地又說：「像小孩子，到處小便，我圍起來，看它們還能不能爬進去小便。」
>
> 「可是，再怎麼擋，風還是會進去的，海煙也一樣。」
>
> 「我會叫它們沒辦法進去。」他很自信地把胸脯微微一昂。
>
> 有寬覺得一種悲劇的精神子擺在眼前，他深深被震撼了。眼前這人，祇不過是個普普通通的人，為什麼他要付出這般的精神力量來從事這艱難工作呢？〔註42〕

這樣愚公移山的精神，讓人聯想到了希臘神話中推石頭上山的薛西弗斯，可想而知，風鼓伯的計劃不但沒有成功，土牆最後還是被海風吹倒：

> 有寬仍然走著、搜索著，此時距離土牆前的海灘已有五百公尺之遙。但就在這個時候，他聽到背後傳來一陣怪響——猛一回頭，他嚇住了，土牆已整個被巨浪擊垮，像被砲彈轟炸了一樣，風鼓伯的心血就這麼的泡湯了。看這景象，他的悲悽是無由說起的，難道風鼓伯也被海浪擊垮了？但他仍存著希望，期望能找到風鼓伯……
>
> 跑近了——哇！他差點癱倒，那是風鼓伯。風鼓伯吊著眼，肚子脹得像座山，身子就任由往上沖的浪濤沖打著。俯在風鼓伯身上，有寬哽咽的哭了，他早忘了身旁隨時也會將他吞噬的浪濤。許久許久後，他才茫然地抬起頭來，望了呼殺過來的海煙一眼，再看看低得快壓住他的黑雲……〔註43〕

其實，小說中已多次暗示風鼓伯會遭受不測，例如他不聽妻子駱駝查某的勸告，下海捕撈因凍死而浮上沙灘的死魚；〔註44〕另外研究星象，彷彿有預知

〔註42〕 呂則之：《海煙》，頁 55～56。
〔註43〕 同註42，頁 256～257。
〔註44〕 同註42，頁 235。

能力的梅映父親，第一次見到風鼓伯時的震驚；〔註45〕以及出事當天天氣變差，都在為風鼓伯吹響了死亡的喪鐘。

風鼓伯的死是悲劇性的，他生前築堤造牆來擋風阻浪的行為，看似愚昧至極，然而這卻是澎湖人與海共存最真實的情形，表現出澎湖島民為克服險峻環境而培養出的堅毅性格，誠如龍應台所說：

> 呂則之選擇了一個可以驚天動地的題材：以浩蕩不可測的大海為經，以綿延不可斷的地方文化為緯，而人，是螻蟻也是英雄的站在經緯交接的地方擁抱他自己的悲劇。〔註46〕

他的死是明知不可為而為之的無可奈何，而他的失敗意味著澎湖人終究抵抗不了鹹水煙（海洋）的侵襲，同時也暗示了有寬與梅映的愛情，他們對抗梅映母親的努力將是失敗。

（二）對離島傳統價值觀的揭露

《荒地》是呂則之所出版的第二本長篇小說，故事背景依舊是作者熟悉的澎湖漁村。小說裡，「荒地」的寓意有兩種，一是指故事背景所在的澎湖漁村，土地枯寂，人民的生活赤貧；另一則是指墓地，故事中許多陰謀奸詭都發生在墓地上。故事人物仍是那群生活於險惡環境的卑微村民，這次對抗的不再是海洋，呂則之所要挑戰的是澎湖離島鄉間的價值觀。王德威認為《荒地》是部極具野心的小說，他說：

> 作者企圖在書中塑造一孤懸天外、墮落詭秘的封閉世界（澎湖），並進而描寫其中居民如何掙扎於傳統陰影（巫術迷信）與文明蠱惑（遷居、走私）間，逐漸扭曲變形，終至喪失人性的過程。〔註47〕

不過筆者認為位於臺灣海峽中段位置的澎湖群島，自古以來即是航行於臺灣與中國之間的最佳中繼站，因此走私的歷史也由來已久，一直以來澎湖都被不法人士視為走私貨品的「中繼轉運點」。從這點看來，把走私歸類為文明蠱惑是有待商榷。從小說中可以清楚看見無法見光的走私活動，對鄉民來說，是見怪不怪的事了，能從中取得利益是鄉民集體普遍價值觀，擁有漁船又能

〔註45〕同註42，頁251。

〔註46〕龍應台：〈為澎湖立傳：評「海煙」〉，《新書月刊》第22期（1985年7月），頁49。

〔註47〕王德威：〈鄉土小說的夢魘——評呂則之的《荒地》〉，收入王德威：《閱讀當代小說》（臺北：遠流出版社，1991年9月），頁30。

自由出海的漁民，自然成爲走私業者的最佳幫手。而走私之所以在小說中引起連鎖反應，產生巨大衝突，重點是來自於走私背後的利益過於龐大，使得涉獵其中的人，因爲利益所驅而引發眞實人性的貪婪慾望，這是古今小說中常見的情節，倒也未必與現代文明入侵有何關聯。所以筆者認爲這部小說，主要內容是揭露傳統社會的價值觀，他們所展現的集體人性，才是作者所要探討。

小說大致分爲二條主線，一條是主角丙仔所屬的「金盛號」 漁船上，上演的極爲私密與危險的走私事件。丙仔是十八歲的漁村青年，他在「金盛號」丁香漁船當船員，卻在一次如常的出海作業中，與另位船員順多同時被迫捲入暗夜的海上走私活動。帶著些許惶恐與疑惑的他們，收下船長強行塞入手中的封口費，對於船上所有異狀皆以充耳不聞的態度，卻沒想到一場危機四伏的風暴卻因此序幕。原來，所有策劃及參與這起走私事件的人物，因爲背後龐大利潤的誘惑與自私貪慾的影響，彼此都在暗中算計著對方，甚至不顧一切的傷害他人性命，只爲求得自身的最大利益。因此在呂則之筆下，這群已被貪婪慾望遮掩心性的卑微人物，彷彿都成爲了毫無理性與人性的野獸，彼此瘋狂的殘殺對方。

埋伏在走私事件的背後，另一條主線則是圍繞在丙仔他迷信、被詛咒的家族，小說藉由家中的蓮仔，敘述澎湖人鬼魅、詛咒的宗教觀。在呂則之刻意的描繪下，她始終都以瘋癲的形象出現，只能隱約得知她是丙仔的家族成員，但是丙仔及母親都認爲她是厄運的化身，丙仔的父親、大哥、二哥、大姐都是被她所剋死。而她更被村民視爲擁有巫術的瘋子，在眾人的眼中，蓮仔不時喃喃自語的行爲猶如對著他人施以惡意詛咒：

> 「蓮仔的威力誰都知道的，是不是？尤其晚上，八千兵馬都在她手
> 邊。」跳暝很邪門的突然「呸」的往地上吐口水，嘴裡念到：「骯髒
> 鬼！」丙仔看在眼裡，發覺他的棕刷頭髮挺得好直。跳暝擦了一下
> 嘴吧，知道丙仔在看他，連忙說：「哦，我不是故意的——人家都說，
> 只有吐口水罵一聲，那些兵馬才不會找上來——」〔註48〕

如果說這只是一群村民，在迷信心理下，所產生的無知恐懼也就罷了，更糟糕的是丙仔與母親及舅舅土生甚至密謀欲將其毒害致死。然而事實上蓮仔的眞實身份是丙仔的祖母，如此荒謬、背倫的情節，雖然是呂則之刻意誇大的

〔註48〕 呂則之：《荒地》（臺北：草根出版，1997 年 4 月），頁 11。

虛構，卻也寫出傳統社會的人民對未知事物的恐懼與對生命渴望，而無知的
人們在不明究理下，一念之間從人變成了魔。

　　為了呈現荒謬的價值觀，呂則之讓丙仔在一晚之間突然變成狗，他外表
仍保有人類的軀體，但卻學狗四肢走路，跟狗一樣嗥嗥叫，就連眼中的世界
也變成黑白。而更妙的是，就在丙仔發生巨變之後，蓮仔看似瘋癲的外表在
丙仔眼中卻成為慈藹的容顏，而令人懼怕的喃言詛咒也成為安撫丙仔的兒時
歌謠：

> 「乖啊乖，阿媽抱阿孫，阿孫憨憨睏。阿媽作夢夢到金寶貝，阿孫
> 作夢夢到大尾魚，大尾魚宰來煮，阿媽吃頭，阿孫吃肉。」
>
> 聽到蓮仔的歌聲，丙仔淚水潸潸而流；最起碼，蓮仔並不把他當作
> 狗。而她所哼的歌，是小時候他所熟悉的，如今竟然又聽到了。
>
> 「快來看，蓮仔在咒丙仔呢，不知在念什麼！」房外傳來土生顫顫
> 的叫聲，「我就知道，剛剛我看到一個人影走過來。」
>
> 立刻，丙仔的房門口又聚滿了人。
>
> 「哇！她又要咬我的腳——」走進房間的土生又跑出去。但丙仔所
> 看到的，是蓮仔正露著笑容在說：「來坐啦！」〔註49〕

蓮仔的精神狀態雖然早已呈現瘋癲，卻從來未有傷害他人的意念，作者藉由
丙仔幻化成狗，讀者才能藉由「獸」的角度發現蓮仔的善良美好，這樣離奇
的情節，也是對村民無知的迷信一種批判。

　　同樣也是揭露傳統社會價值觀的則是《憨神的秋天》，這部小說最主要深
入探討的是一個傳統宗族的崩壞，有別於 70 年代鄉土小說，傳統宗族的崩壞
是來自於外來的現代化入侵，小說裡的陳姓宗族崩壞是由內而外，起因來自
於主角神的母親秋桂與遠房的堂兄鐵匠的亂倫通姦。〔註50〕他們的亂倫使得
陳氏宗親分了家，秋桂的父親半屏仔與堂伯牛頭這一脈的族人，從陳氏宗祠
分了香火，從此未曾回來祭拜。牛頭對此甚為不滿，小說沒有明寫，但一開
頭就暗示了牛頭很有可能因為如此在一次抓刺河豚的時候，將秋桂及其丈夫
推下海。

〔註49〕　同註48，頁 244。

〔註50〕　亂倫是呂則之常見的題材，除了《荒地》亂倫弒親，《雷雨》、《憨神的秋天》
　　　　　的亂倫通姦，還有 2008 年出版的《浪潮細語》，都有亂倫情節。這是呂則之偏
　　　　　好的題材？還是為了強調澎湖孤島的封閉性？恐怕需要更多著資料方能佐證。

　　而秋桂所遺留的兒子神，也就是小說中的主角，從小到大就是智能不足，這可能是因為幼時摔傷頭腦所致。他雖然因此不在意背後恥笑，但可想而知，他的祖父半屏仔與祖母，照顧他這二十四年來的痛楚。然後由於受到命運之神詛咒，因亂倫而生下了神，不懂人事的他，受到也是陳氏宗親的嬸嬸美枝誘惑而通姦。此事被揭發後，使得美枝的丈夫軟仔與神的生父鐵匠大打出手。另一方面，牛頭或許因為害死秋桂夫婦，長年的恐懼，加上妻子胭花逝世，讓他後來也發瘋，甚至放火燒了他一直無法回去祭拜的陳氏祠堂，這一把火不但燒死自己，也燒死前來救火的神。

　　宛如受詛咒一般，通姦、亂倫、仇殺，一而再的出現在陳氏家族上。初看之下，或許會認為整個事件起因來自於秋桂與鐵匠的通姦，因此在那保守的 60 年代，封閉孤島的村莊內，受到村內的歧視、嘲笑也是必然。但如果細看，真正的問題還是傳統價值觀的封閉與僵化，秋桂的亂倫固然有錯，但是族人的憤恨、不滿與不諒解才是使得悲劇無限輪迴的肇因，尤其是牛頭，他的憤恨與不滿來自他從陳家分了出去。試看他與陳家宗祠的勇婆對話：

> 「你拜的……祇是木頭啦……祖先在這裡呢！」（勇婆）嬰兒的依呀
> 聲，竟奇妙的發自那哭夜般的臉。
>
> 「分了香火，他們跟過去。」
>
> 「你們分的……祇是香火……他們的神還在這裡……」勇婆年紀雖
> 大，聲音有時變得像孩童，格格揚聲笑，枯葉般的臉……
>
> 「……我們已拜了二十幾年……」
>
> 「有什麼用，不肖子孫才做的事……你說這裡是哪裡？祖先在這裡
> 哪……不要祖先的人……」勇婆嘟囔，……〔註51〕

牛頭也因為這句話的刺激，而發瘋了。「祖先真的沒照顧我嗎？我一直在拜……我沒有把祖先丟下不管……是祖先不要我了，是祖先不要我了。」〔註52〕在那保守年代，陳氏宗祠不但是家族聚集所在，也是家族的精神所在，象徵著最高的倫理價值。但是陳氏宗祠在分家後開始敗壞，它所象徵的倫理價值既無法管制子孫的亂倫與衝突，卻又一直的腐化上一代、老一輩人的心智，使他們脫序、狂亂，最後只有滅亡才能為這一切荒謬劃下句點。

〔註51〕呂則之：《憨神的秋天》，頁 245。
〔註52〕同註51，頁 246。

不論是《荒地》、《憨神的秋天》，筆者認爲呂則之都在挑戰澎湖島上人民傳統的價值觀與信仰。相較於 70 年代的鄉土文學，作家爲了反映現代化入侵所造成的問題，常在作品中流露出對傳統農村、價值的依戀；反觀《荒地》，則是透過荒誕、詭異的情節，誇張、奇特的筆法，使得作品對於村民迷信的價值觀，多少流露出批評的味道。誠如王德威所說：

> 作者顯然對以往鄉土小說強調的人道主義或鄉愁情懷，不以爲然，而亟思揉合鄉土傳奇的質樸力量與知識份子的道德警覺，以探測人性幽深詭譎的一面。這不啻是爲鄉土小說的寫作，另闢蹊徑，而作者細心經營的許多超寫實場景也因此顯得別有意義。〔註53〕

至於《憨神的秋天》也是如此，不過相較於《荒地》，《憨神的秋天》寫起來較爲平實，批判意味較低，或許呂則之創作時也無意批評，只是將早期澎湖的庶民生活如實地反映出來罷了。

（三）探索人性的本質

呂則之對於創作理念的執著，是爲還原人類原始的本質，因爲在他的認知中，「文明人」雅號只是徒增人類泯滅自我的幫凶：

> 人離原始並不遠，可是卻不願承認自己擁有原始本質，這是相當可笑又矛盾的。人所以能真正存在，原始本質並不能脫離干係。自從有了人，暴力與私慾便未曾中止；換了今天，這些行動被文明美化了，文明祇不過將它改個模式而已，基本上人仍然未獲得應有的自我存在價值。〔註54〕

於是在《荒地》的前半部，主角丙仔的性格無異於其他人物，他對於蓮仔的厭惡與唾棄，竟然讓他遺忘蓮仔是自己祖母的事實，其後更是想盡辦法欲將其毒害致死。又或是不顧道德約束與情慾誘惑，與有夫之婦的花香發生數次肉體關係。這種種行徑呈現著丙仔近乎於獸性的行爲，無疑就是作者所指「被文明美化了的行動」。呂則之明言了這樣的安排是「或者我並不把人當作人看待，一方面是基於人類原始的殘遺，另方面是爲了突破理性，讓人活得更自主，能保有本能。」〔註55〕

〔註53〕王德威：《閱讀當代小說》，頁 31。
〔註54〕呂則之：《荒地》，頁 5。
〔註55〕同註54，頁 7。

小說的高潮是到最後，當丙仔幻化成狗，超乎常理的轉變，讓他能夠以「獸」的角度觀察周遭人物。那群被慾望遮掩心性的人物，經由丙仔以「獸」的角度觀之，個個變成貪婪醜陋：

> 當他（丙仔）爬上附近一幢廢棄的老厝屋頂，往那頂樓瞧時，他怔住了——透過窗口，也只有他此時的眼睛才能看到的奇怪景象竟然就在眼前，火平和琴嫂像兩隻野牛般擺著姿勢正在交媾呢！琴嫂嘴裏想不到會發出如此的哭聲。他們看來很兇猛，丙仔不禁為花香叫屈。

> 「他們可不像人呢，為什麼？」丙仔從古厝爬下來，想及一直一副鹹菜臉的琴嫂，這時表情可多變了，像個擅於偽裝的魔鬼呢！火平被迷惑了。

> 搖甩著頭，丙仔跑開了，他想吐。「嘔——嘔——」他真的吐了。吐得喉嚨發痛，不敢再去想像琴嫂的模樣。〔註56〕

從引文可以發現，呂則之透過對比的情節，超現實的手法，呈現他所欲傳達的「『文明人』只有回觀醜陋的『原始人』時，才能省察到自己，把往人類綿延深沉的脈絡。」〔註57〕理念。丙仔雖然變成狗，卻重新審視自己的心性轉折，進而再次記憶起過往遺失的美好，他在這轉變中找到「人性」的自覺。而從他眼中看出去的「文明人」雖有人的虛幻假象，所做的事卻是醜陋、原始的「動物」行為。

呂則之如此安排無非是想藉創作強烈表達人類最卑劣的根性，並藉由丙仔轉變前後的差異，呈現一種詭異的對比襯托。同樣的手法在四年後《雷雨》的出版成書再次出現，呂則之更將人類的獸性發揮到極致，小說的封底就寫道：「在文明邊陲，人與獸都瘋狂了，心靈中潛藏的惡魔正恣意躍動。」〔註58〕

《雷雨》的故事發展同樣也以兩條線交叉進行做為主軸，其一為描述主角進旺在回鄉沙嶼村之後的心路轉折，另一條線則是圍繞在招銀家發生的人倫悲劇。原本服役於軍中的進旺，在家人強烈的懇求下被迫選擇退伍回鄉，但是喜好軍旅生活的他，從此因生命缺乏戰鬥的目標而失去自我存在價值。他對於家鄉只存有厭惡與蔑視的感受，對於自己的親人與朋友只有鄙視，更要大家稱他為值星官。

〔註56〕呂則之：《荒地》，頁 248～249。
〔註57〕同註56，頁 5。
〔註58〕呂則之：《雷雨》（臺北：聯經出版事業公司，1988 年 3 月），封底文字。

　　進旺整天在家裡無所事事，即使已經回鄉數月，卻始終不願找份工作在家鄉安定下來，他還異想天開計畫將家裡的三合院老屋改造爲城堡。直到有一天，招銀家養的豬跑掉了，才重新燃起曾經喪失的鬥志。他擔起找豬的責任，但找豬目的不是爲了別的，只因爲這頭豬曾經踢他一腳，進旺一直尋找報仇的機會。

　　進旺雖爲主角，但在小說中也是充滿獸性，十分暴戾的人，他崇拜男性象徵的父親，對母親的死無動於衷，而對於個性比較像母親，精神狀態又不穩定的哥哥，不但打從心底瞧不起，還故意惡整，讓他最後不得不到廟裡以早課來安定身心。由於內心好鬥的驅使下，找豬成爲他渴望的目標，就連做夢也夢到豬。而進旺與豬的人獸大戰，呈現人性隱含的好鬥之心，在不知不覺中將人性轉換爲獸性中尋求解決的方式。

　　小說另一個充滿獸性的莫過於招銀的親生父親壽興，他是「順利號」上的漁民，在村人眼中，他外表猥瑣如鼠，實際上「內心卻比會吃人的野獸更兇毒」，不僅將自己妻子視爲洩慾的工具，更令人髮指的是，壽興竟把自己女兒招銀也當成發洩獸慾的對象，更讓她懷孕生子。面對亂倫悲劇的發生，招銀在驚恐萬分的倉皇奔逃，藏身在村外一處地下坑道末端的小石室內。

　　而恰巧想要抓豬的進旺也進入坑道，意外地在小石室內找到招銀。原本一場人豬大戰就要爆發，但劇情直轉而下，這隻曾經兇狠攻擊進旺的豬，此刻卻是溫馴地守護在招銀身邊，而先前在牠身上所散發的蠻性與陰狠也已消失不見。原來是豬帶引招銀進入石室避難，並且一直待在身邊保護她。正當進旺試圖將招銀送回家中休養，壽興卻意外地現身於坑道洞口：

> 最令人寒顫的是，壽興的臉孔已不成人樣，咾咕石般皺紋滿布的臉上，嘴巴洞開得像齜牙咧嘴的瘋狗，牙齒全張露在外，猩紅的舌頭縮捲得像瞬間即將撲咬獵物的狂獸，嘴邊的紋線早已凌絞得宛若糾纏的麻繩；而擠縮突隆的眉宇，和暴張充血的眼睛及高吊起的鼻子又扭成一團，惡模惡樣的已恰似噬人的野獸。〔註59〕

壽興的出現爲故事掀起最後高潮，而更令進旺無法置信，一直守在招銀身旁的豬竟衝出洞口與壽興正面對擊。原本要上演的進旺與豬的人獸大戰，變成壽興與豬的人獸大戰，轉變中，「人」（父親壽興）變成最殘暴的野獸，而「獸」（豬）變成了拯救招銀脫離「野獸」威脅的神豬。人有了獸性，豬卻有人性，

〔註59〕 呂則之：《雷雨》，頁334。

十分諷刺又強烈對比的情節安排，正是呂則之直視人類原始本質的創作意圖。

　　而在這一連串的人獸鬥爭，即使冷血如獸的男主角進旺，卻也在面對招銀受困時發出同情心，並對原本敵對的豬，升起了朋友之情，從對抗到合作，最後更合力的解救了招銀，豬不但展現了人性，進旺也受到啟發，在招銀身上逐漸重拾人性的同情與溫暖。經過神豬事件後，進旺改變過去蔑視家鄉的心態，儘管個性依舊強硬，但他決定接受「順利號」船長的邀請，成為討海人，選擇在討海生活的挑戰中，重新尋找拚鬥的目標，他生命存在的價值也在此確立了。

　　從《荒地》丙仔幻化成狗的超現實手法，到《雷雨》神豬與人的人性、獸性直接對比，呂則之實踐了心中對於人性幽微的探索，強調「我們都很懦弱，祇是羞於示弱，喚醒野生的力量對人是有助的」〔註60〕的創作主題，呈現「隔離地域中，人類心靈表現在活動時所散發的力量。」

三、呂則之海洋書寫的特色

（一）為澎湖立傳〔註61〕

　　如同鄉土文學運動的主要訴求「回歸鄉土、關懷底層民眾」，呂則之的創作則是直接與土地連結，始終選擇以故鄉澎湖做為創作背景的唯一堅持。他小說設定的年代，有提及的都在80年代以前，例如《海煙》為1980年；〔註62〕《憨神的秋天》為1962年。作品正是他年少時的親身經歷，所見、所

〔註60〕呂則之：《荒地》，頁7。

〔註61〕龍應台曾以「為澎湖立傳」來批評呂則之的《海煙》，儘管呂則之後來在2013年《風中誓願》新書發表會上謙虛表示「為澎湖立傳」這個字眼太沉重了，但也承認自己一直以澎湖為背景來寫長篇小說。

〔註62〕根據葉連鵬的研究，小說中有寬寫信給梅映，有顯示日期是69年9月17日，加上小說中有一個對話「今天是八月初九，國曆多少？」「九月十七。」據此考證出69年為民國紀年，即為1980年無誤。至於《荒地》與《雷雨》並無提及年代問題。但從《荒地》中丙仔走私一晚可以得到五千元，與《海煙》中瘋狗說跑一趟漁船三天可以分得幾千元，兩者相較，筆者認為這兩本小說的背景年代可能較為相近。而《雷雨》中，溪為幫進旺修築房子，一天可以拿到八百塊工錢，從這工資推算，似乎與《海煙》、《荒地》裡背景年代也相差不遠。參考葉連鵬：〈論呂則之《浪潮細語》中的地方與海洋認同〉，《海洋文化學刊》第8期（2010年6月），頁67。

聞的鄉野人物、故事，加上成年後自己的所思、所想而構成。主要場景村庄
的名字分別是：《海煙》龍門村；《荒地》金福村；《雷雨》沙嶼村；《憨神的
秋天》裡正村。其中金福村、沙嶼村、裡正村都是虛構的地名，〔註63〕只有
龍門村是真實的指涉，不過背景是依照澎湖漁村而設定是毋庸置疑，能夠與
澎湖土地再次的連結是他思鄉情懷之所繫：

> 因工作，人在臺北，但故鄉的影子，經常不經意中，撲到我眼前，
> 在腦中發酵；也經常，我返鄉，就佇立海邊發呆。歲月雖易容，海
> 浪的波湧恆如兒時，漁民的臉，依然黏貼鹹水煙，桑滄紋線，滿是
> 浪濤舞姿，它就這般在我心靈中建築了聖地、開挖了感傷源頭。……
> 我夢，夢澎湖，想為它雕像，也想尋找自己的過往。過往一直在鹹
> 水煙中歌唱，憂鬱卻又鮮活，大海在指揮，歌唱者是群體，伴奏的
> 是遠從海上來的風；海與風，不是異鄉客，是我童稚的玩伴。〔註64〕

澎湖是呂則之的故鄉，這兒有他的情感歸屬，所以成為了他創作靈感的來源。
我們看見他的作品中有，鹹水煙、天人菊、硓𥑐石、地瓜田、牛車等，他有
為澎湖而寫的強烈意圖，試圖描繪澎湖孤島的歷史語境、生活點滴。不過他
不只是寫澎湖的外表風光，記載了 60 年代至 80 年代的庶民生活，更深入探
索他們的人民性格。

　　位於臺灣西側海域的澎湖群島由於四面環海，島上又無高聳地形做為屏
障，因而時常遭受海風鹹雨的侵襲，使得島嶼土地貧瘠不易耕作、難以自足，
因此澎湖人勢必衍生出不同於臺灣本島的人物性格。呂則之自己也說：「澎湖
人表面看來樂天、粗獷，然而內在卻有一種難掩的哀傷的基調，這是他要寫
作的原因。」〔註65〕因為海上孤島的特殊地形，所以我們看到在《海煙》中
的風鼓伯，為了抵擋海煙侵襲，愚蠢的築起一道土牆；或者像是梅映母親在
丈夫離家後，一手扛起新文川堂家計的強韌；他們或癡、或瘋、或狠，但說
穿了無疑是為了要生活。而到了《荒地》、《雷雨》，為了表現人們對環境時所
呈現的反應，幾乎是獸性的，呂則之誇大了人性的野蠻，他塑造了瘋瘋癲癲

〔註63〕 同註62，頁73。同樣根據葉連鵬的研究，呂則之小說中主場景村庄分別是《海
　　　　煙》龍門村、《荒地》金福村、《雷雨》沙嶼村、《憨神的秋天》裡正村。其中
　　　　金福村、沙嶼村、裡正村都是虛構的地名，只有龍門村是真實的指涉。
〔註64〕 呂則之：《海煙》，頁6。
〔註65〕 董成瑜：〈呂則之——孤島心語盡付大海〉，《中國時報》第43版，1997年8
　　　　月14日。

的蓮仔；為了一家生存不惜毒殺祖母的丙仔；為了龐大走私利益而互相殘殺的土生、東山、火平、杉條。另外像是充滿暴戾的進旺，喪心病狂的壽興，更將文明邊陲的獸性，經由一陣陣春雷加以引發。一連串的逆倫、通姦、背德、人獸大戰的戲碼，雖是呂則之刻意安排，卻也不禁令人懷疑，在那年代，是否位於邊疆的封閉島嶼，島上庶民確實擁有這般殘忍嗜血個性？甚至有讀者問呂則之「澎湖是這樣子嗎？」

其實雖然情節誇張，但呂則之確實還原當時菊島子民的個性，將他們為了生存而搏鬥的卑微性格發揮得淋漓盡致，誠如陳芳明所說：

> 事實上，澎湖人的內心在文明化的過程有多少本質的部分是被抹煞
> 或扭曲掉了？作為一個小說家，他在觀察周遭世界的時候，他已經
> 看到澎湖文化正在改變。……澎湖越來越文明化了，越來越進步了，
> 但澎湖人最原始的部份被壓下去。我們的欲望、情緒、想像，一直
> 不敢告訴別人，呂則之告訴我們，人體內有獸性的部分。〔註66〕

澎湖的漁民、農民並非外界一般的定見，都是純樸、是善良，他們也有內心世界，具有潛意識，但由於澎湖封閉，以及困頓的環境使得潛意識長期以來是被壓抑的，而呂則之就是要將這深層的內心世界給挖掘出來，他深入探索澎湖人的內心世界，為他們立傳。

（二）作品充滿陰暗、悲觀的基調

在呂則之的作品中，書寫海洋總是無法擺脫陰暗、悲觀的基調。《海煙》、《憨神的秋天》是以悲劇做為收場，而《荒地》、《雷雨》，由於呂則之對於人性認知的執著，為了呈現人類獸性的一面，讓他與鄉土文學中人道與溫情主張中反其道而行。因此，他在小說中用了相當多的象徵手法，在《海煙》裡，用灰濛濛東北季風、無所不在的鹹水煙，營造陰鬱、悲傷的氛圍；在《荒地》透過深邃的海洋、生人勿近的墳場，讓人變了野獸，做盡傷天害理的事；而在《憨神的秋天》，透過裡正村所有的雞籠內的雞得了恐怖雞瘟，暗示了村內封閉的陳氏家族，上演的衝突、通姦、亂倫的戲碼。

除了透過海洋的深邃、陰鬱，漁村的荒涼、死寂營造氣氛，他小說的角色多半是各種形象原始醜陋、身體猥瑣崎嶇，地位卑微的小人物，例如《海

〔註66〕這是陳芳明對葉連鵬的論文〈「鄉土」與「海洋」的合奏曲——試論呂則之的小說世界〉的評論，參《澎湖研究第二屆學術研討會論文集》（澎湖縣立文化局，2003年4月），頁168。

煙》中有寬患過小兒麻痺而有一雙短腿，梅映哥哥永道有一對凸出的蜻蜓眼，風鼓伯眼睛斜視永遠「向右看」，而妻子駱駝查某是奇醜無比，有駝背症狀：

> 他看到旁邊站了一位向駱駝高高馱起背脊的婦人。這婦人約莫五十歲，兩眼幾乎是串掛在兩耳邊，鼻樑扁平而長，鼻孔祇留得蝨子般的縫隙，上唇一直垂至下巴，樣子彷彿是駱駝的化身。〔註67〕

《荒地》中主角丙仔的母親，描述更是可怕：

> 母親的糞蛆眼長得和他一模一樣，只是，他不像她長有寬突的顴骨，她的嘴巴依然縮得像個爛開的臭蟑螂屍。〔註68〕

呂則之在塑造書中人物時，刻意避開了傳統英雄美女形象，反而是有些怪異的小人物，這個特徵越到後面的著作越為明顯，甚者還有臉看起來像牛糞、像鋤頭，有豬鼻、蒼蠅頭、鴨子尾巴等；身材則是像癩蝦蟆、母豬；名字則是叫瘋狗、海狗、軟祟（音似蠕蟲）、福梨（音似狐狸）等。澎湖人的樣貌在呂則之誇張的想像力下，竟是醜陋到難以置信，極富濃厚的鄉野傳奇的色彩。此外，每一個人物在登場時，小說的表現方式是透過動作暗示的文字說明，他不會先說明這人是誰，而都是先描述角色的形象、特徵，讓小說充滿了懸疑氣氛。

他筆下的澎湖人，不只是個個都是醜陋的，就連行為也是帶有原始、粗鄙的、獸性的行徑，使得作品也透露荒誕、詭異的氛圍。我們可以發現在《海煙》裡，還安排了像永道這樣的知識分子前來鼓勵主角有寬，但到了《荒地》以及之後的小說，知識份子徹底消失，取而代之的都是清一色的卑微人物，透過其心靈特徵突顯人類進入文明社會時所泯滅的自我。

這樣設定固然看似較符合鄉土小說的角色形象，但是幾乎是醜陋的角色，也令人懷疑其與現實生活的真實性到底能有幾分真實？而過度強調人類的獸性、瘋狂卻也讓讀者閱讀時，每每感到沉重無比。學者江寶釵就認為呂則之一心為打破文明中的秩序與假象，執著追尋人性反璞歸真的創作理念，直言批評其毫無意義：

> 就算是作家胸懷獨特的創作理念，不須也不一定要有理論源頭，呂則之的意識形態還是難以教人贊同的。姑不論作家過度偏執於意識形態，不管是善也罷，是惡也罷，重則將失去對人生諸相通權的掌

〔註67〕 呂則之：《海煙》，頁29。
〔註68〕 呂則之：《荒地》，頁152。

握，輕則成為行文的枷鎖，造成技巧上的瑕疵，如我們在「雷雨」
中見到的人物與象徵。我們實在看不出人逃離文明的理論的秩序，
與「原我」和一如進旺，有何積極意義？〔註69〕

有一點值得注意，呂則之的小說人物，並非各個都是粗鄙、獸性的，其中也有溫馨、良善的一面。《海煙》除了龍珠號船長武方比較奸巧，梅映母親個性比較固執，裡頭的人物大多趨於良善。

其中最感人的莫過於《憨神的秋天》，儘管主角神智能不足，不懂人事，但在他的祖父半屏仔、祖母的身上看到對於唯一的子嗣的不捨與疼愛，即使他們行為是近乎於寵過頭的溺愛。他們疼愛的金孫最後禁不起誘惑，一而再的犯了通姦嬸嬸的罪狀，但他們也只是選擇默默承受外界的嘲弄與眼光。而憨神的親生父親鐵匠，同父異母的兄弟海狗也不時展現對憨神的關愛，特別是海狗，本身是個說話口吃，每次走路都是一邊狂叫，一邊跳著、舞著，在呂則之的描述下，看似也是一個智能有問題的角色，但是他卻比憨神更了解世道，當憨神受到嘲弄與侮辱，也會升起保護弟弟的愛心。另外，像是知恩圖報的老、小乞丐，雖然他們報恩的方法有些老套，〔註 70〕但是他們的存在也都讓這到處雞瘟發作的裡正村，充滿人性的尊嚴與溫情，呂則之確實也將澎湖人的純樸與樂天知命，細膩刻劃出來。

（三）大量使用現代主義文學技巧

70 年代的鄉土文學發展，若未有前期現代派對於美學技巧的實驗，及持續對於翻譯「西方」的興趣做為滋養，而臺灣文學則將失去想像的空間與活力。對於 80 年代才開始重事長篇小說創作的呂則之而言，現代主義文學與鄉土文學的產生與發酵，在他的創作的過程中勢必將受其影響。尤其是現代主義的影響更為明顯，筆者認為這跟他大學時期念文化大學中國文學系文藝創作組，求學時期又加入華岡詩社多少有些關係。

呂則之作品雖以孤島澎湖為背景，但是探索人內心的原始世界才是小說著墨最深之處。他亟欲表達人越文明，內心的慾望越被壓抑，而被壓抑的原

〔註69〕江寶釵：〈冰山底下的真相——評呂則之「雷雨」〉，《文訊》第 36 期（1988年），頁 164。

〔註70〕在小說中，她們用體溫共享的方式讓昏迷的憨神甦醒過來，也因為她們救活了憨神，老、小乞丐也找回做人的價值尊嚴，而不再陷入過去身為乞丐的自卑、自憐。

始人性才是眞實，爲了將人被壓抑的內心世界給激發出來，他用了許多現代主義文學的手法。他大量透過海洋意象、雷雨氣氛，動物獸性來烘托人性的各種面貌，彰顯人類的原始獸性。其中最讓人印象深刻就是《荒地》中的丙仔最後幻化成狗，讓人聯想到現代主義作家弗蘭茲卡夫卡的的經典代表作《變形記》。另外像是《雷雨》，同時巧妙運用動物豬、牛、狗、貓、烏鴉、雞的獸性與雷雨的神諭性，將人性與獸性互異，暗示人潛藏的獸性。

在討論呂則之的作品時，絕不可忽視現代主義創作風格在其中所扮演的角色，但是事實上，我們很難用單一主義來形容呂則之的作品，誠如王德威所說：

> 我們可發現自然主義強調「遺傳」、「環境」的宿命色彩，《百年孤寂》式的神話、超寫實筆調、福克納輩的天譴觀，青少年的啓蒙祭禮經驗，半下流社會火併煽情公式，以及卡夫卡《蛻變》式的怪誕情節等熙來攘外。〔註71〕

由於受到現代主義影響，呂則之的作品有非常強烈的實驗特色，可以感覺他急欲想把所學的現代主義文學技巧表現在作品中，但複雜敘述與形式，卻不勉讓人有眼花繚亂之感。

此外，由於過度強調宿命論的觀點，使得有些作品以死亡做爲結局，讓人看來是相當突兀。例如《海煙》巧妙將風鼓伯築牆對抗鹹水煙與有寬、梅映對抗母親的愛情情節連結在一起；當風鼓伯築牆失敗後，也暗示了有寬的愛情將要破局。然而在此，劇情卻大轉彎，梅映父親的突然出現、回家，讓人對有寬的愛情重新燃起希望。可是結果卻是一場酒後亂性，有寬在魚場女工阿麗的身上得到情慾的解放，然後就在隔天的出海作業中葬身大海。海洋吞沒有寬，也吞沒了梅映渴盼的幸福。

這樣的結局安排讓人非常不解，當天風浪平靜，有寬之所以會掉入海裡，最大原因是因爲前一晚的亂性，使得內心自責而心神恍惚。因此他的死彷彿像是爲了做錯事的贖罪，同時也是應驗之前梅映父親對他的預先警告，但這樣的預知警告，小說事先未特意提醒，只是到了有寬死那一刹那才出現：「他的話應驗啦，我有危險，就是現在。」〔註72〕

〔註71〕王德威：《閱讀當代小說》，頁31。
〔註72〕呂則之：《海煙》，頁303。

同樣結局很突兀的就算是《憨神的秋天》，憨神與嬸嬸美枝的通姦醜事爆發了，祖父半屏仔得知後，氣而拿扁擔痛打憨神，讓憨神逃家不小心落海。結果憨神漂到隔壁村莊，獲救後受到乞丐幫助而甦醒過來。然而大難不死卻未必有後福，憨神醒來回到裡正村，遇上了發瘋的牛頭放火燒陳姓宗祠，因而不幸葬身於火窟。雖說生死本是無常，但小說這樣的安排，不僅讓人懷疑是否只有以死亡做為結局，才能化解陳家兩派、三代的亂倫、衝突的糾結？

呂則之的海洋書寫，為 80 年代即將式微的鄉土文學帶來截然不同的視野。他的作品是以描繪澎湖庶民生活的鄉土文學，在內容上是「鄉土」與「海洋」的合體，但表現手法卻以現代主義的實驗技巧為主，呈現多樣風格的文學性質。儘管他的作品大量使用現代主義技巧，實驗性質過於強烈，使得論者對於他的小說評價兩極，但他敢勇於實驗，還是值得鼓勵，而且他的實驗作品看似標新立異，未嘗不是 70 年代鄉土文學與現代主義合體後的一種延續。

若從海洋文學的角度來看待呂則之的作品，更難能可貴的是他將澎湖的鄉土文化與海洋特色都融入作品之中，使得他的作品具有道地的澎湖海洋特色。過去 50 年代的海軍文學以及 60 年代的海洋詩，都曾以澎湖的海洋做為書寫對象，然而其作家多半是地緣不深，加上作品偏重個人情感的抒發，因此無法深刻呈現澎湖海洋風貌。反觀呂則之以在地人寫在地事，他的海洋書寫，就如同東年之於基隆，廖鴻基之於花蓮一般，創作是直接與澎湖的海洋、土地進行連結。他將自幼於澎湖的成長經驗，海洋深藏心中的意念寫進作品，呈現澎湖地區特殊的海洋文化，以及澎湖人在隔離地域中，心靈活動時所散發的原始力量。

第四節　政治與海洋合奏的變奏曲

本土化風潮席捲整個臺灣文學界，本土意識抬頭意味著對當權執政者，國民政府所教育的「中國意識」無疑是一種挑戰，於是一篇篇具有政治批判的政治小說在此時出現。而這股風潮連帶影響了這一時期的文學創作，70 年代鄉土小說家，如王拓、東年，到了 80 年繼續以海洋為背景從事創作，他們不只繼續以漁民為書寫對象，更在自己的小說中加入個人的政治企圖，對當時的國民黨執政的政府提出強烈的批判。

一、80 年代的政治小說

1979 年 12 月，在高雄所爆發的美麗島事件，不但導致了政治反對運動的激進化，也激發了文學的政治化。原本 70 年代的鄉土文學就具有揭發現代化社會的弊病，對跨國經濟提出批評的抗議精神，到了 80 年代，更將文學批判的角度轉移到政治上去了，甚至針對主政當局提出針貶。尤其是進入 80 年代以後，社會的多元化，使得各種言論禁忌得以突破突破，〔註 73〕言論自由的範圍逐漸擴大後就有作家踏入了這塊禁地；於是，從小說家、詩人到政治受害者的現身說法，結合了戰前代到 80 年代新出現的作家，可謂在極短的時間裡鼓起了一股強大的政治文學風潮。

言論意見隨著屢禁屢起的政論雜誌而逐漸昇高強度，若干政治禁忌和歷史黑幕也紛紛突破。許多政治小說、政治詩在此時興起，把作品題材紮根於以前未敢踏進的黑暗，荒蕪的政治領域，勇於揭發政治迫害的現實。事實上，如葉石濤所說：「也許政治小說的這種稱呼有些曖昧，因為政治本是民眾生活的一部分，所以反映政治狀況也是正當的小說題材。」〔註 74〕政治就是眾人之事，在這樣的界定下，許多小說都具備反映民眾生活現實的功能，這些小說都能稱得上政治小說嗎？

換言之，既然以「政治」來界定政治小說，政治小說應以政治現象做為寫作主要題材，如此才明確界定政治小說的範疇，但是如此一來，又會因為政治立場，成為寬泛難以界說的文學名詞。如果說政治文學應該是追求民族的解放，為自由、民主、法治等理想去奮鬥的文學，那 50 年代強調忠黨愛國，反共復國的反共小說，也不能說不是政治文學範疇，但這樣的界定，顯然無法得到其他論者認可，至少本土論者例如彭瑞金就認為 80 年代所興起的政治文學運動，應該是「鼓吹目的在掃除戰後充滿政治禁忌的文學創作格局」強調 80 年的政治文學是掀開被視為禁忌的政治黑箱，其範圍是包括「無論是過去的、現在的，從政治犯、政治牢、政治現狀、特務、政客嘴臉、政

〔註 73〕 李瑞騰：〈評論的觀察回歸歷史脈絡〉，《聯合報》第 41 版，1998 年 3 月 25日。根據李瑞騰的觀察：「進入八○年代以後的臺灣文學，一方面，社會逐漸多元化，各種言論禁忌突破，弱勢者由禁聲到發聲，文學言論日漸開放，於是諸如邊疆文學論、臺灣作家的定位問題、臺灣文學論述的統獨論辯、臺語文學論等隨處可聞，甚至一種新的臺灣民族文學也形成了。」
〔註 74〕 葉石濤：《臺灣文學史綱》，頁 176。

治諷刺，從美麗島事件、陳文成案，上溯到五○年代的白色恐怖、二二八事件。」〔註75〕

　　事實上，一直以來關於臺灣的政治小說的類型主張，意見就相當分歧，有廣有狹，有的還連女性主義小說、原住民文學、都包含進來。周芬伶就認為廣義內涵指的不僅是「政治生活」，也包含「生活政治」；而狹義的內涵則指解嚴前後出現描寫當代或歷史上的重大的政治事件的小說。〔註76〕一般說來，80年代所興起的政治文學運動，應該是周芬伶所認定的狹義的政治內涵，但即使如此，裡頭的分類類型仍相當多元。以這時期廣受討論的政治小說中，有反映臺灣歷史事件的歷史小說如李喬的《寒夜三部曲》，有反映政治事件如葉石濤《臺灣男子簡阿淘》、王拓《臺北、臺北》、《牛肚港的故事》，描寫牢獄之災的小說如陳映真〈山路〉、施明正的〈渴死者〉、〈喝尿者〉等。

　　如果做為一種政治傷痕予以檢視，那麼這些政治文學正反映了臺灣相當重要的歷史與現實，而這幅巨幅的政治文學版圖也包含到海上來。原本70年代的鄉土文學，就曾將觸角深入到漁村甚至海面上，例如小說家王拓、東年，他們的海洋書寫也多少反映當時漁民的生活現況，以及所面臨的現代化問題。而到了80年代，他們的海洋書寫不但延續了鄉土文學時期，具有批判現實、反映社會的特色，有部分海洋書寫更結合了「政治批判」，並在作品中加入了個人的主觀意識。

　　嚴格來說，東年的海洋小說與狹義的政治文學還有些距離，但是卻具有明顯的「政治訴求」；而王拓的《牛肚港的故事》不但有明顯的「政治訴求」，也被一般論者歸類為政治小說。只不過《牛肚港的故事》除了小說背景設定在漁村，角色多為討海人外，小說中的海洋描述較少，因此鮮少有論者將其歸類為海洋小說。

　　以下就東年的《失蹤的太平洋三號》為主，王拓的《牛肚港的故事》為輔，探討80年代海洋書寫，這些作品如何為臺灣海洋書寫掀起一波政治風暴。

〔註75〕彭瑞金：《臺灣新文學運動40年》（臺北：春暉出版社，1997年8月），頁220。
〔註76〕周芬伶、簡恩定等撰：《現代文學》（新北市：空中大學，1999年8月），頁307。這時候興起的政治小說是屬於一般論者所謂的「狹義的政治小說」，周芬伶認為「狹義的政治小說」指的是解嚴前後出現描寫當代或歷史上重大的政治事件的小說。

二、《牛肚港的故事》、《失蹤的太平洋三號》的創作背景

（一）王拓的《牛肚港的故事》

　　70 年代鄉土文學小說家王拓，長期熱心改革、關心社會，為了解決漁民、礦工、農民、工人等問題，在 1978 年前後更挺身參與了政治、社會改造活動，並因而在 1979 年的高雄美麗島事件中被捕，直到 1984 年才獲釋。在獄中王拓仍然寫作不輟，〔註 77〕他所創作的文學作品，依舊維持一貫的鄉土人文關懷，但是篇幅更長了，更加入自己的主觀看法，其中《牛肚港的故事》雖是一部以漁港為背景的政治小說，但在序言裏，他就表明自己是在獄中創作，目的是為了逃避坐牢時精神與肉體上的苦悶：「為了逃避這種肉體和心靈的痛苦，每天在做完監獄所分配的苦役之後，我開始努力地創作了起來。」〔註 78〕

　　由此也可發現小說的自傳性色彩極為濃厚，王拓在歷經「鄉土文學論戰」與「美麗島事件」洗禮後，對人性有更深一層的看法，因為自身親歷過、見證了臺灣 70 年代，對政治加諸在他身上的暴行有深刻的體會。他一方面成功刻畫出政治如何入侵學校，師生遭到波及與影響，批判政府以涉嫌叛亂罪名起訴參與「保釣運動」的師生；另一方面以書寫為自己在獄中進行精神上的治療，不斷地剖析自我的人性，將寫作當下現實的痛苦感與壓迫感降至最低的程度。

　　小說於 1982 年完稿於龜山監獄，1985 年第五次改寫於中和，原本《聯合文學》有意分三期連載發表，但是由於國民黨文工會的介入而作罷，從這樣的手法可看出本書的批判強度，這也使得小說遲至 1998 年才順利出版。如序中所言，王拓的創作來源，是以「人性」和「政治」兩個面向著手。〔註 79〕故事主要背景為八斗子漁村，以一具懷有身孕的少女屍體做為開場，少女的繼父在失去親生兒子的衝擊下，性格變得暴燥易怒，每日沉迷於酗酒，無所事事，最後甚至還姦污了繼女。少女的屍體延伸出漁村人們的迷信，還牽扯出有可能涉案的凶嫌，通篇故事充滿懸念，引人入勝。

　　故事中看似對查緝凶嫌來進行鋪陳安排，但實際上卻深入探討漁村的教育問題，故事中描寫牛肚國中的訓導主任，負責給老師們思想考核，並安排

〔註 77〕王拓獄中的文學創作，先後於 1985 年出版的《臺北，臺北！》、1998 年出版的《牛肚港的故事》。

〔註 78〕王拓：《牛肚港的故事》（臺北：草根出版，1998 年 5 月），頁 3。

〔註 79〕同註 78，頁 2。

學生記下老師上課內容，老師若有政治上的言論，立即被學校關切。進而將過往「二二八事件」、「保釣運動」等政治事件點出，表達出作者眞正所欲表達之政治意涵。小說結局更充滿了濃濃的政治味，除了將村民謠言認定的主角趙孝義爲殺人凶手外，還將故事發展導向對趙老師更不利的政治指控。指控趙老師常在上課時批評政府和社會，意圖向學生灌輸反政府和反社會的思想；或者假藉家庭訪問接近民眾，刻意搜集礦災、海難等社會問題的資料，惡意醜化政府形象，破壞人民對政府的向心力。也以趙老師在大學時代曾參加保衛釣魚臺學生運動，到牛肚港後意圖製造社會不安定、擴大社會矛盾等。

（二）東年的《失蹤的太平洋三號》

　　東年是 70、80 年代重要的臺灣作家之一，1985 年出版《失蹤的太平洋三號》，曾被讚譽爲：「中國及臺灣海洋文學的先驅。」〔註80〕儘管這是書商刻意的行銷文字，但這卻是臺灣海洋文學中，最早有關於遠洋的長篇小說。東年曾於 1974 年到 1976 年之間，以發報員身份隨遠洋漁船遠赴南非航海作業，其後更藉由這段難得的航海經歷創作多篇短篇的海洋小說。而《失蹤的太平洋三號》同樣也是以航行南非的經驗做爲創作藍圖，將航海歷程之見聞做爲創作素材，透過小說刻劃來自不同背景的船員，寫他們在船上工作、整補或避風上岸時與港都互動的故事，藉由小說呈現臺灣當時遠洋漁船船員結構的樣貌。

　　小說在 1976 年完成初稿，費時八年，先後歷經數次的修改才得以完稿出版的長篇海洋小說，如此費時與謹慎的書寫態度，足見東年對於這部作品的重視。小說以主角華北的雜記，及其與朋友李梅岑之間書信往返的內容，做爲故事的兩條主線交叉進行。華北的雜記主要是用以鋪陳「太平洋三號」兩年的航行經歷，其中包含船員的海上作業以及泊岸異地的生活描繪，並且陳述詭譎多變的海上景象與船上氣氛，誠如學者莊宜文所說，鉅細靡遺的融合 70 年代所出版的短篇小說，關於船難事件、船員生活、人性糾葛等題材的書寫，〔註81〕可視爲作者將過往短篇海洋小說集於大成。至於書信的內容則是有關兩個知識份子，華北與李梅岑對於國家、民族、歷史與政治意識的精彩辯證，是這部作品最主要的內容特質。

〔註80〕　東年：《失蹤的太平洋三號》（臺北：聯經出版事業公司，1985 年 3 月），書皮
　　　　封底文字。

〔註81〕　莊宜文：〈航向人性的勦深海域──試論東年的海洋小說〉，收入鍾玲編：《海
　　　　洋與文藝國際會議論文集》（高雄：中山大學文學院，1999 年 9 月），頁 226。

　　故事中的「太平洋三號」是一艘遠洋鮪釣漁船，由於船長的領導問題，船員又長期處於鬱悶與危險的生活狀態，致使船上始終瀰漫一股紛擾不安的氣氛，因此當船長在一次的狂風暴雨中跌落大海時，失去領導者的漁船隨即掀起另一場人為悲劇的暴風驟雨。滿心傾慕共產思想的李梅岑，在華北的邀約下被允許登上「太平洋三號」，一心嚮往並下定決心前往中國的他，在船長墜海失蹤之後，竟持槍逼迫其他船員將漁船開往中國，最後更以釋放氨氣的方式企圖毒殺不願服從的所有船員。華北撞見李梅岑失去理智的瘋狂行為後，在慌亂之中竟失手以太平斧砍死李梅岑。遭到毒害的所有船員及李梅岑的屍體，伴隨著殘破「太平洋三號」沉入海底，唯一順利逃生的華北卻也受不住精神折磨，不久之後即舉槍自盡，而「太平洋三號」至此則是完全的「失蹤」了。

　　本書雖立基於東年實際的海上經驗所寫成，然而重點並非在海上旖妮的風光，而是在於他對國家社會的思考。正如作者所說的：「這小說為整個民族做了深沉的精神分析」〔註82〕，他將民族、政治與歷史等議題穿插在作品中，並且連結海洋場域，以航行海洋的遠洋漁船暗示臺灣的國家認同與文化意涵，將人類在海洋險惡的生存法則以及臺灣歷史脈絡和局勢做為暗示整個中華民族的海洋史觀。

　　全書約近十八萬字，充分展現了在高壓的政治氛圍下，知識份子華北與李梅岑熱切的救國心及高度的無力感。全書充滿了悲觀，對國家、社會有抱負的青年，在僵化嚴峻的封閉體制下找不到出路，不是毀滅他人，就是毀滅自己。傳達東年面對當時國家現況及歷史所產生的態度，也顯示了臺灣人的集體潛意識中，面對複雜政治局勢和認同的焦慮，即使將情感寄託在新的中國也慘遭幻滅。透過寫實手法，將70年代知識分子速像寫真，充分再現當時的虛無與茫然。

三、《牛肚港的故事》、《失蹤的太平洋三號》的主題內容

　　如果說80年代所興起的政治文學運動是70年代鄉土文學的一種轉型，那從王拓的《牛肚港的故事》、東年的《失蹤的太平洋三號》這兩部小說上可以得到印證，因為不論是王拓的《牛肚港的故事》，還是東年的《失蹤的太平

〔註82〕東年：〈大海是我的故鄉〉，《聯合文學》（1997年12月），頁7～8。

洋三號》，這兩本長篇小說都可以說是作家過去在 70 年代的短篇海洋小說的
延續，因此作品所探討的內容也不離上章已經討論過的：漁民的生活問題、
漁船在海上的風險、船務管理的秩序與失序以及船員岸上生活等，在此就不
再多加贅述。不過這兩本長篇小說終究與過往的短篇小說有所不同，不只是
篇幅，還增加了作者的政治意識，作者所要傳達的政治訴求也是這兩部小說
的重要內容。觀察這兩部小說所要傳達的政治內容，大概可以分成三類，一
是對國內政治的控訴，二是反思臺灣國際地位，三是國家認同，分述如下：

（一）對國內政治的控訴

百年來的臺灣，歷經幾個極為重要的政治事件，而這些事件也在時間的
沉積之下，成為全體百姓的集體記憶。王拓大學時代參與了釣魚臺事件，爾
後參與了臺灣黨外活動，美麗島事件後他被判入獄，可以說是既身為歷史的
見證者，又是歷史的參與者。這些事件雖然屬於王拓個人親身的經歷，但在
精神層面上，卻是臺灣這塊土地的共同記憶。他將釣魚臺事件、大學生發起
的保釣運動、學運世代的記述，化成為他小說的場景，其中《牛肚港的故事》，
完全體現了這種以政治建構而成的文化思維辯證觀。

《牛肚港的故事》中的場景設在八斗子魚港，整個八斗子可以說就是臺
灣的縮影，主政者的威權勢力及情治單位則遍佈八斗子教育與警務體系，學
校老師言論被監控，精神也被緊繃到緊張分分，透過故事中三位老師的對話，
就可略知白色恐怖力量如何深入校園：

> 「我不是告訴過妳嗎？他常常喜歡站在教室外面偷聽老師講課。前
> 幾天，我又聽說， 他在有些班上還暗中指定了學生，把老師們上課
> 講的一些話記錄下來。」
>
> 「真的？」趙孝義吃驚地叫著，幾乎不敢相信。
>
> 「千真萬確！但是，你千萬不能張揚出去。」楊美慧鄭重其事地說：
> 「我班上的游添福就是他安排的，游添福親自這樣告訴我。」
>
> 「這，太可怕了！」趙孝義縐著眉頭，臉上滿是憤慨的表情。
>
> 「我們又不犯法，怕他做什麼？」李娟說：「以後上課，講話小心就
> 是了。」
>
> 「但是，……學生還這麼小就教他們做這種事，這是什麼教育？」
> 趙孝義說。……

> 「我想，他是訓導主任，大概還負責給老師們作思想考核。據說，
> 每一個學校都有這樣的人。」李娟說。
>
> 「何止學校，」楊美慧說：「每一個機關團體都有。」
>
> 「聽起來怪可怕的，好像有一隻看不見的眼睛隨時隨地都在背後偷
> 看人似的。」〔註83〕

學生到校上課，目的是接受基本教育，而牛肚國中的訓導主任卻要求學生記下老師上課之言行，這非但不是教育的宗旨，也讓學生對學校教育有了負面的印象，也是政治干涉教育的不良示範。

而小說也影射了最後就是訓導主任的告密，使得趙孝義被情治單位找上。原本就受到鄉民、老師們懷疑為殺人凶手的趙孝義，故事發展還導向更不利的指控，指控他常在上課時批評政府和社會，意圖向學生灌輸反政府和反社會的思想。於是趙孝義從一個有理想有行動力的年輕人，可以說是那個年代的一種精神典範，最後卻因為政治迫害而構陷入獄。他被情治單位捉去偵訊、審問，關在一個不見天日的秘密偵訊處，時間長達六個多月，完全與外界失聯。

原本只是一件單純的少女屍體的調查案，卻演變成調查校園內老師的思想問題，不分男女，都被「請」去偵訊調查，就連住處的錄音帶都被拿走當作證據。主角趙孝義這無疑是王拓本人的投射，他曾為臺灣言論自由、新聞自由、爭取社會運動權而被捕入獄，他透過小說一來為臺灣政治發展史留下奮鬥的紀錄，二來也是藉小說主角來為自己陳述身為「思想犯」這一污名化的回擊與辯證。

除了對校園的白色恐怖提出抨擊，在小說中也試圖反映當年的「二二八事件」的部分實況：

> 「臺灣在光復以後不久，曾經發生過一次『二二八事件』，不知道妳
> 有沒有聽說過？這個事件是怎麼發生的？我到現在還不太清楚。我
> 只聽過高中一個公民老師說過，當時派來接收臺灣的省主席叫陳
> 儀，是一個潛伏的共產黨員。他到臺灣後，故意處處欺負臺灣人，
> 壓迫臺灣人。他的目的就是要製造臺灣人對政府的誤會和不滿，以
> 造成本省人和外省人之間的衝突。民國三十六年二月二十八日，果

〔註83〕 王拓：《牛肚港的故事》，頁48～49。

然就在臺北發生了衝突事件。結果，有許多臺灣人，據說大部分都是年輕知識分子，只要平時言論上對政府有一點批評的，被人檢舉查報後，全都抓走了。我有一個叔叔，只因為去聽過別人演講，回來後又把聽到的內容轉述給同莊的人聽，結果，也被抓走了。那時，我叔叔才結婚不久，我嬸嬸剛懷了第一胎，已經有六七個月大了。我爸爸幸虧事先躲了起來，才沒有被抓到。過幾天，我爸爸偷偷跑回家，說有一個朋友看到我叔叔和一群人被憲兵押去淡水河了。我嬸嬸和我祖母哭得死去活來，都快發瘋了。那天晚上，我祖父，我爸爸，還有我嬸嬸，三個人趁著黑夜，偷偷跑去淡水河邊找叔叔的屍體……」〔註84〕

後來楊美慧的嬸嬸還因此大受打擊，連那個還沒出世的孩子也一起上吊自殺，小說關於二二八的揭露與與控訴，僅此一段，由此可見二二八在當時仍是相當禁忌的歷史事件，也有可能王拓所掌握的史料仍然有限，因此相對於自己親身經歷的學運、政治迫害，寫起來也較為含蓄。

　　嚴格來說，不論是對白色恐怖，還是對二二八事件的政治控訴，都不能算是海洋書寫的範疇，但無獨有偶，東年的《失蹤的太平洋三號》也有少許的篇幅談到二二八事件。小說以太平洋三號遠洋漁船為臺灣社會縮影，船員裡有憨直的山地人孫子、客家人大頭、細手嫩腳的外務員許裕榮、懶惰肥胖的廚子、望子成龍的陳車……，雖然各自身份不同、上船原因不同，但儼然是臺灣族群的相況，小說裡提到當時執政者國民黨與二二八事件寫道：

「……而臺灣自由是自由，也不講好自由，伊們國民黨實在足拗霸，像那個選舉，我在做兵的時瞬，伊們國民黨都放假轉去投票，而我們那些沒入黨的都得要留在營房割草掃土腳，姦，伊們國民黨來臺灣根本就是乞食趕廟公。」

「嘻，其實是乞食趕乞食，那廟公原來是番兒呢。」學仁說：「無法度啦。咱們臺灣人沒卵泡，散散，所以到那兒都是頭戴人的天腳踏人的地。」

「沒啦，沒講大家都沒卵泡啦！」清江說：「聽講那二二八的時瞬，咱臺灣人足拚。」

〔註84〕王拓：《牛肚港的故事》，頁71～72。

「啊沒講大家都足拚啦，那有的少年仔，像阿正伊們大兄，那根本
就像在做暢的哪，穿日軍服舉日本刀唱日本軍歌，聚群在街兒行，
而警察兵仔槍一彈，大家就走掉掉啊。」

「沒啊，沒講大家都穿日本衫備做日本人啦！」清江說：「明坤伊們
老爸不是做臺灣人按那跟警察拚？結果去奉人家抓去，手腳奉綁在
後面掛一粒大石頭扔在海裏。」〔註85〕

　　小說透過一群漁工的閒聊，試圖顛覆官方與民間對二二八事件，二元對
立解讀，但漁工的各說各話，更顯示一般民眾對這段歷史的模糊與遺忘，而
遠在南大西洋的漁工最後選擇沉默結束話題，更顯示二二八事件在當時仍舊
是個禁忌。不過誠如莊宜文所說，小說處理政治議題總有些欲語還休的曖昧
朦朧，但批評「二二八事件」，在當時應屬較為前衛大膽。〔註86〕

　　相較於王拓直接對主政單位，或是各別政治事件進行揭露、批判，東年
的《失蹤的太平洋三號》還是與過去的短篇小說那般，透過各別的社會現象，
以及太平洋三號船內的船員與幹部的互動去反映當時臺灣的政治、社會、經
濟狀況，特別是對當時國內的資本主義經濟進行嚴厲批判。

　　在《失蹤的太平洋三號》對於國內政治、社會現況的批評，大致分為兩
條線，一條是透過兩位主角華北與梅岑的往來書信呈現，例如小說提到李梅
岑父母對於政治的漠然，寫道：

為了一點同樣或者詭異的政治原因，我父親和母親喪失了舒適的工
作和生活。如果他們曾經還繼續想什麼，擁有我，實際上他們會有
較厚實的機會。但是他們似乎不再去想些什麼，而總是叮嚀我說：
像政治這種東西，離得越遠越好。就這麼樣，我從來不知道他們曾
經想的究竟什麼。我曾經試探的和他們談專制政府，談共產主義、
民族主義，或者談民主與自由，他們都保持沉默。〔註87〕

政治話題在當時相當禁忌，一般人都不願去碰觸，華北的父親也是如此。他
只希望能舒適安穩過日子，象徵著大多數的群眾，對於這些群眾而言，再多
的理念也無法與生活安適相比。但相較於父親對政治的冷漠，華北的祖父則
是一位歷經喪親之痛與亡國之恨的悲憤的遺老，由於背負了亡國的遺恨，對

〔註85〕東年：《失蹤的太平洋三號》，頁201～202。
〔註86〕莊宜文：〈航向人性的黝深海域──試論東年的海洋小說〉，頁237。
〔註87〕東年：《失蹤的太平洋三號》，頁54～55。

帝國主義有著深刻的憤恨，迫切地希望自己的國家與人民能夠奮發自立，然而他的期望卻是無法寄託在兒子身上，只好將希望寄託在華北這一代的新生代，強烈地灌輸他們愛國救世的理想。

　　另一條線小說則是藉由船員的船上生活描繪來暗喻整個臺灣社會之政治、經濟現況，將這艘內外都飄搖不定的漁船比擬臺灣社會之縮影，而發生於船上幹部與船員、幹部與幹部、船員與船員的衝突與爭奪，即象徵著社會中人類之間的各階級的紛擾。在 70 年代的短篇小說中，東年就嘗試將一艘船隱喻成一個擺盪的小社會，到了《失蹤的太平洋》，他寫得更加深入，讓太平洋三號儼然形成一個國家。

　　小說中船長是一國之首，但是領導與航海能力卻不盡理想；平時與船員較為熱絡的大副袁維禮，則是在船底藏了一把武士刀，藉此隨時恫嚇船員；而同樣也是身為幹部的輪機長，則專門與船長唱反調，在背後老是質疑船長的能力。至於基層船員，則象徵著來自各族群，身份、背景不同的社會底層，他們上船原因也不同，但都有個原因：在陸上找不到較好的工作。而他們上了船，卻又得不到企盼的利益，紛紛又想下船。這樣的組合只要一遇到利益分配不均，馬上引發衝突，即使是同鄉，例如大副與其他船員青海、清江、學仁、金庸、羅貫等人都來自東港，也常因為意見不合，價值觀不同而有所紛爭：

> 清江指著大副說：「你這婊子你這婊子，姦，你想空我不呵？船上航海備入開甫頓的時瞬，你就跟船長講上好是給我和學仁送轉去臺灣，哼，你各自才應當轉去臺灣，你那有資格做大副？那有本領備分一份八？」
>
> 「這你有什麼好講的？我做大副領份八是我的本領啊！我敢不是位船員一級一級艱艱苦苦爬起來的？你那會不講船長閒閒沒得職分四份，輪機長沒得職分三份，呸，漚角色，你分一份已經甚過分咯！若你這扮呃，啊，講就見笑。」〔註88〕

清江與大副雖同鄉，卻因為利益分配不均而引發口角。不過他們的衝突，倒不全然來自於漁獲的分配不均，而是大副常在船艙內開設賭局，贏了不少人辛苦賺來的血汗錢，甚至欠他一大筆債，而結下仇怨。小說將一堆其心皆異

〔註88〕東年：《失蹤的太平洋三號》，頁 221。

的人聚集在一起，確實爲這艘遠洋漁船的航向，增添更多不安定因素。而這也反映當時臺灣社會現況，連番國際外交事件重挫，使得人心思變，甚至想以移民國外，卻又毫無能力出國，最後只能留下來苟延殘喘。

（二）反思臺灣國際地位

1971 年，臺灣發生「保衛釣魚臺事件」，事件起因爲美國宣布將於 1972 年將釣魚臺群島交還給日本所引發的一連串「保釣運動」。釣魚臺全名爲釣魚臺列嶼，位於臺灣本島東北角的外海，共有八個島嶼，基隆、宜蘭、蘇澳等當地漁民常到此捕魚，漁獲量豐，自古以來即屬臺灣領域。1968 年聯合國遠東經濟委員會於中國東海及黃海探勘，發現釣魚臺周圍海域可能蘊藏大量石油，此消息一經傳出，立即引起國際注目與日本窺視。日本利用國際上的經濟優勢與美國勾結，片面宣布釣魚臺屬琉球群島一部分，應和第二次世界大戰以後由美國佔領的琉球群島一起交還日本。自此之後，日本展開一連串的積極行動，不僅拆除我國在釣魚臺上所插設之中華民國國旗，更驅逐我國在釣魚臺附近捕魚的漁船。

此舉引起海內外華人的反日情緒，並發起一連串激烈的遊行抗議運動，一場民族主義情緒濃厚的群眾運動於焉展開，但政府擔心抗議行動會引發美、日政府的不滿，影響政府在聯合國的合法地位，所以封鎖了海外華人保釣運動的消息。最終紙包不住火，國內的學生在一接獲消息後，便發起全國的「保釣運動」，一連串的遊行、抗議聲浪不斷，包圍美日兩國大使館、遞交抗議書、舉辦各式座談會等，造成臺灣難得一見的示威運動。國內大學生們也公開地援引了當年「五四運動」的愛國口號：「中國的土地可以征服，而不可以斷送！中國的人民可以殺戮，而不可以征服！」同時也喊出對日抗戰時「一寸山河一寸血，十萬青年十萬軍」的口號，以表示誓死捍衛國土的決心，以抗議侵略者，以激發全國民眾的民族自覺！

王拓也在《牛肚港的故事》敘述「保釣事件」，主角趙孝義，在大二的時候，適逢「保釣運動」期間，積極參與各項愛國運動。王拓巧妙的安排了一個故事橋段，交待保釣運動的始末，同時也描寫趙孝義在求學時偕同另外十一名青年朋友在報紙上共同發表一封給政府的公開信，呼籲政府施用鐵腕制止資金外流。〔註89〕然而這樣的舉動反而使得他後來遭受逮捕。

〔註89〕王拓：《牛肚港的故事》，頁 159。

　　除了知識分子因爲過往參與保釣運動而受到政治迫害，幾年後漁民更在那海域上，實際碰到實務上的困難。小說描述如果牛肚港的漁民前往三貂角海域捕不到魚，就會轉到釣魚臺去，通常長達三四天才會回來，顯然一直以來，對牛肚港的漁民來說，釣魚臺屬於自家的漁場。即使幾年前發生保釣運動，釣魚臺被日本人劃爲領土，漁民依舊沒有把事情放在心上，他們還是堅信釣魚臺自古以來就屬於臺灣的。其次，釣魚臺事件後，政府再三向老百姓保證，釣魚臺是中國（臺灣）領土，不准任何國家侵佔。但事實是最近一兩個月來，釣魚臺附近海面出現了日本自衛隊的巡邏艇，天上出現了日本的飛機，並且遭受到巡邏艇的驅離，不服從的漁民，還被押到釣魚臺的岸邊：

> 「客客氣氣告訴你們，你們不聽！現在，釣魚臺群島是我們日本政
> 府的領土，從今以後，你們臺灣漁船絕對禁止到這裡捕魚。如果違
> 反我們日本政府的規定，再侵入釣魚臺來，就是侵略我們的領土，
> 我們日本海上自衛隊爲了保護國土，只有把你們捉起來，不然，就
> 用大砲把你們通通擊沉！這是我們日本軍人的責任！再一次警告你
> 們，下一次絕對不可以再來，知道嗎？否則就要對你們客氣了！……
> 〔註90〕

結果每一艘被捕的臺灣漁船都被日本巡邏艦脅迫立下切結書，保證以後不再去釣魚臺捕魚。這一段描述，除了延續保釣運動的精神，對日本政府蠻橫、片面宣佈釣魚臺主權的批判，也揭露一直宣稱擁有釣魚臺主權的中國（臺灣）政府，實際上卻是「無做爲」，放任國家的漁民受到日本政府欺侮，反映當時政府無力解決國際問題的處境。

　　小說寫到趙孝義回憶起大學時期參加保釣運動時，也曾經深入漁村來到牛肚港進行問卷調查，但是在當時由於釣魚臺只是報紙上的新聞報導，漁民出海捕魚尚未遇到實際的刁難，因此對於大學生的田調顯得相當冷淡，認爲報紙上的新聞好像跟他們無關。漁民的漠視除來來自於本身教育水準不高，對於政治意識、國際處境的認識不深，另一方面也是因爲政府並未重視釣魚臺事件，也有一定的影響：

> 「誰會來告訴我們什麼呢？照理說，如果眞有這種事，漁會就應該
> 來通知大家，」一個臉孔曬得赤褐褐，有點脫皮的年輕漁民說：「但
> 是，漁會只知道要收會費，幹！講了就吐血！」

〔註90〕同註89，頁133。

「這種事情，政府應該出面做主啊。好好的一個釣魚臺，自古以來就屬於臺灣的，怎麼突然又變成日本的呢？政府應該出面和日本仔爭呀！」一個大約四十來歲的漁民，手中抱著小孩，臉無表情地說：「我們這些憨百姓，只關心稅到期了要去繳，家裡沒飯了要去打拚，其他的事，我們要怎麼關心呢？關心了又有怎麼用呢？才沒人會理你哩！」〔註91〕

政府的態度間接影響著漁民對政治的關心，然後幾年後當漁民在海上真正碰到問題，求助漁會、地方政府依舊無果，最好只好請趙孝義在報紙上投書，希望喚起全國人民的關注，讓中央政府介入幫忙。此舉雖然引起全國人民關注，但是也為趙孝義後來入獄埋下伏筆。

相較於王拓透過釣魚臺事件反思臺灣國際地位與關係，東年則是經由遠洋漁民在海外的處境，間接反映臺灣的國際地位。其主要表現在兩個面向，一是上一章就提到的南非種族隔離政策，使得臺灣漁民在當地受到歧視；其二是臺灣漁民水準，影響了國際對臺灣的觀感。南非延續西方殖民主義的陰影，在南非公園裡「中國人與狗禁止進入」的恥辱仍然延續著，中國人（臺灣人）在西方國家與帝國主義面前，只是個次等人民。然而誠如上章所說，南非的種族歧視，還牽扯到國家經濟，外交角力等複雜問題，例如同是黃皮膚亞洲人，日本人在南非就受到比較優惠的待遇（相貌佼好、白人的妓女都被日本漁民搶走），而當王家騏到南非尋找華北，他得要用日本人姓名來登記旅館。另外從華北與王家騏的談話中，可以知道日本人在當地壟斷黑鮪魚事業，獨佔較好的電子產品市場，反觀中國（臺灣）人只能開餐廳，擔任船上伙食採購，顯然在地位上有明顯的差距。

除了南非本身的政策問題，當然這多少與臺灣漁民本身的行為也有相當的關係，臺灣漁民常喝酒鬧事，小說寫到太平洋三號在檳城第一晚，就發生臺灣船員圍毆韓國船員，導致兩條韓國船的船長帶著船員上岸尋仇。另外像是在華北致梅岑的信中，回憶起過去他在德國法蘭克福的飛機上，遇到臺灣漁民在機上不聽勸告而自顧自的抽菸，不但因而惹得德國機員不高興，更因此懷疑同樣皮膚、血緣的華北偷走了機上耳機，結果引發衝突。由此可見臺灣漁民自律甚差，常在他國鬧事，自然損害到國譽，二副就講得很直接：

〔註91〕 王拓：《牛肚港的故事》，頁135。

> 人伊們日本船是足有規矩，免講在船内，簡略在舞廳那船員若是睹
> 到三副以上的幹部就要讓椅兒位，行禮，韓國船長也是按那，當然
> 咯，韓國船是不須比的，那韓國船是用軍事管理的，階級分屬足明，
> 而咱們臺灣船員嘛，哼，吵喔，廝打喔，連船長也敢打，哼，想備
> 跟日本人比啥！人在南緯五十六度抓黑鮪魚你們敢不？姦，像按若
> 三十幾度你們就喊苦喊風湧大，根本就是騰屄比雞腿嘛！〔註92〕

東年曾經待過遠洋漁船兩年，對當時很多漁民的荒唐行徑相當清楚，小說透過
漁民在遠洋的處境，一方面暗示了臺灣漁業政策只重視漁獲收入數據，而忽視
了漁民在國外的行徑；另一方面藉由與各國的漁民比較，直接披露臺灣漁民在
國外受到輕視，有時也是因為個人緣故而咎由自取。當然，東年刻意放大漁民
海外行為，其還有一個主要用意，就是為了深入探討群眾的無知、愚昧、好鬥、
貪婪的群體性格，進一步呼應知識份子的道德激情，無法與現實相配合。

　　東年在小說經常探討臺灣的國際處境，但他並非如王拓一般，一味的批
評政府的不是，很多時候反而是去思考群眾的問題，也是一國積弱不振的原
因之一。另外他也常深入歷史長河，歷經不同時代的亙古海洋，探討中國的
國際問題。當西方強權渡過海洋去至中國進行侵略，因而使得中國人受盡痛
苦時，何曾想過在數百年前，中國人亦因一己的行為而使西方人受盡痛苦。

> 一四八七年航海英雄迪亞士（Bartholomeu Dias）在非洲底端這好望
> 角海峽，英挺的站在一艘帆船的艦橋上，豪邁的說：從此東去，可
> 到達印度。當然，他如願的發現了印度；追隨他們的航路，有更多
> 的歐洲兵艦去到了中國。近代中國的苦難歷史，有一筆確是從這裡
> 開始的。不過，歷史的軌跡也曾經有過這麼一種真實：當中國人以
> 長城隔離遊牧民族，並且以勝勢的武力將其驅逐西去，無可避免的
> 蹂躪西方世界，實已為西方航海大發現的時代做了伏筆。歷史的因
> 果，事實上，很難斷視。〔註93〕

在這種獨特的因果歷史觀下以及得自於大海而領悟的海洋哲學下，東年的批
判就更具有思考性，亙古的時間消彌了一切，包括國與國的對立與差距，以
及一切的價值與意義。一般人所堅持的國際地位，著重國家的豐功偉業與救
世理想，一旦面對永恆的時間，一切都是船過水無痕。

〔註92〕 東年：《失蹤的太平洋三號》，頁191。
〔註93〕 東年：《失蹤的太平洋三號》，頁3。

（三）國家認同

臺灣政治是獨特而複雜，所以歷經政治事件的作家都生活在文學與政治拉扯的張力中。書寫政治小說，是一種悲憤中尋找對話，遺忘中重新建構、尋找歷史，進而在失落中平衡自我。70 年代到 80 年代，因爲鄉土文學的興起，使得文學家關注臺灣這塊土地上，連帶使得本土意識高漲，甚至造就中國意識與臺灣意識的糾結、共同依存的過度時刻。正如楊照所說：「『中國』先轉化爲性感的『鄉土』意象，再由『鄉土』而分歧成爲中共現實政權、國家的認同，以及『本土』建立新國家的呼聲。」〔註94〕

在戒嚴時代，官方以「反共復國」做爲國家前進唯一方向，一切政治詮釋來自於當權者的標準，但是隨著時空的改變，對政治面的詮釋也產生不一樣的立場與觀點。反映在文學上作家一方面批評政府當權，另一方面也在建構不同的國家意識，或左傾、向中共政權靠攏，或臺灣意識抬頭、傾向獨立建國，在在挑戰政府單位所主張的「反共復國」的國家定位。

70 年代曾經與當時的黨外陣營關係相當密切，1979 年美麗島事件後還因此被捕，出獄之後更毅然加入民主進步黨的王拓，儘管這些人生經歷，以及對政治、當權者的批判都寫進了《牛肚港的故事》，但在小說中卻少有對於國家的認同有進一步論述。在小說中，趙孝義從現實生活走向神聖之路，懷抱著「理想」，且積極地參與社會運動，之後從保釣運動的學運份子，回歸到臺灣基層地方上，到牛肚港執教鞭，爲這塊土地奉獻一己之力，這無疑是根植於王拓思想上的「理想」，是知識份子救國理想不斷衝擊著他的人生觀與社會觀。

但是，當趙孝義受到記者訪問，談起過去參加保釣運動，他說：

> 「那是臺灣光復將近三十年來，第一次由青年學生所發起和領導的愛國運動。那個運動使我們發現，我們是眞正屬於這個國家、這個社會和這個地方！我們不是寄生蟲，我們是有用的，我們能替我們所生長、所愛的地方奉獻心力！那個運動使我們對自己的力量產生信心，也使我們對國家社會產生愛心！」〔註95〕

〔註94〕楊照：《倉皇島嶼——歷史與現實分析》（臺北：遠流出版公司，1996 年 11 月），頁 82～83。

〔註95〕王拓：《牛肚港的故事》，頁 218。

在趙孝義／王拓的思想裡，似乎還是存在著「大中國思想」的可能性，他把臺灣與中國命運視為一個共同體，而非兩個獨立的實體。〔註96〕

反觀東年的《失蹤的太平洋三號》則處處挑戰國民黨執政的適宜性，他將國家認同與海洋經驗互相結合，海上航行的太平洋三號則是國家縮影，小說試圖從太平洋三號航行方向去探討國家未來方向。主角華北與李梅岑，是一般社會中所謂的「孤獨的知識份子」，他們各自對於國家、民族等大敘述議題有深度的辯證與思索，並且在心中對其具有高度的理想與熱忱。小說常深入歷史對日本帝國主義的批判，表現其對「大中國」的國家認同。梅岑和華北之所以懷抱著救國理想，對帝國主義有著深刻的憤恨，一切都是來自華北的祖父刻意教育養成的。

歷史的恩怨情仇，讓華北對「大中國」的民族認同，所以當他過去在紐約遇到臺獨傾向的朋友，對於臺灣人被壓迫的想法，毫無動容，反而是對於新中國仍然不敵內部的分裂，終致海峽兩岸分隔對立，而無法團結一致對外感到憤怒：

> 我們的一個朋友，那時候他正在攻讀生物化學的博士學位。他有許多苦惱：右派的學生時常會偷偷的打破他的車窗，刺破他的輪胎；只因為他認為：為了中國的遠景，臺灣海峽兩岸即使繼續保持隔離和武力對抗，也應該互通技術、資本和生產原料及產品。在這個理念中，他確認並且肯定臺灣這二三十年的經濟發展於中國歷史上有先驗的意義，並且認為在這樣的階段中由臺灣主動推動談判則於中國現代史上會更有無法磨滅的價值；結果，他惹了這種麻煩。這使他痛心，他發誓將留在美國永遠為星條旗效命。〔註97〕

但梅岑和華北所嚮往的理想「大中國」，不是當權主政，主張「反共復國」的國民政府，反而是與國民政府對峙的「中國大陸」。

〔註96〕 在李友煌的博士論文《主體浮現：臺灣現代海洋文學的發展》，認為王拓文中有「中國人」、「祖國」的說法，但現實中國家的認同已不再是中國，而是臺灣了。如果從王拓後來從政的發展，筆者也確實相信是如此，但是光從文本中來看，要說文中的「中國人」、「祖國」就是指傾向獨立的臺灣，仍欠缺進一步的證據。參李友煌：《主體浮現：臺灣現代海洋文學的發展》（臺南：成功大學臺灣文學研究所博士論文，2011年），頁232。

〔註97〕 東年：《失蹤的太平洋三號》，頁300。

在兩人來往的信件中，可以看見梅岑比華北更想要前往中國，「去中國」與否在小說中出現約二十次，然而因爲恐懼害怕而喪失從檳城前往中國的機會。之後情節的發展，兩人透過信件來往，不斷對共產主義進行思想的確認。儘管華北對共產主義仍有質疑，不像梅岑那般狂熱，對於將太平洋三號開去中國仍有心理障礙，認爲去中國或者回臺灣都不是自己所能決定，但對共產中國已有某種程度的認同，東年後來在《給福爾摩莎寫信》一書中，就曾這樣自剖：

> 我自己在一九七六完成的《失蹤的太平洋三號》初稿中，對於現在的中國就曾寫過這樣的預言做爲一種手段，共產主義不可能形成一種普世的理想，僅可能做爲一種過渡的歷史現象——以共產中國來說，幾場外國電影，或者電視節目和夾雜在其中的商品廣告就可能使它崩潰。我這樣寫也不是說我喜愛現在這樣的中國；假使它變成一種欺弱的霸權，那他就會是我們年輕時所抗拒的對象，但我也絕對不會後悔年輕時對他的同情。我年輕時候所閱讀的各種近代的社會主義思想，算來不過是複習我童年、少年時代所閱讀的某些更素樸的思想……〔註98〕

80 年代初期，在臺灣媒體還未到達開放的境界，國民黨的意識形態可謂是歷史的主流價值，東年敢透過小說表達對共產主義的同情，實屬相當大膽。

小說中除了知識份子認同共產主義，屬於基層群眾的船員也常無意在言談中，打趣地提出對共產主義的看法，例如客家人大頭在被船員一直借菸抽後，生氣地說：「爲什麼我就要一定要跟你分？我不是共產黨啊！我國民黨呵。」〔註99〕；另外像是在討論是否要去共產中國時，有漁民說：

> 「我看那沒什麼意思，那共產主義並沒什麼好，你看，咱們甲板按若大家輪在做，平是分一份，根本就是共產主義嘛，而大家也沒講聚夥生活足和好足趣味，續落還亂嘈嘈抓沒魚，若是講隨人顧性命隨人打拚，那就不相款咯。」

> 「那會不相款？」金萬說咱們船員才分一份，船長分四份，姦，連二副那款漚腳手都分居兩分。」〔註100〕

〔註98〕 東年：《給福爾摩莎寫信》（臺北：聯合文學出版社，2005 年 1 月），頁 160。
〔註99〕 同註97，頁 188。
〔註100〕 東年：《失蹤的太平洋三號》，頁 196。

顯然群眾對共產主義的認知停留在「共產」這概念，他們對共產主義並未抱有理想的期待，而是基於人性趨於利的考量，難怪船員彭全會說：「沒錢是備按那共產，對不對？若是講來去跟美國人共產就稍可會通，但是美國人根本就不會跟人共產咧，呵。」這雖是船員茶餘飯後的閒聊，但船員會興起前往大陸的打算，還是多半是對船上同工不同酬的抱怨，也暗指國內政府所實施的資本經濟，看似締造社會繁榮，創造經濟奇蹟，但實際上卻沒有因此嘉惠到中低下的社會底層。

　　小說一方面透過船員生活反映社會群眾的集體意識，一方面透過華北、梅岑兩位年輕知識份子的書信往來探討群眾的愚昧與無知，在他們眼中「這些可憐人已經因為過度的勞苦、喪失自尊和自信，以及同儕之間的紛亂關係而淪落成為野蠻人」〔註 101〕野蠻人所具有的只是原始的慾望，他們的行動也僅受原始的驅力所操控，因此他們的生活裡，充滿的是性、賭博、逞凶鬥勇、喝酒、打架、愛財好利、貪懶惡勞……，如此無意義的生活日復一日。

　　青年本來就較具熱情與理想，華北與梅岑在刻意栽培下，總是帶有想像的浪漫色彩，而且超越現實。然而這虛幻的理想，卻與現實社會全然不符，使得知識份子掙扎與痛苦，甚至讓猶豫不決的華北和熱情的李梅岑在政治傾向產生分歧與差異。原本具有左傾思想的華北與李梅岑，對於「弄一條船去中國」的希望是他們原有的共同理想與目標，然而華北終日與船員相處，發現從長期的歷史發展來看，居領導地位的並非知識分子，而是大眾。真正的歷史其實是由大眾所共同造就出來的，華北後來的體悟讓他放棄了知識份子的理想，他認為要將船開向何方應該由大眾做決定：

> 這條船最後會到那裡：去中國大陸或者回臺灣，都不是你我所能決定的。……為什麼你我都不能做決定？究竟要讓誰做決定？讓我清醒的告訴你，我們必須公正的讓這條船上的人做決定。〔註 102〕

國家整體的方向須由全體民眾共同決定，知識分子並非站在高於大眾之上的地位，更沒有支配的權力。當華北清楚體認到自身的理念不容於現實、無法影響世俗時，他終於明白理想的虛無而選擇與現實妥協，就此打消「弄一條船去中國」的想法。

〔註 101〕同註 100，頁 226。
〔註 102〕同註 100，頁 118。

　　李梅岑當然也明白，在當下社會中想要實現自身理想猶如身陷泥沼的困境，但在極端的菁英分子心理作祟下，他認為大眾的意識是可忽略的，在必要時亦是可以消滅的，一切以整體發展為考量，以將社會導向正向為目標。他最後登上了太平洋三號，此時正好國際美牛問題使得魚價跌落，另一方面石油漲價，加上炒作，引發世界性經濟破產，這使得船公司也跟著倒閉。船公司的倒閉，太平洋三號自然成為海上孤船，返家聲浪四起，輪機長見縫插針，鼓譟說乾脆將船駛去大陸。小說藉由一連串國際經濟問題，以及船公司倒閉，暗示著臺灣在一連串國際事件，美援停止後，孤立無援的處境。此時臺灣人的集體潛意識，就如同太平洋三號船員一般，面對複雜的政治局勢和民族國家問題時產生焦慮，對於身處海洋的臺灣的方向與國家認同開始產生搖擺與質疑。

　　此時李梅岑趁機遊說船員將船開往中國大陸不成後，決意毒殺全船人員，以便將船開往中國大陸。結果卻被華北發現，在慌亂中被砍死，他在臨死前對華北發出呼喊：

　　　　你這個蠢蛋！他這麼詛咒我，並且淒慘的以最後一口氣放聲大喊：

　　　　他們的意志是無效的啊──喔，老天！你這個蠢蛋！〔註103〕

逃過一劫的華北深受刺激，他看到了人性的無望使得理想最終是不可能實現，最終他朝自己開了一槍以解脫困境，整個知識分子的夢想最終仍是趨向幻滅。

　　《失蹤的太平洋三號》透過海上航行的太平洋三號，反映歷史上的帝國主義侵略、現實中的臺灣社會的亂象、以及知識分子的分裂不群，使得具有救世救國熱情的知識青年憂心不已。華北意識的心理變化的模糊與矛盾，暗示著東年心理的意識中對中國的搖擺與矛盾，最後華北的自殺更顯示了東年意識中的陰暗面。他的死象徵最後堅持的希望幻滅了，因為他的死而使得失蹤的太平洋三號完全失蹤，更暗示／象徵中華民族／文化的歷史走入更艱困的處境。

　　小說出版於 1985 年，儘管當時政治氣氛正在解禁，小說處理政治議題總有些欲語還休的曖昧朦朧，但是相較於王拓的《牛肚港的故事》，小說敢於認同共產主義，並對國家方向提出質疑，也是相當大膽。究其原因，筆者認為恐怕與王拓創作時還深陷牢獄之災有關，對於國家主體探討較為保守。

───────────────

〔註103〕東年：《失蹤的太平洋三號》，頁 286。

反觀在《失蹤的太平洋三號》裡，小說最後安排一心嚮往中國共產的李梅岑後來偏執發狂，大開殺戒，毒殺所有船員，最後被華北所殺，而華北在精神崩潰的痛苦下舉槍自殺，共產主義理想卻是導致所有人共同滅亡，如此悲慘結局，也頗符合執政當局所認定的「共產主義是人類的墳墓」政治正確的原則。〔註104〕

第五節　小結

80年代臺灣的文學是眾聲喧嘩，同樣的海洋文學也是如此。當臺北文壇沸沸揚揚在為當代文學究竟屬於「中原／邊疆」、「中國／臺灣」爭論時，遠在高雄的大海洋詩社則遠離風暴，他們寫詩、編詩，出版了海洋詩選《中國海洋詩選》。同時緊接在後，林燿德也編了一套《中國現代海洋文學選》。儘管做為臺灣第一本海洋詩選，以及第一套海洋文學選集，在選錄上有其不足，然而其清楚看海洋對於臺灣社會的重要意義，從今天的眼光來看，仍是真知灼見。

同樣也是在風暴之外的呂則之，他從澎湖小島來到臺灣大島，在鄉土文學即將沉寂的80年代，他反而以澎湖的海洋、鹹水煙、菊島人民，為鄉土文學帶來新的樣貌，那是大島臺灣進入城市化後難以覓得的鄉村氣息。尤其是他筆下的澎湖，就如同夏曼·藍波安的筆下的蘭嶼，都是有別於大島臺灣的海外小島，離島的封閉性，使得他們所書寫的海洋更是迥異於臺灣的海洋風貌與文化。

而相對於夏曼·藍波安致力擁抱於達悟族的海洋文化，呂則之筆下的澎湖海洋，則是充滿凶險，是澎湖島民揮不去的夢魘；但也因為在如此不利生存環境下，才能形塑澎湖居民勤奮、粗獷、認命卻又不服輸、樂天而又藏著憂鬱的獨特性格。雖然呂則之看似刻意醜化、誇大澎湖島民醜陋的生活習性與文化特色，但其主要目的乃是為了將深層的人性挖掘出來。由此可見他心

〔註104〕東年曾在〈我在上個世紀的寫作〉一文中表示，因為小說寫了中國大陸終將背離共產主義，讓他始終認為這本小說即使在戒嚴時代也可以發表。儘管如此，也因此讓他在八年期間改了八個版本，不但是《中外文學》婉拒發表，參加1984年《自立晚報》舉辦的「百萬小說徵文」，進入決審後也沒消沒息；最後是在《聯合報》報系美國《世界日報·副刊》連載，後來才在聯經出版。參東年：〈我在上個世紀的寫作〉，收入東年：《愚人國》（臺北：聯合文學出版社，2013年7月），頁303～305。

中所繫依舊是澎湖的土地與海洋，而他情感惦念，最終還是菊島居民的困窘，從這點看來，他的小說其實是與鄉土文學運動的主要訴求：「回歸鄉土、關懷底層民眾」是一致的。

至於走過 70 年代鄉土文學的東年和王拓，則在 80 年代捲入這股本土化風暴中。他們的海洋小說依舊關注底層民眾，但是更關心知識份子，他們筆下的知識份子，不論是《牛肚港故事》的趙孝義，還是《失蹤的太平洋三號》的華北、李梅岑，不但象徵著 70 年代末期，政治覺醒的年輕一代，同時也是作者的縮影。在那政治禁忌逐漸解禁的年代，作者的政治企圖走入小說之中，於是，政治結合海洋，他們的海洋小說，成了鄉土文學的變奏曲。

王拓的《牛肚港的故事》，政治批判強烈，海洋反而退居第二線而成為背景。不過其對漁村子弟的關懷仍表現在文字之中，他將釣魚臺事件寫入小說之中，一方面表達自己的政治理念，另一方面也是為漁民的討海權力發聲。

東年的《失蹤的太平洋三號》，則是仍保有強烈的海洋氣息。這是第一本展現臺灣遠洋漁業文化的長篇小說，東年透過遠洋漁業的描述，開拓海洋小說的新視野。儘管探索人性的幽微仍是他所書寫的重點，不過他賦予《失蹤的太平洋三號》更強烈的企圖心，他將政治傾向、國家認同寫進小說中，航行大海中太平洋三號就是臺灣的縮影，航行方向的搖擺以及迷惘，正是象徵著 70 年代末期，風雨飄搖的臺灣處境。而不論要航向何方，都顯示出臺灣與海洋關係密切的重要事實，至於要繼續航行，還是沉船一途，就看船上的人是否覺醒。

綜觀而論，王拓、東年和呂則之的海洋創作皆延續 70 年代鄉土文學的精神，並受到 80 年代本土化的影響。儘管王拓、東年的作品仍以大中國為國家認同，但文學創作中則已經對當時國民黨執政的政府產生質疑，並提出嚴厲的政治批判。

在 80 年代本土化的過程中，隨著臺灣政治控制逐漸鬆綁，文學場域的思潮轉變與引領，此時海洋書寫內涵也隨之逐漸改變，思考文學與土地以及與國家的連結。在這一股風潮影響下，另一種海洋書寫也在此時醞釀而生，那就是記錄海洋生態環境的自然寫作。這一類的海洋書寫，所關注不再只停留在人類身上，反而將視野移向腳下的土地、眼前的大海，正逐漸受傷哭泣的生態環境。

第八章　80 年代的海岸生態書寫

　　進入 80 年代，臺灣海洋書寫發展呈現多元化的現象，除了上章所述，海洋小說結合了鄉土文學、政治意識，有關於海洋生態的自然書寫也因自然寫作的興起而產生。80 年代由於生態、環保意識抬頭，影響所及，自然寫作創作大盛，而海洋為自然界重要的一環，海洋生態的自然書寫，自不免被吸納進自然寫作範疇之中，到了 90 年代甚至被研究者歸入自然寫作之下來處理。

　　80 年代開始，韓韓、馬以工以一連串的「環境議題報導」，掀起了自然寫作的開端，他們合著的《我們只有一個地球》出版，其中卷二「缺憾還諸海洋」主要在抨擊海岸線不當開發問題，堪稱為臺灣海洋生態的自然書寫的先驅。〔註 1〕在他們之後，則有劉克襄、吳永華、王家祥等人都曾描寫過海岸風景。這類環保、生態類的海洋書寫，過去都被規劃為自然寫作、生態文學一環，另外又因為這些作品多屬於海濱生態踏查、紀錄，作者鮮少真的航行海上，具有實際的海洋生活經驗，因此一般論者也鮮少將其歸類為海洋文學範疇。然而筆者仍將其列入廣義的海洋文學範疇進行討論，主要原因有四：

　　一、在 1987 年解嚴以前，臺灣海禁尚未解除，一個作家想要出海做調查，有實務上的困難度。

　　二、儘管像劉克襄、王家祥等作家只是停留在岸上觀察，屬「陸上觀海」的寫作模式，但誠如吳明益所說：「……同樣是『濱海而觀者』，卻能夠帶給我們同時觀看生物如何利用這塊濱海之地，乃至於反省人類因私利而對環境

〔註 1〕韓韓、馬以工：《我們只有一個地球》（臺北：九歌出版社，1983 年 1 月 10 日）。

造成如何傷害的文學作品。」〔註2〕他認為這些站在海的邊緣、河的盡頭的書寫觀察，能夠成為獨具意義的作品，提供不同的視野。

三、許多海洋文學研究的學術論文，例如吳韶純《臺灣現代海洋文學研究》、王韶君的《臺灣海洋文學的發展與文化建構（1975～2004）》、葉連鵬的《臺灣當代海洋文學之研究》，以及李友煌的《主體浮現：臺灣現代海洋文學的發展》，都認為80年代興起的自然寫作對於90年代的海洋文學的被重視有推波助瀾的作用。葉連鵬更將此類型的海洋書寫定義為「海洋生態文學」，認為其與環境保護意識崛起有很大的關係。〔註3〕

四、在2004年以前，海洋文學尚未被學界重視時，許多研究自然寫作的學位論文如簡義明的《臺灣「自然寫作」研究——以 1981～1997 為範圍》、許尤美的《臺灣當代自然寫作研究》、李炫蒼的《現當代臺灣「自然寫作」研究》等。都把海洋生態寫作收編在臺灣自然寫作的類型中，即使90年代開始，已經有廖鴻基、夏曼‧藍波安大量海洋文學作品產生，但是2002年吳明益的博士論文，依舊把廖鴻基的作品擺在其自然寫作論文的第九章。〔註4〕而之後到了2005年之後，當海洋文學開始成為學位論文研究對象，許多研究者也將劉克襄、王家祥的作品列入研究對象，如王韶君的《臺灣海洋文學的發展與文化建構（1975～2004）》在第五章探討海洋文學題材，就將王家祥小說《海中鬼影——鰓人》、劉克襄動物小說《座頭鯨赫連麼麼》歸納為「鯨豚之海」〔註5〕，而葉連鵬的《臺灣當代海洋文學之研究》，第五章則將這兩本書歸入為「海洋幻想文學」。〔註6〕另外像是劉咏絮《與鯨豚對話——劉克襄與廖鴻

〔註2〕吳明益：《自然之心——從自然書寫到生態批評》（新北：夏日出版，2012 年 1 月），頁 260。

〔註3〕葉連鵬：《臺灣當代海洋文學之研究》（桃園：中央大學中國文學研究所博士論文，2006 年），頁 70。

〔註4〕吳明益後來將自己的論文修改，以《以書寫解放自然——臺灣現代自然書寫的探索》（臺北：大安，2004 年）為名出版。

〔註5〕王韶君：《臺灣海洋文學的發展與文化建構（1975～2004）》（臺北：臺北教育大學臺灣文學研究所碩士論文，2006 年），頁 116。

〔註6〕葉連鵬：《臺灣當代海洋文學之研究》，頁 105。筆者認為葉連鵬的歸類是有些突兀，劉克襄動物小說《座頭鯨赫連麼麼》，透過擬人化的寫作方式，描寫座頭鯨赫連麼麼一直溯和而上尋死，雖然來自作者的想像與創造，但是這本小說所要探討除了死亡議題，還有傳達自然保育的理念。同樣的，在王家祥的小說《海中鬼影——鰓人》中，雖然有人魚相戀、鰓人變成海豚的奇幻情節，但小說中所要著重仍是生態保育的觀念。

基的鯨豚書寫探究》〔註7〕則是針對劉克襄的鯨豚書寫進行研究。

從以上四點觀之，80 年代所興起的自然寫作，其中海濱的觀察書寫可以視爲廣義海洋文學。本論文先簡介臺灣自然寫作發展概況，再進一步分析自然寫作與海洋文學的關係，並透過作家、作品的分析，探討 80 年代的海岸生態書寫。

第一節 自然寫作的興起

臺灣自然寫作的風潮大約萌芽 70 年代，而於 80 年代蓬勃發展，許多人才輩出，各項有關環保、汙染、公害的書寫常見於當時的書籍、報章雜誌，形成風潮，而於 90 年代自然寫作題材更加多元，出現詩、散文、小說等作品。這些自然寫作內容廣泛，除了探討當前環境問題外，更以生態倫理爲根基，讓人們透過閱讀了解生態保育的重要性，不再漠視這個土生土長的環境。陳昌明認爲臺灣自然寫作的發展，有其獨特的經驗與風貌，它受中國田園山水文學的影響，只是影響甚微，後來西方生態思潮以及自然寫作典範陸續引入，再加上臺灣內部的政治與社會變遷，自然書寫便萌芽而茁壯了。〔註8〕以下分別就臺灣自然寫作的發展、特色以及與海洋文學的關係，做進一步的分析。

一、臺灣自然寫作的發展

自然寫作出現的時間，並非一日可成，一般來說，其興起原因歸咎於：當時社會環境刺激、文學風氣的影響，以及西方生態理論的啓發。

（一）社會環境刺激

1970 年以前的臺灣，與許多新興國家一樣，政府爲求經濟發展，進入現代化社會，以工業化追求經濟，但是到了 70 年代逐漸出現問題，包括社會資源、財富分配不均、社會結構急遽改變的問題；除了造成內部社會問題，當時爲了振興經濟，政府扶植紡織、造紙、水泥、石化等高污染工業，並且興

〔註7〕劉咏絮：《與鯨豚對話——劉克襄與廖鴻基的鯨豚書寫探究》（臺中：東海大學中國文學系碩士論文，2008 年）。

〔註8〕陳昌明：〈人與土地：臺灣自然寫作與社會變遷〉，收入何寄澎主編：《文化、認同、社會變遷：戰後五十年臺灣文學國際學術研討會論文集》（臺北：行政院文建會，2000 年 6 月），頁 43。

建水庫與電廠以應用足夠電力；大量開採自然資源，使得自然環境受到明顯改變與破壞。可惜的是，為求經濟發展，對於這些具高污染產業，政府並未做好監督工作，也未擬定相關政策，使得破壞更加日益嚴重。

這段時期，沒有環保團體的出現，少數零星的有關環境破壞的討論也不被重視，就如劉克襄所說：「難以看到任何有力的反對聲音，更未見著民間環保組織的出現；而訴諸於文學形式，鮮明表達對生態環境關心的作品，更是絕無僅有。」〔註9〕國民一味追求經濟，加上政府過客心態，以及教育上也未教導民眾環境概念，使得環境議題並不受重視，這些原因加總起來讓臺灣的經濟走向富裕卻造成了貧脊的環境。70 年代開始，民眾、知識分子逐漸感到環境崩壞問題日益嚴重；而到了 80 年代，保護野生動物的概念，以及國家公園的成立，都引發社會大眾的關心，一時間環境問題成為最引人注目和急需改善的，文學家就針對這些熱門的部分來進行思考創作。

（二）文學風氣的影響

至於文學風氣，可分成二面向探討，一是文學的本土化，二是報導文學的興起。

1、文學的本土化

80 年代一個文學創作的自然現象，就是身在臺灣的作家，不管提倡任何理論，他們的作品都不可能離開臺灣社會環境，而去表現另一個社會內部的問題。不論是什麼樣的作品，均具強烈濃重的本土精神性格，各自從不同角度飽滿地呈顯出臺灣的真實面貌。在這股風潮之下，陳芳明就認為：「本土化意識的覺醒，以及威權體制在民主化過程中，對臺灣土地的擁抱，也加重自然書寫成為一個重要文類。」〔註10〕

原本在 70 年代就以現實觀點為訴求的鄉土文學運動，大致上以人道的角度為出發點，對財富不均、傳統社會價值的崩毀有全面性的反映；而到了 80 年代，作家繼續用文學發抒人民的心聲，對當前臺灣社會、經濟、政治的演變，有更詳細的描述。他們將文學關懷現實行動的聚焦到環境上，過去對於資本主義高度發展，造成人性幽暗墮落的探討，轉嫁到塑膠、石化、水泥、

〔註9〕劉克襄：〈臺灣的自然寫作初論〉，《聯合報》第 34 版，1996 年 1 月 4 日。
〔註10〕陳芳明：《臺灣新文學史（下）》（臺北：聯經出版事業公司，2011 年 10 月），頁 647。

農藥製造、核能發電等工業對臺灣土地資源的污染與破壞，工業化帶來的環境問題上。此時，土地倫理的意識，進入到作家的思維裡。

2、報導文學的興起

報導文學乃是一種結合了「報導」與「文學」的寫作形式，主要是以社會文化等現象的挖掘與探討爲主。在 70 年代，無論是國際或國內之間的政治動向，都影響知識分子省思臺灣的政經情況與內部的社會結構，而平面媒體是所謂「老三臺」電視時代臺灣社會最重要的精神糧食，對啓蒙民智、引導社會風氣有著舉足輕重的地位。當時新聞媒體與專業化雜誌蓬勃發展，雜誌、報紙副刊例如《人間》雜誌、《皇冠》雜誌、《漢聲》雜誌，《中國時報》的〈人間副刊〉、《聯合報》的〈聯合副刊〉等不但大量刊登報導文學，1978 年高信疆所主編的〈人間副刊〉，不僅推出新專欄，更在成立「時報文學獎」時設立「報導文學」使之成爲文學風氣，造成極大影響。

當時報社設置文學獎的動機是爭奪文化論述權力，自然有左右文學風氣的影響力，而在媒體的推波助瀾，以及當時日益興盛的寫實主義文風影響之下，臺灣的報導文學由此邁入了極盛期，培育出更多投入環保議題的作家。誠如簡義明所言：

> 1970 年代末期，文學界因一連串政治事件而導致眾多作家不再從事創作，鄉土小說亦失去新作品的時候，而「報導文學」這種「集中在本土現實的探索」的傾向可以說是替當時的文壇打了一劑強心針。〔註11〕

由於上述的種種因素，從 1970 年到 1980 年之間，有志之士紛紛投入報導文學的行列，至於探討的內容，則多半以社會問題的挖掘與探討爲主。

70 年代在臺灣發展的報導文學與自然寫作有著密切的關係，自然寫作剛出現時，多半被歸諸於「報導文學」的一環，以報導生態環境問題爲主；「畢竟它的出現時間和報導文學盛行的時日剛好契合；除了題材上的差異，我們也難以看出，在文本上和報導文學之間有何重大的區別。」〔註12〕臺灣的自然環境及生態保育觀念興起於 70 年代，當時臺灣的環境意識高漲，民眾的集體抗爭進入高峰，具有報導性質的「環保文章」出現了，一群關心環境的作

〔註11〕簡義明：《臺灣「自然寫作」研究——以 1981～1997 爲範圍》（臺北：政治大學中國文學系碩士論文，1997 年），頁 51。
〔註12〕劉克襄：〈臺灣的自然寫作初論〉，《聯合報》第 34 版，1996 年 1 月 4 日。

家，以土地、環境的代言人身份寫作了許多以自然爲主題的作品，藉以喚起民眾重視生態問題。如 80 年代初期《聯合報》副刊連續刊載韓韓、馬以工的「我們只有一個地球」系列專欄，報導紅樹林危機、海岸九孔池濫建等問題，他們對土地的謙卑以及對環保觀念的宣揚，在當時有很大的影響，此後人們對自然環境的破壞，才有比以往更具體的認識。〔註 13〕之後還有包括心岱的《大地反撲》、楊憲宏的《走過傷心地》、《受傷的土地》等，皆爲其中的代表作。

盛極一時的報導文學，到了 80 年代後期卻開始逐漸走下坡，這其中的原因除了報禁的解除，副刊受到消費文化的衝擊，開始以短小文章爲主流，不再如過往一般支持報導文學。此外，報導文學本身文體的特性更是造成它沒落的關鍵：此類作品多半具有道德的光環，作者因使命感而振筆疾呼，使得作品具有悲憤與無奈的一貫基調，感性重於知性。然而缺乏對自然的嚴謹學習與生態學知識，生態與環保只是一種題材，無法成爲自然寫作的方向；而一旦沒有新的訴求或是展現方式，人們往往就會產生厭倦的心理，導致發展的受阻。〔註 14〕由於報導文學只是流於浮面的揭露與批判，作家對土地的了解不夠深入，缺乏長期的生態觀察，「作者甚少滲入思想感情，只流於文字的感傷、吶喊」〔註 15〕，並且「始終將科技視爲負面價值」，「缺乏對生態環境的了解」〔註16〕等，都是造成後來報導文學在 80 年代逐漸式微。

幸好，此時西方生態理論的引進，提供豐富的生態學知識與生態環境理論架構，都讓 80 年代以後報導文學有明顯的轉向，已不多見如早期韓韓、馬以工《我們只有一個地球》那類以傳教的方法闡揚生態理念，期待喚起大眾

〔註 13〕 當時，水利局計畫要砍掉六十多公頃的紅樹林來填築淡水河口近竹圍的河川地，引起社會大眾的注意；至於候鳥被獵殺的事件，包括張曉風、馬以工、韓韓等皆曾爲文表示關切，後來這些文章都收入在韓韓、馬以工：《我們只有一個地球》。

〔註 14〕 簡義明：《臺灣「自然寫作」研究——以 1981～1997 爲範圍》，頁 56～57。簡義明提到：「『文類惰性』（generic inertia）的產生，恐怕才是這類作品逐漸衰退的主因，它們往往有著強烈的『意念先行』、道德光環勝於文學藝術的嚴重致命傷，做爲一種情感的呼籲，在當時確實發揮了極大的影響力……只是這種呼喊到後來竟變得有些矯情。」此外，關於報導文學的發展，該論文在第二章的部分亦有相當詳細論述。

〔註 15〕 劉克襄：《旅鳥的驛站》（臺北：中華民國自然生態保育協會，1984 年 3 月），頁 72。

〔註 16〕 劉克襄：《消失中的亞熱帶》（臺中：晨星出版社，1986 年 9 月），頁 140。

危機感的作品。報導文學轉變成深化生態知識，強調人與土地重新建構倫理的自然寫作，並且著力於生態觀察的紀錄、生態系異變。

3、西方生態理論的啟發

70年代是臺灣知識分子開始注意到環境問題的時代，一般民眾雖感到環境問題（尤其是污染問題）的壓力，但仍是屬於「知其然而不知其所以然」的情緒。因此國外生態思潮的引入勢必帶給臺灣衝擊性的影響，也確實讓寫作者在面對環境問題時，找到一個較清楚方向。當臺灣開始意識到環境惡化，事實上在西方國家也早已普遍覺醒，50、60年代，環境汙染的問題在西方發達國家已經浮上檯面，70年代的美國有許多的學者專家及知識分子不斷為文呼籲，並出版有關自然文學或環境倫理的反省文章，藉由各種媒介散布觀念，影響一般民眾，而國內也有一些知識分子接收到這些訊息。

西方生態理論的書籍引入開始於70年代，成為早期臺灣自然寫作者奉為圭臬的經典，例如美國作家亨利・大衛・梭羅（Henry David Thoreau，1817～1862）《湖濱散記》、瑞秋・卡森（Rachel L.Carson，1907～1964）的《寂靜的春天》以及阿道・李奧波（Aldo Leopold 1887～1948）的《沙郡年記》，這三本書可說是早期自然寫作作家的案頭書。

卡森所著《寂靜的春天》，正是對環境污染的最佳警示。她指出美國農業生產所普遍使用的DDT殺蟲劑，嚴重破壞農田生態系的平衡，棲息於此地的昆蟲遭到滅除；同時殺蟲劑的毒素無法在生物體內分解，將藉由食物鏈或大氣循環而不停在生物圈內累積，甚至最後回到人類體內。卡森對環境的最終關懷即是：尊重生命。她從生物學的角度提出了取代使用科學藥劑以免除蟲害的方式，可以利用生物本能，減少所謂「害蟲」的繁殖率，透過自然的規律維持生態平衡，而非濫用科學技術滅除物種。這樣的態度也激發臺灣生態文學家關懷環境的決心，受其影響作家有徐仁修、馬以工、劉克襄等人。韓韓、馬以工的《我們只有一個地球》裡還引述了《寂靜的春天》出版時卡森與記者的對話，來說明如何不影響生態平衡的概念。〔註17〕

梭羅的《湖濱散記》，常被認為是一種隱逸的田園文學，他選擇過著簡樸的生活，減少生活對環境造成的壓力。梭羅這種謙卑及認為應與自然和諧相處的態度，影響到陳冠學、孟東籬、徐仁修等作家。徐仁修一直是《湖濱散

〔註17〕韓韓、馬以工：《我們只有一個地球》，頁186。

記》的忠實讀者，他自陳雖然無法效法梭羅隱居森林兩年，但是他可以從事類似而更積極的生活體驗。〔註18〕而陳冠學的《田園之秋》，則是常與《湖濱散記》一起被討論比較。〔註19〕他們的作品皆顯示對現代文明的反省，認為應回歸大自然，並思索一個與大自然和平共處的最佳模式。

　　《沙郡年記》一書（或譯為《砂地郡曆誌》）更是許多自然寫作者接觸的經典作品。擁有「美國生態保育之父」美譽的李奧波，除了強調生態平衡的「土地倫理」思想外，他並不認為人比其他萬物高一等，人應該秉持著萬物皆平等的心態，甚至將人與文化放在與自然同等地位來思考。受到李奧波《沙郡年記》影響的則有韓韓、馬以工、劉克襄、王家祥、陳健一等人。劉克襄即是經由洪素麗的介紹而直接閱讀該書原文，他更進一步提及王家祥、陳健一等人對李奧波的土地倫理恐怕是更加服膺，甚而在自己的土地進行了相類似的體驗。〔註20〕

　　值得一提，李奧波的《沙郡年紀》中所強調的「土地倫理」，啓發「生態中心主義」的重要理念，認為「土地倫理」是倫理的衍生，是人類與土地關係的探討，因此人們道德考量的對象也應加以擴大，除了動物、植物以外，應包括土壤、水，或可稱之為土地，而這樣的概念已將環境倫理從個體論方向轉為整體論。「土地倫理」重啓了人類與自然之間的關係，在這些新知識、新觀點的啓發之下，人類對自然有了科學層面的認識，得以發現當前環境所面臨的問題，同時也找到與自然「重修舊好」的方法，有了與自然共存的新倫理觀。

　　就在西方思潮東漸下，臺灣被一股「生態保育」風潮席捲。因此作家們對生存的環境與自然生態投入更多的關心，並紛紛動筆投稿，批判過往的政經措施，提醒人們重視環境生態問題，期能喚醒人們對自然的尊重與關懷。

二、自然寫作的特色

　　自然寫作是一種作者親自接觸所寫作的環境，所創造出具有文字特色的文學類型。吳明益在〈書寫自然的幽微天啓〉一文中，他認為自然書寫乃是

〔註18〕徐仁修：《猿吼季風林》（臺北：遠流出版社，1999 年 6 月），頁 6。
〔註19〕鍾仁忠：《陳冠學及其散文研究》（高雄：高雄師範大學中國文學碩士論文，2007 年），頁 98～107。
〔註20〕劉克襄：〈土地倫理的倡議書〉，收入吳美眞譯：《沙郡年記──李奧帕德的自然沉思》（臺北：天下 文化出版，1998 年），頁 7。

兼具知性、理性、感性，融自然生態、美感經驗與文學技巧於一爐的書寫。
自然寫作在廣義而言包含了：導覽手冊之類的工具書、自然科學書寫、自然
史範疇、倫理學範疇與文學範疇涉及自然的書寫，如果只著重在「文學範疇」
的自然書寫而言，是指作者是以文學性的手法處理生態問題或自然經驗，或
在處理生態問題與自然經驗時，筆下散發出文學質素。此外，針對「文學範
疇」的現代自然寫作，他更明確提出幾個參考的特質：

1、「自然」不再只扮演文學中襯托、背景的位置，而成為被書寫的
　　主位。

2、作者「涉入」現場，注視、觀察、記錄、探究與發現「非虛構」
　　（nonfiction）的經驗，成為作者創作過程中的必要歷程。必須
　　要強調的是，自然經驗著眼在「野性」（wildness），而非僅止於
　　「荒野」（wilderness）。

3、自然知識符碼的運用，與客觀上的知性理解成為主要肌理，這包
　　含了對生物學、自然科學、自然史、現代生態學、環境倫理學等
　　知識的掌握。

4、書寫者對自然有相當程度的「尊重」與「理解」，既非流於傷逝悲
　　秋的感性情緒，也避免將人類的道德觀、價值觀、美學歸諸於其
　　他生物上，而能呈現某種超越「人類中心主義」（Anthropocentrism）
　　的情懷。

5、從形式上看，自然寫作（書寫）常是一種個人敘述（personal
　　narrative）的文類，常見以日誌、遊記、年記、報導等形式呈現，
　　但容許獨特的觀察與敘述模式。從非「科學報告」式的敘述語彙
　　中，書寫者個人的書寫風格與文學質素也就因此流露。〔註21〕

這幾項特質在《臺灣現代自然書寫的探索》一書中也有收錄，內容更為詳盡，
並且以中外自然書寫作品為例，說明自然寫作的各項特質。

　　換句話說，吳明益認為的「文學範疇」的現代自然寫作，須以「自然」
為主體，並「親身涉入觀察」，地點不限於「荒野」，而是強調觀察對象的「野
性」質素，同時作家必須超越「人類中心主義」來表達對自然的尊重，正視
它的生命價值與意義，還能以「文學技巧」巧妙地將自然知識融入其中，不
純然只是理性、知性的生態敘寫，更注重隨之引發的心靈感受。

〔註21〕吳明益：《臺灣自然寫作選》（臺北：二魚文化，2003 年 6 月），頁 12。

　　除了以上特色，在文體上吳明益認爲自然寫作不必限於散文，詩與小說也可以成爲書寫模式之一，但「散文」還是一般自然寫作者最常採用的模式，因爲詩的語言多存在模糊與跳躍的特性，較難以涵攝複雜的自然符碼，小說情節亦難免有「經驗虛構」的可能。因此若先以散文做爲臺灣自然寫作的初步門徑，或許是一個較單純又較能掌握其發展脈絡的選擇模式。他說：

> 我以爲這一方面是因爲詩的意旨較爲隱晦，文本是否表達了某種環境倫理意識實有解讀上的困難。且詩體極難像散文體的自然寫作能表現細膩的生態觀察，記錄性文字，乃至自然科學分析的資訊，其本質較偏向感性書寫。〔註22〕

由此可見，散文仍是自然寫作的一大宗。這類的作品，以逐漸融合自然史、觀察紀錄與感性表達，爲日後的文學奠定更清楚的典範。

　　80年代應運而起的自然寫作扮演溝通的角色，增加人類與自然之間的對話，人們也注意到自然對人類的不可或缺，以及人類跟自然的失衡情況。一些在80年代崛起的詩人、散文作家，如劉克襄的守候鳥群、王家祥的荒野保存，乃至吳明益有關蝴蝶的書寫等。作家經常長時間定點在野外從事調查，特別強調土地現場的經驗和時空，他們的作品多能親臨土地，更深入且生動地呈現自然面貌。誠如劉克襄所說：「把土地和文學之間的關係具體而落實地呈現，無疑地帶給創作力逐漸稀薄的臺灣文壇一些新的創作與思考方向」。〔註23〕逐漸建立的自然寫作傳統將不再只是環保文學，也不像70年代的鄉土文學，以更輕快的方式接觸土地，觀照自然環境，深刻了解人與土地的互動。

三、自然寫作與海洋書寫

　　誠如一開始所說，自然包括了海洋生態，因此80年代所開啓的自然寫作，自然將海洋生態書寫亦包含在內。海洋生態書寫以海洋生態爲主軸，描寫、觀察、記載對象限於海洋相關的事物。簡單的說就是描寫海洋生物與海洋環境的文學，不但包含了生態保育議題，在內容中也必須融合生態知識與環境倫理思考。

〔註22〕吳明益：《臺灣現代自然書寫的探索》（新北：夏日出版，2012年1月），頁46。

〔註23〕劉克襄：〈臺灣的自然寫作初論〉，《聯合報》第34版，1996年1月4日。

　　海洋生態除了包括海岸與河口等與海洋關係密切的區域，這麼廣大的區域加上物種繁多的海洋生物，書寫題材眾多。當時韓韓、馬以工的《我們只有一個地球》，開啟臺灣海洋生態的自然書寫的先驅。書中有三篇文章，是關於海洋書寫，分別是韓韓〈滄桑歷盡——寫我們的北海岸〉，和馬以工〈「九孔」千瘡一看東北角海岸景觀的毀滅〉、〈破碎的海岸線〉，這些作品採用今昔對比的方式，具體的批評政府與人民不當開發海的行為以及生態環境的影響。在報導海岸環境的毀壞狀況，韓韓更是在文章中充滿感嘆地提起朋友說的一段話，認為臺灣人竟然不知道鄭成功何年登陸臺灣是荒謬的。〔註24〕之後其他報導文學作家也部分作品觸及海洋生態領域，如心岱的《大地反撲》及《回首大地》的部分篇章，這些作品都可歸類為具有報導性質的「環保文章」，最大的特色就是控訴強烈，對當時社會有很大的影響力。

　　而與海洋生態有關的自然寫作也在這時候嶄露頭角，例如劉克襄的《旅次札記》、《旅鳥的驛站》、《隨鳥走天涯》，洪素麗的《守望的魚》、《海岸線》、《海、風、雨》等。其中洪素麗的海岸生態書寫，部分篇章有卡森的影子。只可惜這些作品有的直接平鋪直敘其他科學家的研究成果，缺乏自然寫作時的深度，而且這些作品多以國外海岸觀察為主，也較難展現臺灣海洋的獨特性。

　　到了 90 年代初期，則有王家祥的《文明荒野》、《自然禱告者》，吳永華的《群鳥飛躍在蘭陽》、《守著蘭陽守著鳥》，以及沈振中《老鷹的故事》等。這些作品，可以看到作家的創作意識並非以海洋為主體，他們所關注的是鳥類生態，只是正好這些鳥類所棲息、生活的區域都在沿岸、河口等近海地區，例如王家祥在大肚溪河口，吳永華在蘭陽溪口，而沈振中則是在基隆海岸。或許當時出海的不便，也或許作家只專注鳥類，這些作家的作品大多是停留在岸上觀察，不過即使他們的「無心」書寫海洋，但因為長期在海濱深入觀察，卻也為 80 年代的海岸風貌、生態留下生動的紀錄，並且注意到海洋變遷等問題。尤其是劉克襄與王家祥兩人，他們不但是長期駐足海邊觀察，本身也具有豐富的生態知識，以及對環境倫理有所體悟；他們創作時起步甚早，海岸生態書寫的作品都有一定的量體，題材也較廣闊。

〔註24〕韓韓、馬以工：《我們只有一個地球》，頁56。

第二節　從海上開始的自然寫作──劉克襄

　　自然寫作作家劉克襄，由賞鳥經驗到環境保育更至土地倫理的思考，長期執著於自然生態的人文追索，在自然寫作領域中，是個多產作家，1978 年創作至今，作品多達 60 多部。作品橫跨詩、散文、小說、繪本、自然志或旅遊指南等，皆有很大的部分與自然生態有關。

一、劉克襄的寫作歷程

（一）成長與求學過程

　　劉克襄（1957），臺中縣烏日鄉人（現更名為臺中市烏日區），本名劉資愧，取意「資本主義慚愧」的意思，〔註 25〕這是因為他父親早年是一位熱衷於社會主義思想的人，直到劉克襄三歲以後，到臺中市謀生，才把劉資愧改名為劉克襄。劉克襄日後的寫作歷程，以寫政治詩為起點，與他從小受到父親的耳濡目染有著密不可分的關係。

　　進入中國文化學院（現在的文化大學）新聞系之後，劉克襄認識了詩人向陽，並開始寫詩。1978 年，他以劉資愧為筆名自費出版詩集《河下游》。這時正是鄉土文學論戰（1977）之後，臺灣文學風潮從現代文學轉型到與現實主義並列，然而當劉克襄正要邁入詩壇之際，一星期之後，他卻將詩集焚毀。這件事情對於理解劉克襄的性格及寫作歷程而言，可說具有相當的重要性。他曾經不只一次地提到對於自己過去作品的不耐，那是一種「丟棄昨日的自己的慾望」〔註 26〕，這樣的性格造就了劉克襄作品的多樣性。此外，《河下游》這本書其實還有一個重要的象徵意義，那就是劉克襄將對自然的關懷與情感化為文字的寫作方式，在這個階段就已開始萌芽。

　　而真正點燃他對自然關懷的火種，則是 1979 年，他入伍於海軍服役，海洋的力量對他的性格造成了一些改變；此外，航泊海洋的行船生活，途中驚遇萬隻水鴨齊飛掩蔽落日的龐大候鳥遷徙盛景，以及在測天島的海邊發現了一具黑鷺的屍體等，這都引發了劉克襄賞鳥的興趣，後來在詩人羅智成的建議下，他開始嘗試旅次札記的寫作。從海上回到陸地，退役後的劉克襄加入

〔註 25〕劉克襄：《消失中的亞熱帶》，頁 156。

〔註 26〕簡義明、陳佳妏：〈尋找風鳥的身世──專訪劉克襄〉，《自由時報》第 39 版，2000 年 7 月 29 日。

賞鳥會，從 1980 到 1982 年間，觀鳥成為劉克襄孤寂生活中的恆常秩序，他進入山野海岸，將二年來到處觀察鳥類生態的體驗寫成 97 則札記〔註27〕，1982年完成他的第一本自然寫作《旅次札記》。

這本書可以說是新型態的遊記，但其實更像個人的觀察紀錄，特色就是篇幅短小。在這本書中，劉克襄因為海軍的緣故走訪了蘭嶼、馬祖北竿，貓嶼、虎井嶼等澎湖各小島，以及基隆、宜蘭蘇澳、高雄旗津等港口，退役之後又多次在蘭陽溪、後龍溪、大肚溪、大甲溪等溪流下游出海口旅行觀察，其中有不少篇幅與海洋書寫有關。雖然他是因為愛鳥、關懷鳥而開始從事自然寫作，但筆調是憂鬱的，心情是疲憊的，之後他選擇了結束這段將近兩年的賞鳥旅次，進入《中國時報》工作。

（二）淡水河下游定點觀察

劉克襄對鳥類的喜愛、對自然的關懷與執著，讓他於 1982 年 9 月又重新投入鳥類觀察的工作。這次他改變了之前那種漫遊全臺四處的觀察方式，改以淡水河下游的四個定點：沙崙河口、竹圍紅樹林、關渡沼澤區和中興橋下進行定點旅行與觀察，其中除了中興橋外，其餘三地點都離海岸很近，他花了一年的時間來觀察鳥類與淡水河沿岸一直到出海口，將觀察紀錄整理成《旅鳥的驛站》。

不同於《旅次札記》以札記式抒發賞鳥心情，在這本書中，劉克襄改為採用比較客觀的語言來論述，知性的觀察多於感傷的抒懷，誠如他在序中所說：「我嘗試在表面的報導與硬性調查間，尋求折衷，以深入淺出的方式撰述。」〔註28〕儘管劉克襄嘗試偏向軟性調查，但嚴格來說，這本書更強調鳥類學與生態學的專門知識，而使其文學性大為減弱，對此，他表示：

> 寫這本書的動機，並不是為了文學的目的，也不想以鳥學或生態學專家自居。我真正想扮演的角色是，帶領那些喜歡賞鳥卻又不知如何開始的人，進入鳥的世界。甚而帶領他們去思索從鳥類的生存問題，所發展出來的人類的生存環境問題。〔註29〕

賞鳥不再是為了逃避現實，還有剛投入自然觀察、保育工作的熱情與使命感。

〔註27〕同註 25，頁 170。
〔註28〕劉克襄：《旅鳥的驛站》，頁 72。
〔註29〕劉克襄：《消失中的亞熱帶》，頁 172。

　　由愛鳥、賞鳥、書寫鳥，讓劉克襄旅行淡水河、大甲溪、大肚溪等溪流出海口，對劉克襄來說，賞鳥絕不只是爲了觀察鳥類生態而已，也是在觀察腳下這塊土地，注意到整體環境地景的生態變化，「親眼看著關渡沼澤區在自己旅行的時日裡逐次步向毀滅，漸漸地也發現自己對現有社會處理生態環境的態度充滿隱憂」〔註30〕同時，從鳥類棲息行爲的觀察到海口環境四季變化，之後進入內心世界，進行沉重的反省，此番覺醒讓他無閒再藉賞鳥逃避世俗，他感到自己肩負著莊嚴的責任，必須將觀察紀錄化爲文字做爲呼籲去影響別人。就在這樣強烈的反省自覺下，劉克襄更爲積極參與的創作，又陸續創作《隨鳥走天涯》、《荒野之心》、《消失中的亞熱帶》等幾本關於自然寫作的書籍。

　　其中《隨鳥走天涯》雖是在《旅鳥的驛站》後出版，但內容除了〈都市鳥〉介紹臺北市植物園的鳥況，〈國家公園的鳥況〉探討內湖大湖地區的鳥況，其餘篇章依舊圍繞在 1982 年到 1983 年之間，劉克襄在淡水河下游所做的鳥類觀察，甚至包含了在這之前在大甲溪下游的觀察，以及交代了爲何要花將近一年時間進行淡水河下游的定點觀察，希望透過「觀察」來拉近人與自然的距離，取代當時流行卻消極的，只用口號式的「保護」生態。〔註31〕

　　換句話說，《隨鳥走天涯》是前兩部作品《旅次札記》、《旅鳥的驛站》的延續，但風格上又是一大轉變，在筆調上，比起《旅鳥的驛站》中劉克襄自稱的「軟性調查」更軟，更具有文學性，但也有別於《旅次札記》的輕薄、短小，流於個人抒發憂鬱、感傷的短札形式，在《隨鳥走天涯》中，篇幅加大了，內容更爲深入、紮實。

　　同樣的觀察地點、對象，劉克襄除了平實描繪所見所察，也加入了其他書籍中所能引用的生態知識；而在心情抒發上，在表達對環境破壞的憂慮之外，同時也適時在文中提出自己的生態觀點，甚至引用國外生態理論，希望在人與自然間搭起橋梁，重新建構人與自然間的倫理關係。寫作的轉易也爲日後他在自然寫作的突破創新奠定了堅實的根基，包括之後出版的《消失中的亞熱帶》都是同一調性。

　　從《旅次札記》到《消失中的亞熱帶》，雖然劉克襄在 80 年代的自然寫作，並非以海洋環境爲關懷重心，但是他從海上開始觀察水鳥，退役之後又

〔註30〕劉克襄：《隨鳥走天涯》（臺北：洪範書店，1985 年 1 月），頁 197。
〔註31〕劉克襄：《隨鳥走天涯》，頁 14～15。

在大甲溪、大肚溪、淡水河下游出海口旅行觀察鳥類生態，之後更前往新竹香山海濱、彰化濱海工業區，甚至離島蘭嶼進行雨林縱走，這些旅次經驗讓他為臺灣海濱、河口等地的生態環境留下生動的觀察紀錄，並對海岸線不當開發問題提出抨擊，以下以《旅次札記》、《旅鳥的驛站》、《隨鳥走天涯》、《消失中的亞熱帶》等書為主，探討80年代劉克襄的海岸生態書寫。

二、劉克襄海岸生態書寫的內容與特色

劉克襄在80年代的自然寫作，關於海洋書寫雖然數量不算多，但觀其內容，大致可分為三類，一是海岸生態環境的觀察紀錄，二是對海岸生態破壞的憂心，三是反省國人對海洋生態的無知。

（一）海岸生態環境的觀察紀錄

在劉克襄一系列的自然寫作裡，篇幅雖然有大有小，內容卻是試圖以一己之力，透過旅行觀察，文字描寫、記載，報導周遭生存的自然環境。劉克襄認為從觀察中得知怎麼做，才是真正保護牠們的生存環境，所以這四本書中，我們可以看到劉克襄在實踐中帶著望遠鏡、工具書、圖鑑、筆記本及詩集〔註32〕。如此可以讓寫作呈現自然更真實的一面，並且蒐集證據，提昇自己專業知識：

> 在野外，我始終謹記一個原則，無論如何困難、忙碌，都要想辦法，
> 當場把適才發生的事記到筆記本裡。我一直堅信，唯有這種現場的
> 接觸才能清楚掌握那一剎那的感動與真實。〔註33〕

海洋生態描寫、觀察對象看似限於海洋相關的事物，其實不然，海洋生態也包括海濱與河口等與海洋關係密切的區域，這麼廣大的區域加上物種繁多的海洋生物。劉克襄早期因為身為海軍的關係，一開始是從海上或是港口觀察，例如〈貓嶼的燕鷗〉：

> 燕鷗們喜歡啄食水面的小魷魚。在我們的島上，燕鷗棲息於蘇澳和
> 東北角海岸的峭壁上。而周圍的離島，只有棉花嶼和澎湖有記錄。
> 現在除了貓嶼確定有牠們的活動，上述地區均因人為破壞，種族消
> 失或遷徙了。……

〔註32〕劉克襄：《消失中的亞熱帶》，頁14。
〔註33〕同註32，頁163。

> 目前的貓嶼情形是這樣的：每回澎湖漁民在補完魚後，在回航的路
> 上，總會順道爬上貓嶼的峭壁，撿拾鳥蛋。加上軍艦的打靶，燕鷗
> 們已面臨重大的生存壓力。〔註34〕

另外像是〈港〉：

> 臺灣南北兩大港裏，我喜歡基隆港。因為港內有一艘撈油船「港碧」
> 號。日夜清除港內的浮油。
>
> 每回軍艦停泊基隆港時，我的第一件事，走進船邊，觀察海水。在
> 基隆港內，可以清楚看見水下的游魚，啄食舷邊的小蟲。水兵們也
> 喜歡偷偷垂釣，他們知道吃這裏釣起的魚，比高雄港釣起的，安全
> 多了。
>
> 高雄港的污染早已超出國際標準，港內的沉積物、爛泥含有重金屬，
> 對魚蝦均造成嚴重的危害。每回釣起魚後，水兵們總要設法除臭，
> 煮熟了再聞，仍有味道，只有港口的野狗會過來咬走。〔註35〕

雖然沒深入描寫港口環境，但透過水兵釣魚習慣，已經南北兩大港的生態、
環境優劣，清楚比較出來。

　　除了海上觀察，退伍後的劉克襄，礙於海禁的因素，只能選擇河口附近
觀察。他一開始選擇大肚溪、大甲溪為觀察點，後來又選擇淡水河下游為觀
察定點。原因之一是這些河口是觀察候鳥的適當地點，第二則是這裡過去有
部分前行探險家或觀察者已經觀察過，可用來對比，尤其是淡水河口的觀察，
與史溫侯這位劉克襄所心儀的生物學家曾經在此觀察過，有絕對的關係：

> 沙崙河口，這裡是旅行的起點，一八六〇年時，中國被迫簽訂北京
> 條約後，促成淡水河成為通商港的河道，當時引進來了不少商業交
> 易，也讓船搭載了英國人郁和、史溫侯等生物學家泊岸觀察旅行，
> 記錄了臺灣早期的各類鳥種。……
>
> 這一地區的生息狀況，與潮汐的起落息息相關。漲潮時，大部分的
> 岸鳥沿河上溯，飛往內陸。退潮時，才飛回河口。為什麼呢，因為
> 退潮時，裸露的沙灘與岩礁有著豐富的小生物，而漲潮時，海水將
> 這些地區全部淹沒。〔註36〕

〔註34〕劉克襄：《旅次札記》（臺北：時報文化出版事業，1982 年 6 月），頁 14～15。
〔註35〕劉克襄：《旅次札記》，頁 27。
〔註36〕劉克襄：《旅鳥的驛站》，頁 75～76。

　　儘管跟著史溫侯的腳步，但他仍擔心，一百年前史溫侯所記載的鳥類，如今已無法發現，而他所記載的鳥類，在未來也可能會發生同樣的狀況。

　　不論是海上，還是到溪流下游河口觀察，從作品中可以發現，鳥類一直是劉克襄所觀察的主要對象，雖然 1982 年，他開始計劃進行淡水河下游定點觀察，也準備了海岸生物，蝦、貝、水筆仔等相關資料，希望做通盤的觀察，但他所留心的依舊還是在鳥類身上，所以像是「在站立的沙層下，都有一個奇異的世界。難以計算的沙蠶，貽貝等腔腸動物與沙蟹、跳蟲等節肢動物建立一個沒有煙囪的地下都市。這個地下都市再加上河口漲退潮的影響，水中生物迴游羣集，仍然吸引著水鳥們抵臨。」〔註 37〕這樣以其他物種的觀察紀錄，依舊還是少見。

　　這時期作品多以觀察鳥類為主，但不同種類的鳥類，以及前後心境的不同，也使得劉克襄在紀錄上呈現不同的變化。例如在〈海口的中彰大橋〉一文中，他在在中彰大橋看見蒼鷺飛翔的經驗：

> 我也發現了蒼鷺，我們島上最大的鷺鷥，正飄在天空。我只能用飄形容。這時海風高達八級，蒼鷺想越過大肚溪，正與海風爭執不下，彷若風箏，結果越飛越退後，過了兩三分鐘，只好停在小水鴨群中憩息。……在八級的海風吹襲下，中彰大橋已沒有人跡車輛，釣魚人早已離去。橋下也是，洋燕不見了，除了八隻西伯利亞來的環頸，在沙洲追逐，遺留一排爪跡，大地空曠茫然。那隻蒼鷺再度試圖起飛，終於被海風吹回原來出發的地方。我收拾裝備，騎上單車，努力的迎風渡橋。大肚溪南北兩岸，寒流海風的立冬裡，只有我在移動。〔註38〕

蒼鷺試圖搏飛的毅力令人動容，劉克襄一方面將蒼鷺起飛時與海風「爭執不下」的姿態，鮮活靈動的用「飄」字具象呈現，一方面又藉景反觀自身，抒發自己孤獨流浪追鳥的心境。

　　像這樣觀鳥的點滴心情，零散片段地出現在他的《旅次札記》裡，每一篇的篇幅不大，但每一段描述都像一首意象鮮明的短詩，充滿詩意。但是為了顧全專業的生態知識的科學、真實性，誠如吳明益所說：「這種既描寫了觀察景象也發揮作者詩意想像的句子，在下一階段卻逐漸在劉克襄的書寫裡消

〔註37〕同註 36，頁 100。
〔註38〕劉克襄：《旅次札記》，頁 46。

失。」〔註39〕，在《隨鳥走天涯》這本書就能看見明顯的轉變。〈沙岸〉這篇長文中，劉克襄在 1982 年到 1983 年期間，斷續滯留兩年的時間，對淡水河下游河口的北岸沙崙，這個水鳥過境西海岸的第一要站，進行深入觀察，並以春夏秋冬四文表現沙灘四季嬗變的情形，文章一開始就說：

> 退潮時，沙岸會附屬一大塊石礫濕地。海水落降時，石礫區便露出，大約有沙岸的一半大。由於石礫的陳現，表面看來彷彿單調的沙岸世界便顯得有生機了。生活在石礫水灘地裏的幼魚（如鯛科、鯖科）、小蝦、螃蟹與酒螺，寄居蟹等海岸生物構成了一個沿岸型態的食物網，與沙岸的全然不一樣。沙岸上最常見的幽靈蟹、海繩與沙層裡的跳蟲、沙蠶等潮汐區生物又自成另一個複雜的鏈。這兩個食物網互共存與並連結合成一個豐富的自然食物場。加上沙岸的位置與對岸的八里、上游關渡沼澤區相仿，都是候鳥驛站的小X點，遂成爲一個觀察鳥內類棲息的最佳所在。〔註40〕

可以發現劉克襄的文字，從充滿詩意的句字，變成像一齣正在上演的自然戲劇，由於減少了文學性的語言，譬喻技巧，而改用一種清楚、冷靜的敘述模式，因此楊照在評論《隨鳥走天涯》時就說：「這部書已顯現出素樸的端倪」，其中文字甚至是「素樸中帶點青澀」。〔註41〕

這樣的轉變其來有自，他是受 19 世紀末鳥類學家約翰·奧杜邦（John James Audubon）的傳記所啓發，他發現「觀察」活動所獨具的意義與精神：

> 關於奧杜邦，我想他的偉大，不在於編印或者繪著幾本書留諸於後世，而是將其一生忘我地投入自然，且領先孤獨的走在人們最近才開始注意、呼籲保護的生態環境上，他也提示了一個人們忽略的是：觀察。奧杜邦傳記給我的啓發，對於國內目前「流行」的保護生態環境態度，我自然不十分贊同，我擔心一個口號過去了，這事情也就被遺忘。〔註42〕

只有觀察才是積極的了解自然的原始性，也才能深層地談到保護環境，爲了客觀呈現他所觀察的自然環境現況，劉克襄勢必在文字技巧上有所割捨，他

〔註39〕 吳明益：《臺灣自然書寫的作家論》（新北：夏日出版，2012 年 1 月），頁 136。
〔註40〕 劉克襄：《隨鳥走天涯》，頁 111。
〔註41〕 楊照：〈土地的自然存有──劉克襄的《隨鳥走天涯》〉，《中國時報》第 37 版，1999 年 3 月 23。
〔註42〕 劉克襄：《隨鳥走天涯》，頁 14～15。

仿效美國生態作家的報導寫作方式，透過觀察讓生態寫作走向「專業化」的
程度，但另一方面多少也減少了文學性。

不過這時期的濱海觀察，並非全然都是單調、枯燥的文字敘述，在一次
次的深入觀察裡，水鳥的世界也給過他深刻的感動：

> 在這次最接近的觀察裡，我第一遭清楚看到這群水鳥的眼神。每一隻
> 濱鷸的眼神，充滿著陌生、不馴與無可言喻的神秘。對於賞鳥人而言，
> 眼神是鳥最生動、也最無法觀察的地方。拍攝野鳥的人也以抓住它的
> 眼神為第一要素。這也是我第一次強烈感受牠們身上散發出的光澤，
> 從來沒有見過如此純然灰褐的色彩。這種平實的灰褐一直是牠們忍受
> 酷寒、免受敵害，保護牠們從北方千里迢迢抵臨的顏色。灰褐代表了
> 安全，也象徵著遷徙、旅行、流浪冒險的顏色。這種顏色不是底片或
> 是顏料所拍攝、渲染得體，完滿表達出來的。〔註43〕

而在〈沙岸〉這篇長文中，當他觀察水鳥過完冬季補充能量積蓄脂肪的
憩息，在起風時日他眼送避冬水鳥一一北返時，心裡想著是：

> 這是什麼樣的返鄉心情呢？每年固定往返一次，是否與人類的感受
> 相似，或者更加沉重、嚴肅，同時帶有某種使命與生存的涵義。我
> 想是的，而且更令人感佩。在這種返鄉過程中，牠必須面對迷途、
> 失蹤、死亡等未知危險的壓力，沒有一隻水鳥能夠知道，當牠這回
> 再出發是否能安然抵達目的。但牠們還是毅然地本能選擇了這種旅
> 行，將生命交付大自然去判生死，將命運託予未來去決定。只等梅
> 雨時節到來，勇敢的展翅拍撲，奮力升空向茫然的大海投去。〔註44〕

儘管要求客觀、平實的紀錄，不喜歡在觀察水鳥時將牠們刻意地擬人化，或
是聯想到人類某些的相似行為，但是不知覺中，劉克襄仍在觀察紀錄中加入
人性的想像，並再一次將自己漂泊、孤獨的心境投射在鳥水的身上。這樣的
結果，筆者認為其實也是因為他長期觀察，必然會有來自於自然薰沐的體悟，
這樣的體會是無法用科學邏輯，專業數據所能解釋，誠如他自己所說的：「我
們必須在野外，在與自然直接面對時才能洞察。也只有這種接觸方式，才能
與自然產生不可割捨的感情，從而了解人的心靈與自然如何溝通和諧。這種
和諧的感情是永遠、莊嚴的。」〔註45〕

〔註43〕同註42，頁49。
〔註44〕同註42，頁129～130。
〔註45〕劉克襄：《隨鳥走天涯》，頁67。

劉克襄一方面自覺，刻意以中性筆觸寫下自然觀察，一方面又難以控制，讓個人情緒流入文字之中，可以說這時期劉克襄海岸觀察的最大特色。

（二）對海岸生態破壞的憂心

向陽曾在劉克襄第一本文集《旅次札記》所寫的序文中亟欲點醒讀者的，劉克襄不是一個單純的賞鳥者，「在他的視野裡，鳥或許只是一種象徵，他的望遠鏡頭對準的是天空，而出現在他的筆尖下的，則是影響天空的本源——站在大地上的人類」〔註 46〕說明劉克襄的自然寫作雖以賞鳥為開始，但觀察越久感動就愈深，最後終究會因為關懷而免不了對鳥類所棲息的海岸、河口等環境所受到的破壞與污染感到憂心，甚至提出批評。

海岸破壞污染的這類嚴肅問題的思索與呼籲，出現在此時期的海洋書寫，而有別於其他自然寫作家，他甚少談污染公害的表面問題，而是著重於四時變遷與水鳥活動，透過生物的觀察，來了解我們所面臨的海洋環境。儘管如此，一篇篇明示暗喻的文章仍掩藏不住他的憂心。

除了上述〈港〉這篇文章，對基隆港、左營港的污染程度進行比較，另外像是〈老鷹剩下了兩百隻了〉、〈貓嶼的燕鷗〉、〈大肚溪的水鳥〉、〈布拉哥號油輪〉等文皆是，其中最令人觸目驚心莫過於〈布拉哥號油輪〉：

> 「布拉哥」擱淺後，船艙破裂，燃料油洩出，海裏的動物植物無一倖存，生態體系整個傾斜，失去平衡。油料再經海水散佈，頭城、金山、野柳一帶海岸馬上遭殃，油污遍地，沿岸變色。當時如果浪湧朝東，情況或許可以減輕，二月時那來向北朝東的海流呢，此時親潮正急著南下。〔註47〕

1977 年布拉哥號擱淺於基隆外海，不但成為東年短篇小說〈沉船〉的故事情節，也成為劉克襄散文批判的主題，所不同的東年著重受污染的漁獲，影響漁民生計，劉克襄不只關心於受污染的漁獲，更憂心環境的毀壞，導致生物的滅絕：

> 野柳受污後，海鳥也大量死亡，主因是羽毛沾滿油污，無法展翅覓食。我記得事情發生時，沒有人到此做過調查。往昔在此，峭壁上經常見到黑鷺站在石磯上，還有罕見的軍艦鳥。……

〔註46〕劉克襄：《旅次札記》，頁 3～4。
〔註47〕同註 46，頁 25～26。

> 一九五〇年代，鳳頭燕鷗已不在基隆嶼、棉花嶼繁殖，因爲鳥蛋被
> 漁民撿光了。「布拉哥」來過後，在野柳，鳳頭燕鷗粗厲而尖的鳴聲，
> 也沒有人聽過。〔註48〕

文末「鳳頭燕鷗粗厲而尖的鳴聲」的消失，其實是劉克襄所發出的最嚴厲、最尖銳的控訴，控訴人類開發對海岸、海洋環境污染、破壞，導致許多珍貴鳥類在臺灣消失，甚至滅絕。

　　除了憂心海岸開發所帶來的污染破壞，獵人的盜獵也是劉克襄文中常見的憂慮與控訴，例如〈從北海道來的灰面鷲〉、〈紅尾伯勞南下的故事〉、〈首次過境的灰鶴〉等。其實國內早期對狩獵並未強烈的禁止，在 70 年代以前，爲了生活家計，過去居民仍有狩獵習慣；此外過去大陸來臺將領、駐防的美軍官兵等也都有打獵風氣。〔註49〕直到 1972 年發佈禁獵令，才開始有法規範，但是在保育生態、環保觀念尚未啓蒙的年代，不過是一張「徒具行文型式的命令」，因此文章常看見劉克襄對這些狩獵者的憤怒，在〈紅尾伯勞南下的故事〉一文中，他寫道：

> 大約清晨時，紅尾伯勞看到了往昔祖先們也發現的貓鼻頭。牠們也
> 抵達，紛紛從貓鼻頭下方的南灣搶灘。這時呈露疲憊的牠們仍然謹
> 慎，不改習性，依舊落腳在佈滿海岸各地的凸枝上。大部分的凸枝
> 卻是人們僞裝的陷阱，就這樣，歇息以後，有些紅尾伯勞再也飛不
> 上天空了。〔註50〕

飛不上天空的原因是因爲「赤裸的躺在烤鳥攤裏。」字句中透露出對獵鳥的傷痛，然而除了憤怒外，他卻只能無可奈何，文末寫道：

> 有一件事比呼籲禁獵有效。一位參加南下護鳥的朋友，去年從南部
> 帶回來幾隻烤鳥的紅尾伯勞，在顯微鏡裏，解剖牠們的頸背觀察，
> 結果發現了大量的，仍然活著盤蜷的寄生蟲。〔註51〕

看似強而有力的警惕，但在愛吃「烤鳥」的年代，這樣的威嚇警示多半也只能流於文字上的嘲諷。

　　這階段的劉克襄，筆是憂鬱的，對於海岸的開發，環境的污染與盜獵者的迫害，他的批評與控訴多流於情緒上的不滿與無奈。筆者認爲此時的劉克

〔註48〕劉克襄：《旅次札記》，頁 26。
〔註49〕吳永華：《守著蘭陽守著鳥》（臺中：晨星出版社，1994 年 9 月），頁 89。
〔註50〕同註48，頁 70～71。
〔註51〕劉克襄：《旅次札記》，頁 71。

裏，如同向陽所說「這種關注態度及寫作手法，我們不一定非得把它強調成作者的使命感不可」〔註52〕，他的環保意識仍處於啓蒙階段，相關的生態知識還處於學習狀態，一時之間也無法透過文字提出實據，並進行有利的批判，或是實際的改善方針。劉克襄也清楚明白自己的困境，因此在《旅行札記》的末篇〈最後的旅行〉中曾經表示已疲憊於這種兩天一夜的旅次，疲憊是出自於悲觀，「今晚返回城裡，會準備離開這種生活方式，畢竟是脫離常軌的行爲。到了一九八○年，臺灣仍不停前進，這種觀念注定失敗，我要改變孤注的心理」。〔註53〕

這個發現對自我認識的意義或許遠遠超過所觀察紀錄的鳥種數量，當然也就是在這樣的覺醒下，他採以長期定點觀察的方式重新出發，進入淡水河中下游，完成《旅鳥的驛站》的定點觀察紀錄，在序文中他如此表示：「我承認，這一年的旅行是有生以來心靈衝擊最大的一次，我已脫離兩年前撰寫《旅次札記》的心情，不再藉賞鳥逃避世俗，獲取身心的平衡。從認知到關懷，進而追求贖罪的心情，我已深深體會，一種個人消極行爲與自私的誤謬。任何人對待這個身處於中的社會，都有主動的義務，在生活中做某種犧牲」〔註54〕

之後，劉克襄宣示著自己將抱持強烈的使命感，他已不能只是單純的賞鳥，只從賞鳥過程中產生愉悅與憐憫的心情，「我知道自己是做不到的。我只了解，我已不再是只會逃避一個惡質時代的賞鳥者，正在學習時時抗議。我的抗議也必須有證據，這個證據必須經過長期觀查，再完整的呈現出來」〔註55〕抗議需要證據，劉克襄一方面反省過去「逃避」無奈的態度，也反省、批判了當時高呼的環保口號，爲了讓自己所提出的「抗議」有所後盾，需要透過觀察提出證據，他認爲「堅持觀察才是正確的，只有觀察才能了解。」當他回到淡水河下游，扛起一個莊嚴沉重的責任，試圖將自己的旅行經驗透過文字報導，提醒別人注意自己周遭生存的環境。

當劉克襄在做淡水河下游的鳥類觀察，當時政府當局有意將竹圍紅樹林、關渡沼澤區，中興橋河段三個地區實施保育區計畫，但是卻獨漏沙崙河口地區，對此，他根據他一年的觀察，提出看法：

> 關於沙崙河口，我建議它也應該列入保育區，並非這個地區的紅樹

〔註52〕同註51，頁8。
〔註53〕同註51，頁215。
〔註54〕劉克襄：《旅鳥的驛站》，頁72。
〔註55〕劉克襄：《隨鳥走天涯》，頁58。

　　林能夠提供龐雜的食物鏈值得保留。它只是荒蕪廣闊的沙丘，加上
　　退潮時一片裸露的岩礁海岸，狹長如帶的潮汐區，大致說來景觀十
　　分單調，不適於動植物的生存。〔註56〕

他認為沙崙是東方環頸鴴四季活動的主要區域，必須保留，這除了是他個人
特別偏好東方環頸鴴，另外也是東方環頸鴴在冬天寒流來襲時，不會隨著其
他水鳥一樣飛進內陸避冬，到了夏天也不會北返形成留鳥，並在沙崙河口築
巢繁殖：

　　我也發現棲息沙崙河口的水鳥，在內陸的關渡都有紀錄，棲息於內
　　陸者，河口卻不一定會發現的而且水鳥在沙丘上生活，比內陸更具
　　挑戰性，面臨的問題也截然不同。譬如如何躲避風向，如何選擇較
　　為潮濕的地區憩息等，這都不是內陸水鳥遭遇的棲息問題。〔註57〕

身為業餘賞鳥者，他卻能敏感的發現沙崙河口與關渡沼澤區不過十公里的距
離，生態上卻有明顯的變化，要不是經過一年四季的定點觀察，在缺乏臺灣
生態知識書籍的80年代，難能有這樣的見識與心得。

　　他對於相關當位只著重於生態環境中有即得利益的地方，以及未能為淡
水河下游做整體的規劃感到不解。而他對於關渡沼澤區雖被當局計畫要規劃
成保育區，在當時卻未能徹底實行保育計畫，不但讓盜獵者進入獵捕，還讓
不肖業者直接進入保護區傾倒廢土感到憤怒。他反對設立保育區的措施程
序，認為應該先劃定保育區域，嚴格實施禁倒廢土與獵捕等規定。這一類文
章都有別過往的文字只能流露憂心、憤怒、無奈，他實際提出看法，認為只
要在出路口設立兩根石椿，或是告示牌，就可以禁止卡車進入傾倒廢土，拯
救關渡地區的一片沼澤地帶。只可惜儘管不少人也抱持相同看法，登報投書
呼籲，但在當時依舊未引起相關單位注意。

　　除了對淡水河下游設立為保護區的不積極，提出批評與建議，這時期他
也走訪彰濱工業區，〔註58〕看到彰濱工業區荒廢下，相關單位仍期待有廠商
進駐，希望透過廠商的刺激，恢復往昔的經濟。官方代表與當地居民雖認同

〔註56〕劉克襄：〈定點旅行「淡水河下游四季鳥類觀察」總序〉，收入劉克襄：《旅鳥
　　　　的驛站》，無頁碼。

〔註57〕劉克襄：《旅鳥的驛站》，頁73。

〔註58〕彰濱工業區，為臺灣中部一個大型工業區，由經濟部工業局為因應產業發展
　　　　需要，於1976年選定彰化縣伸港、線西、鹿港等鄉鎮海埔新生地做為基礎工
　　　　業區用地，於1979年開始施工開發。不料隨後爆發第二次石油危機導致全球
　　　　經濟不景氣，工業用地需求降低，遂於1981年減緩開發進度。

環境影響評估的重要，但劉克襄卻認為不管是否有環評，這樣對待大自然的方式與態度是不智之舉。

在〈荒原，全興水鳥保育區〉一文，他深入廣泛去探彰濱工業區存廢的利益得失。除了環境污染，在規劃之初，彰濱工業區就與臺中港的發展形成重複投資的問題，導致臺中地區地方人士的激烈反對。而為了填海造地，從 1977 年開始，四年來動用了上千位工人與無數機器、卡車進駐海濱，但卻將大筆大筆的鈔票投入這片荒地，使得中央財政無法負荷而停工。種種因素都顯示彰濱工業區的開發，未必只有環境污染的表面問題，還有內部經濟投資的損失、政策責任承擔、土地變更等複雜問題牽扯，然後政府一意以發展經濟為出發點，除了浪費公帑，又喪失威信。所幸棄置後的工業區，成為候鳥的天堂：

> 全興與鄰近大肚溪口是是中部雁鴨科水鳥聚集的大本營。小水鴨、尖尾鴨、琵琶鴨、白眉鴨與赤頸鳧等組成一群群的小團體，漂泊於魚塭或淺灘上。從冬初迄春初，他們都在此棲息、覓食，多數也完成了換羽的工作。牠們是最晚到的冬候鳥。〔註59〕

對人類而言，廢棄的工業區無疑是人類的荒原，但對動物而言，工業區內草原、沼澤、魚塭的組合，卻是充滿生機的沃土，文章透過一反一正的交互論述，在更長遠的永續經營的觀照下，讓彰濱工業區的存廢與否，清楚明現。如此的深入探討，都有別於過去環保文學，基於道德使命感而過度急切激昂，因此在行文上常犯了太多的批評、呼喊，缺乏生態知識且兼顧文學優美的問題。而劉克襄這一篇文章，一方面在批評政府環境政策同時，又提供適當的建議：

> 平心而論，中央讓若真有長治的打算已經不是專門爭取富裕的經濟生活，而是爭取富裕的生活品質來輔成。彰濱區若轉建為遊樂區或釣魚場，都不失為地盡其利之法，若能以此更進一步，將六個「工業區」中的全興挪出，闢為正式的水鳥保育區，更能使彰濱區發展出另一種先進的開發模式。……
>
> 總之，我們需要這樣的荒原，請讓他繼續荒廢！我們需要荒廢來平衡，不要觸目皆是城鎮工廠的家園。〔註60〕

〔註59〕劉克襄：《消失中的亞熱帶》，頁 93。
〔註60〕同註 59，頁 99。

今天回頭看這一篇文章，大肚溪河口已於 1995 年成立了「大肚溪口野生動物保護區」，以保護河口、海岸生態系及其中棲息的鳥類等野生動物為主要目的；但另一方面原本停工的彰濱工業區於 1988 年重新研定開發計畫，1990 年通過環境說明後復工。顯然歷經數年抗爭，環境保護、生態保育依舊與社會、經濟利益以及政治考量進行拉鋸，永無兩全其美的的方案。

（三）反思國人對海洋生態的無知

　　這時期流克襄也全面檢討、反省臺灣的生態教育與環保觀念，其中有幾篇與海洋生態有關。在〈天下第一驛——風鳥的冒險事業〉一文中，他就直指風鳥是中國人最陌生的鳥種：

> 這原因與中國人的社會發展與變遷也頗有關聯。明代以前，中國人並不重視海洋的開發，是海為世界的邊緣。而自然科學到晚清明初時才稍為進入起步階段。由於跟海的隔閡，相對於風鳥的棲息生態，中國人也一無所知。這也難怪在傳統花鳥畫中，除了常見的陸地留鳥與候鳥外，幾不見風鳥的影子。〔註61〕

將國人對風鳥的認知不足，歸咎於國人不親近海洋，海洋知識的缺乏，這樣的批評雖有些武斷，但是卻也非無的放矢，因為即使到了 80 年代，環保意識抬頭，這方面的知識仍顯貧乏：

> 不過海峽兩岸的百姓或官方對風鳥的認知仍是皮毛。他們或許知道食物網的定理，了解物物相剋的法則，卻無法單從表面的觀念進去考慮風鳥到底有多少利益價值時，他們會那不過是一群在荒地啄食的鳥類，跟麻雀無啥差別。〔註62〕

華人普遍從利益價值去評估自然，無法以「物」的角度去看待自然，於是就出現對海洋環境的漠視，甚至引發嚴重的環境破壞，也毫無關心，因此，劉克襄在文末不得不沉重的感嘆：

> 當許多靠海國家開始積極進行海岸、沼澤的保育措施時，臺灣若依舊是一片自然保育的廢墟，風鳥在整個地球的遷徙路線上，猶如在中間斷折了。長此以往，風鳥便是在這裡飛向天國之驛，不是飛往家鄉或避冬區的路上。我的故鄉就是這樣的難關。〔註63〕

〔註61〕劉克襄：《消失中的亞熱帶》，頁 83。
〔註62〕同註 61，頁 83。
〔註63〕同註 61，頁 86。

「廢墟」一詞暗示了風鳥棲息的海岸、沼澤等棲息地將受到破壞，更明指國人環保觀念的不足與無知。

對岸上的風鳥都嚴重陌生，那海面下的生物，以及海洋生態環境，國人的認知恐怕更是乏善可陳。〈黑鯨之死〉一文就是針對國人對鯨豚知識不足的嚴厲批判。這篇散文是劉克襄創作的第一篇鯨魚散文，對於臺灣鯨豚寫作的發展實具有重要的開創性意義。文章首先從一隻「黑鯨」擱淺在臺中港外北方的大安海灘死亡的事件，探討其中所暴露出的保育等相關問題。這篇散文巧妙地融合了敘事、說理、抒情以及知識性等特色，而從他在文中所指出的問題，可以清楚地看出劉克襄的保育觀：

> 從整個搶救的過程看，假若不是這隻「黑鯨」擱淺死亡，在自然生態保育的路上，我們顯然又正確地向前踏出了一步。……然而，整個救鯨的過程卻暴露一個極嚴重的問題。在一連幾天的新聞報導中，我們只知道一條不知名的黑鯨游進臺中港，許多人想設法幫助牠出海，挽住國家在保護動物形象的顏面，牠卻「離奇」的自己游走，又「離奇」的在別處擱淺死亡。我們卻不瞭解最初步的鯨魚身世、背景，也不懂得牠為何會擱淺？同時，都是海中的「魚類」，為何有的可以捕食，這條「魚」反而要特別保護、宣導？……
>
> 在這次有關黑鯨被困與擱淺的新聞中，我們彷彿也被「困住」，被「擱淺」了，無法從這次的救鯨行動中，獲得更多的啟發與知識。而弄清楚這隻鯨魚的真象與說明護鯨的重要性，應該是整個事件的重心，但在救鯨的過程中，始終沒有人深談。〔註64〕

劉克襄一再強調重視的，乃是「知識的重要性」，因為知識是動物保育的基礎。由於看到國人在鯨豚擱淺事件上的無知以及鯨豚研究的貧乏，間接刺激著劉克襄投入鯨豚寫作的領域。儘管對於鯨魚的知識，他跟一般人一樣，也無法透過觀察來取得，只能沿用許多國外資料，但如此大費周章，目的就是希望能在文中為這隻「不知名」的鯨魚立傳，補足國內在鯨豚研究方面的欠缺，如同他對自己的期許：「一定要設法——最少弄清楚牠到底是專家分類的那一種，牠的習性到底如何，還有，最重要的是，牠喜歡唱什麼樣的歌。」
〔註65〕

〔註64〕 劉克襄：《消失中的亞熱帶》，頁 36～39。
〔註65〕 同註64，頁 41。

從這一系列文章中，可以發現劉克襄的批評也不再像過去，除了憂鬱、無奈之外，沒有其他建設性的想法；他開始試著提出方法，或者提供知識，儘管他懂得未必如生態學者般那麼專業，但他盡其可能的提供所知的知識，觀察的心得，再再顯示他不再只是靜靜、消極的站在濱海的賞鳥人，而是積極入世的自然寫作作家。

劉克襄曾在〈從海上開始的孤獨旅行〉一文表示：

> 後來又去海邊時，雖然仍攜帶望遠鏡，但已非觀察岸鳥。岸鳥正換羽中，紛紛北返。這一次我走漫長的路，從大甲溪北岸散步到臺中港，我想寫些軍艦上的故事。從一九八〇年開始的軼文，那時有許多奇異的故事發生，從海上飄來。〔註66〕

從海上開始書寫自然的劉克襄，一開始書寫幾乎環繞在賞鳥觀察的主題上，此時的他急欲拋除人世的一切，只專注賞鳥，純粹地記下所觀察到的世界，並未懷抱著太多使命感，但誠如向陽所說：「它倒更該是作者劉克襄的生命觀或生活態度，由此出發，作者以二十餘年來生於茲長於茲的身分，表達了他對鳥類，以至生態、人世的看法；也由此出發，作者刻意強調真我的痕跡依稀可見。」〔註67〕可以說劉克襄早期的作品，是書寫鳥類，書寫海洋，同時也是書寫自己的心境。

他從海上回到岸上，從高山溪澗，再度回到濱海，最初的賞鳥經驗有如行者，孤獨在大自然旅行，行旅海岸間的落寞寂寥和人間世事的干擾斷裂，都讓他在賞鳥記事《旅次札記》中不斷觀照自己，充滿著憂鬱感傷的情緒，彷彿世界裡唯一剩下的人是自己，當他在春天的大肚溪口遇見一隻貼海飛翔的黑脊鷗時，要問的是：「這一季的黑脊鷗，聽說仍然棲息北海岸，唯獨他出現大肚溪口，好像我一樣，不知他來做什麼，尋求更適合的環境？或者只是逃避」〔註68〕而當他在三月看著岸鳥北返時的心情，卻是「田鷸返家，有路可循，我卻無去處」〔註69〕

就在這段旅行即將結束之刻，身立大肚溪口觀看海鳥飛起飛落之景時，他內心的觸發卻是：「岸鳥的一切只是為覓食、為遷徙而生存。遵照大地萬物自然法規，因襲循環，原始單純，節制而合理。島上的人生活就無法這樣了，

〔註66〕劉克襄：《旅次札記》，頁224。

〔註67〕同註66，頁8。

〔註68〕劉克襄：《旅次札記》，頁79。

〔註69〕同註68，頁213。

過多歷史的背景駄負著，積壓下來是複雜又氾濫，且寧可遵照反自然的方式設法生存」，他深深體悟：「站在島嶼的邊緣，最後所能觀照的剩下自己。……只有觀察鳥時，我才感覺安全。觀察人卻不行了，牽連太多，我恐懼。面對海岸，大海湯湯，島嶼愈小。裡面的事卻日益增多，我的確害怕。」〔註 70〕字句中充滿對繁瑣人世的恐懼。可以說他雖然走入自然，但是旅行於海岸只是找尋出口，藉此逃避錯綜複雜的現代工商社會體制，他尚未體會到自己與自然之間，甚至與他所逃離的人世社會，這三者之間的相互關係。

所幸，隨後劉克襄就反省、自覺，否定這時期的心態，之後作品開始對當前臺灣面臨的環境問題提出呼籲，並且整理自己觀察的紀錄與數據，引用國外生態知識，期能使人們透過閱讀，注意臺灣當前的環境問題。這時期的文章，著重「知識」的生態觀念，他認為有生態學知識是人類參與生態活動、解決生態問題、了解人與自然關係的基礎。而他就真如自己所期許的賞鳥哲學家〔註 71〕，所觀照的視野十分的寬廣，他看到的不只有海洋、天空等鳥類的生活世界，而是一個與人密切相連的環境；因此他在文章中提供生態知識之餘，也反思人與環境的關係，呼籲重新建構環境倫理。

第三節　從大肚溪口出發的荒野行者——王家祥

1966 年出生的王家祥，作品曾獲得賴和文學獎、吳濁流文學獎、中國時報文學獎、聯合報文學獎的肯定，並獲得五四文藝獎之青年文學獎、高雄市文藝獎之小說獎。其散文也收錄在當代重要的散文選集，例如：《天下散文選 II 1970～2000 臺灣》、《國民文選：散文卷 III》、《臺灣自然寫作選》等，代表其文學成就與地位。其中〈遇見一棵樹〉一文曾入選國中國文課本。

王家祥的創作早期由自然書寫出發，他以關心臺灣生態保護議題的角色出現。大學時期第一篇公開發表在《人間》雜誌是以揭露臺灣環境污染為主題的〈綠牡蠣的綠色海岸〉，之後他陸續出版了一連串作品如《文明荒野》、《自然禱告者》、《四季的聲音》等，同樣是把生態意識與文學書寫結合在一起的努力。除了訴諸於文字的形式之外，王家祥也以實際的行動實踐環保運動的思想，90 年代還參與柴山自然公園促進會的活動。

〔註70〕同註 68，頁 213。
〔註71〕劉克襄：《隨鳥走天涯》，頁 71。

一、王家祥的寫作歷程

（一）成長與求學過程

王家祥，高雄縣岡山鎮人（現更名為高雄市岡山區），使用過的筆名有「雲水」、「李群」，是自然寫作作家，主要書寫關於臺灣自然生態環境的著作。對王家祥來說，會走向以關懷土地為主的自然寫作之路，與早年對生態書籍的接觸以及森林系的背景，引導他走向自然寫作的契機。大學時期他結識了第一任妻子涂幸枝，並且參加了自然生態保育社，社團生活引導他走向自然。根據涂幸枝的描述，大學時期王家祥就展現了愛護自然的積極行動：為了拯救擱淺的鯨魚，他影印簡報資料，寄信給民意代表與學者；為了抗議劍道社的學生誤擊小白鷺致死，以激烈的方式親自登門抗議，表達不滿等。〔註72〕

大學時期他到東海大學聆聽林俊義教授的生態課程，開始喜愛閱讀劉克襄、梭羅、李奧波等人的作品。1986 年，大二時他即參與《人間》雜誌第七期「悲泣的河海」專輯〔註73〕的專題製作，與當時積極從事環境報導的心岱、楊憲宏等作家共事。這經驗的加入，誠如吳明益所說，構成他早期認識自然環境的兩個稜面，呈現兩種激盪的思考——「在自然荒野裡與其他生物接觸的喜樂與興奮，及面對環境崩壞的憤怒與不滿」。〔註74〕

大三時王家祥時常騎著摩托車到大肚溪口研究草澤生態，守候與觀察鳥類，定期測量與調查。在大肚溪口的賞鳥經驗，使他的人生視野透過望遠鏡廣闊了起來。他開始扮演起「觀察」與「思考者」的角色。也因為親眼目睹當時臺灣在開發過程中緊接而來的生態破壞，於是嘗試用攝影、文字把這記載下來，創作一系列以大肚溪口為背景的自然寫作，流露出強烈的自然關懷傾向。他將作品作品投稿到《中國時報》的〈人間副刊〉，不但獲得文學獎大獎的肯定，也多次入選年度散文選。

其中，作品〈漂鳥與蟬聲〉入選〈人間副刊〉文學獎決賽評審，而與作家劉克襄有了初步交流，以書信往來的方式，探討個人的理想。隔年（1987），散文〈文明荒野〉贏得《中國時報》第十屆散文評審獎。這些榮譽並沒有使他停下腳步，仍用心的耕耘自然觀察與自然書寫，直到大四時因為過度熱衷

〔註72〕王家祥：《四季的聲音》（臺中：晨星出版社，1997 年 11 月），頁 10。
〔註73〕王家祥：〈悲泣的河海專輯　傷痕篇 1 綠牡蠣的惡夢海岸〉，《人間》第 7 期（1986 年），頁 106～116。
〔註74〕吳明益：《臺灣自然書寫的作家論》，頁 303。

而休學。休學的決定令劉克襄不解，他推測是因為「學業的不順遂，以及既有的大學體制已無法滿足他所欲追求的知識向度」。〔註75〕不過王家祥後來受訪時曾表示當年大學教育中對森林保育的觀念與他個人的理想相去太遠：

> 在那個時代我們的森林系本身呢，主要是教學生如何經營森林、如何利用森林來賺錢、創造經濟利益，……是一種應用科學，並沒有太多的生態課題。〔註76〕

由此可見，他對體制內的制度一直存著有反抗的基因，而他果真符合自己所說的「狂熱」之名，不僅是對創作的狂熱，也是對腳踏土地的狂熱。

（二）入伍與求職期間

在空軍服役的三年，王家祥繼續寫作，並在 1990 年出版了小說《打領帶的貓》以及包含大學時期的散文作品《文明荒野》。《文明荒野》是王家祥的第一本自然書寫散文作品，內容分為三個部分：卷一「農學院日誌」是以「日記」的方式呈現，作家以「詩人」的浪漫情懷，寫下每天觀察農學院的變化並沉思。卷二的內容則是王家祥大學時期進行田野調查，將所見之景與心靈狀態記了下來。大部份的海岸觀察，海岸生態書寫都集中在這一卷。卷三是動物們的故事，把因人為因素迫害了動物們的棲地，使牠們無法延續生命的困境提出來，讓讀者反思。

吳明益指出這本自然書寫散文集《文明荒野》已經潛藏著王家祥書寫的兩種可能，「一種浪漫，且稍帶著『自戀』，一種務實，且帶著『責任』」。〔註77〕王文仁則是認為在這本早年的散文集中，已經可目見日後王家祥在面對自然、書寫自然時的兩種基調：一是將自己化身為各種動物，透過牠們的視野與口吻，對荒野（野地）與人類的活動進行相關的描繪。另一種則是以書中的〈文明荒野〉一文為代表，作者以務實理性的自然觀察者形象，藉由豐富觀察經驗，在刻畫野地實景的同時，進一步帶出個人深沉的反思、批判與呼籲。〔註78〕

〔註75〕 王家祥：《自然的禱告者》（臺中：晨星出版社，1992 年 12 月），頁 14。

〔註76〕 郭玉敏：〈當代成名作家訪談錄——訪王家祥〉，《臺灣新文學》第 6 期（1996 年 11 月），頁 27。

〔註77〕 吳明益：《臺灣自然書寫的作家論》，頁 303。

〔註78〕 參見王文仁：〈在城市的邊緣思索——試論王家祥自然書寫中的「荒野」〉，收入陳明柔編：《臺灣的自然書寫——2005 年「自然書寫學術研討會」文集》（臺中：晨星出版社，2006 年 11 月），頁 406。

　　空軍退伍後，王家祥又重回中興大學森林系就讀，但此次也是未畢業即急切地投入臺灣的荒野保育工作。1991年12月底，他回到高雄，在吳錦發的力薦下任職《臺灣時報》副刊主編〔註79〕，生動的文筆與工作熱忱，帶領副刊走出「土地文學」的獨特風格。在這裡他結合原住民與後山寫作群，以副刊舞臺提供美濃愛鄉協進會、高屏溪保護聯盟、各地文史工作室等發表環境議題文章，向社會發聲，抒發環保訴求。〔註80〕七年下來對臺灣面臨的環境生態保育課題，有推波助瀾的貢獻。彭瑞金便指出，《臺灣時報》副刊始終保持相當純粹的民間性質，近年來更以「土地」作為識別系統，進一步證明過去累積下來的風格逐漸開花結果，已經在臺灣的文學副刊建立自己獨到的特性。〔註81〕

　　同一時期他開始積極參與以高雄文化界為主體的「柴山自然公園促進會」的活動，與小說家吳錦發、民間歷史學者洪田浚、攝影家鄭德慶、自由生態攝影家蔡百峻，以及妻子涂幸枝，以民間自力救濟的力量，合力將捍衛柴山的理想訴諸行動與文字，保護柴山這「高雄人的聖山」、「高雄人心靈的母親」。〔註82〕他們想讓高雄人重新了解自己所生長的土地，提起筆和相機開始以文字和圖像記載自己的鄉土誌，發表許多搶救柴山自然生態的文章，形成「柴山文學」。這時期王家祥為柴山撰寫的文章原本刊登於報紙的副刊，後來收錄在涂幸枝編輯的《柴山主義》中。

　　《柴山主義》是一本呈現一種新的「社區意識」的集體創作書籍，吳明益認為這本書籍由複數的視角，多面相地觀察了柴山以及高雄人自身所處的環境，在整個自然書寫史上的意義是：

　　　　過去環境議題淺碟式的報導模式，轉為確實長期互動且深化為地方

〔註79〕柯汶諭：《打造南方意識——以南方綠色革命的運動者為例》（臺南：成功大學臺灣文學研究所碩士論文，2010年），頁64。《臺灣時報》副刊主編除了1978～1982年任用外省籍的梅新、周浩正外，其餘時期皆用本省籍人士，尤其是吳錦發、莊金國、許振江、王家祥等出身高雄作家，突顯《臺時》以「地方」為據點的企圖，藉此拉近媒體與讀者的距離。

〔註80〕陳三甲：《王家祥小說研究》（嘉義：南華大學文學研究所碩士論文，2004年），頁18。

〔註81〕彭瑞金：〈肥沃的土壤，也要自由的空氣〉，收入臺灣時報五十年特刊編輯委員會編：《臺灣時報五十年：民國三十五年～民國八十五年》（高雄：臺灣時報社，1996年），頁135。

〔註82〕涂幸枝編：《柴山主義》（臺中：晨星出版社，1993年8月），頁2。

　　文化脈絡的集體書寫。不再是由外來的知識份子爲弱勢民眾發聲，
　　而是當地居民自動地想創造一個合理的生活環境。〔註83〕

除此之外，王家祥還在柴山上擔任生態解說員與訓練解說員，他將自己由
長期觀察而頓悟的「敬重土地」的觀念，分享給群眾，認爲唯有民間力量
的介入、參與環境議題與監督政府，促使政府訂定公共政策，增強民眾的
社區意識與自然意識，環境教育才能確實紮根，土地倫理才能深化到群眾
的內心。

　　這時期王家祥還推出《自然禱告者》一書。延續《文明荒野》，《自然禱
告者》也以務實層面地推動文明荒野的觀念，但風格上有些許的改變，多了
「宗教、心靈」的層面，強調面對自然的謙卑與情感交流，提出「人與自然
的和諧互動」的理念。這從書名就可以得知，他在序中如此表示：「從古老的
印地安人或臺灣的原住民文化中，我發現了敬畏土地的古老智慧，正是現今
臺灣人所亟需的！」敬畏土地的古老的智慧就是《自然禱告者》一書所要傳
達的精神，「期許自己成爲一名虔誠的自然信仰人，透過文字中一顆尊重禱告
的心，引導我的朋友們，能坐下來禱告大地的美好，蹲下來撫觸這塊土地、
尊重這塊土地。」〔註84〕在本書中更強調靈性的自覺，以及直觀感受的自然
教育。

　　《自然禱告者》分爲四個單元。第一部分「自然禱告者」：延續著《文明
荒野》一書的理念，王家祥尋找著城鄉的荒野，提出了荒野存在的價值，並
記載荒野中動植物們的生態。他更譴責當前臺灣錯誤的旅遊型態，將造成生
態圈的能量負荷。這部分多爲環境理論建構，而海洋書寫，則多集中第二部
分與第三部分。其中第二部分「尋找次荒野」：感嘆荒野正逐漸消失，只好挽
救剩餘的荒野，並提出荒野存在的意義，重要的是必須學習內心有荒野，才
能尋找自己的荒野，尋回屬於人的基本生存權。在這個章節中也提出「野鳥
公園」的理念，希望臺灣能效法國外的方法，長遠的推行生態保育計畫。第
三部分「臺灣生態觀察筆記」：以批判的筆調揭露許多的生態被人類破壞的情
形，如二仁溪的綠牡蠣事件、澎湖的海龜被捕獵……等，寫下了他的無奈與
感傷。至於第四個部分的「動物們的故事」：是以灰面鷲和小雨燕爲主角的兩
篇動物小說。

―――――――――――

〔註83〕吳明益：《臺灣現代自然書寫的探索》，頁281～283。
〔註84〕王家祥：《自然的禱告者》，頁9～10。

　　儘管這類「動物小說」，吳明益視為是不適合當作自然書寫散文來論述，但筆者認為可視為自然寫作的延續，因為這是王家祥多年來所累積的自然觀察經驗及從資料中所得的豐富知識，其實有著十分密切的關係。小說都是以動物的角度來思考牠們的內心世界，包含著相當豐富的自然知識：例如《文明荒野》中的〈巢鼠〉、〈丹頂鶴〉，《自然禱告者》中〈灰面鷲〉等，他大膽地將許多動物行為學與自然科學的知識放入小說之中，精準描述出動物世界的形形色色，讓讀者透過動物小說來進一步認識動物世界，甚而推至自然環境或是環境保護。只可惜由於篇幅較短，海洋書寫也不多，因此不列入本論文探討範圍。以下分別就《文明荒野》、《自然禱告者》，以及《柴山主義》裡的部分文章探討王家祥的海洋書寫的內容與特色。

二、王家祥海岸生態書寫的內容與特色

　　與劉克襄相似，礙於海禁的緣故，早期王家祥的海洋書寫大多是集中河口海岸的觀察，因此其海洋書寫的主題也不外乎對海岸環境的觀察，以及對海岸生態破壞的憂心，並且建構一套其所認定的環境倫理觀；所不同的是王家祥在建構其環境倫理時，又因應現代人需要，提出「文明荒野」的理念，並且在 90 年代參與柴山自然公園促進會，在高雄西子灣落實其理念。

（一）海岸環境觀察

　　王家祥曾說過：「認識與觀察是一個自然愛好者最基本的修行」〔註85〕，和劉克襄相同，王家祥初期也是在一個定點長期觀察累積之後才養成，大三開始，他就已開始累積觀察經驗，最常待的地點便是大肚溪河口、彰濱海埔地等等，以筆和照相機記下了大肚溪河口的變遷，長期觀察下，見證了候鳥秋來春去、植物四季生滅，也寫了不少關於海岸觀察的自然寫作。

　　王家祥的大肚溪河口觀察，也是以鳥類觀察紀錄為多，往往一個篇章中就記載了好幾種姿態各異的鳥類。大肚溪河口是他觀察鳥類的起點，這是一塊每年估計有一百萬隻候鳥過境停留的荒野，在〈漂鳥與蟬聲〉一文首先介紹大肚溪河口坦闊的泥沼地、河床、河口沖積扇等貯藏豐富食物的地方，往往是來自西伯利亞候鳥們最好的棲息地，牠們在此度過冬、春兩季，儲備充沛的體力，以準備夏季來臨時的長征，而王家祥也在此目睹天地間最美妙的飛舞姿態：

〔註85〕王家祥：《文明荒野》（臺中：晨星出版社，1990 年 6 月），頁 49。

> 在河口的長堤上，我見到了始終如一的空曠，屬於天與地的，以及
> 大海與藍天。而千百隻水鳥飛掠水面，嘎然長鳴，便在這天與地的
> 接續邊緣劃下一道闊麗的氣勢。〔註86〕

此外，他曾在「伸港大草澤」長時間觀察過鳥群，秋冬之際都發現數千隻的
鷺鷥群，看見大白鷺以凌空撲水的飛翔姿態捉魚，技巧高明；也看見紅隼精
確大膽的在草澤上凌飛，曳翅、滑翔，然後瞬間下墜至草叢間捕食。不過在
〈消失了的大草澤〉一文中除了詳細描述各種鳥類棲息河口的壯麗景觀，也
對臺灣在戒嚴未解除前，海防嚴密的感嘆。因爲海防部隊隔絕人類與鳥群，
使得大肚溪河口一處堤岸的泥灘上每年都有大量候鳥聚集，四十年來不受人
爲干擾，但也因此阻絕人們去認識水鳥，認識海洋的機會：

> 眼見闊麗悽壯的大海灘上，候鳥群正在展示牠們與天搏鬥的毅力，
> 海風強勁狂掃，烏雲滿佈，遷移的的部隊盛況空前。……絕大多數
> 的遊客並不知道廣闊的泥灘地上隱藏著數萬隻鴴鳥，他們只是來看
> 看海，並且等候黃昏落日。〔註87〕

　　一般遊客沒有望遠鏡和賞鳥經驗，黑壓壓的一片水鳥群反而被視爲海岸
泥灘原貌。如今解除戒嚴，國人因此可以親海，認識海洋，但是政府單位並
未事先採取評估措施，就貿然開放海岸，使得泥灘地上的生命遭殃。國人的
親海舉動，反而爲海洋生態帶來浩劫，從文中可以看到王家祥對海岸開放的
矛盾。

　　除了觀察水鳥，大肚溪河口也是觀察生物的絕佳之地，每年除了準時報
到的候鳥外，沙丘還孕育了豐富的植物生態，冬天和春天仍舊利用短暫的時
間將河床上的植物濃妝艷抹。在〈陽光草原〉中王家祥透過細膩的觀察與生
動的文筆，呈現出看似蕭瑟的冬季沙丘中潛藏的活力，有加拿大蓬草特立獨
行地萌發綠芽，也有小葉灰藋我行我素，肆無忌憚地在棄耕的田地上大量繁
衍它的族群：

> 泥胡菜是屬於風的植物。花期過去，每朵花托上都充滿了小棉球，
> 在陽光中，柔白似雪。它們習慣成群長著，擁在一起，合力炫耀小
> 棉球的魅力。幾百朵花上的小棉球們正等待風起。風起時，每朵棉
> 球中的千萬顆種子就要藉著棉絮的飛行，在風中輕輕柔柔地飄泊，

〔註86〕同註85，頁44。
〔註87〕王家祥：《文明荒野》，頁93。

去選擇它們的落地之處。在棉絮飄散的同時，陽光也給了泥胡菜本身燦爛的金黃，那是它一生最得意、最美麗的時刻，也是已經死亡的時刻。〔註88〕

這是在冬季河口沙丘所能看到的景象，可以看見冬日腐逝的氣息與即將到來的春季新生夾雜在同一個季節中。

另外像是〈文明荒野〉一文中，提到海邊的「朴樹」以赤裸著身子，火焰般伸張的枝椏型態出現在前一個乾燥冬季中，卻在來年的春季發芽長葉，以全綠的姿態迎接訪客。根據王家祥的觀察，這是因為朴樹在挾帶鹽分的強風吹拂下，不得不落光葉子，靠體內殘存的水分熬過秋、冬兩季：

我們無法明瞭那潛伏在朴樹體內的生命，如何艱辛地生存，度過長久時間，並且知曉春季已經來臨。我們只知道它們的生命強而有力，且能屈能伸。……河堤上的植物社會，在一般人眼裡，不過如鄉下小徑旁的野草平凡。然而經過觀察和植物分類學的訓練後，我們眼裡的植物世界竟然海闊天空，寶藏非凡。〔註89〕

現代人因城市生活，早已遠離自然，通常不願意承認其他生物的智慧，不去深思荒野究竟有何存在的意義。王家祥帶領讀者看見海濱荒野中生物的價值，在觀察的過程中，欣賞到植物的風貌，更體悟生物各有不同的智慧，而加深其敬重萬物的理念。

這種對微小之物的體會，也正是王家祥的觀察書寫特色。其實王家祥對微物之美的體會是來自李奧波的「土地美學」〔註90〕觀念有部份的承繼，而且主要是「微物之美」的部份，也就是在渺小、細微的景色裡發現美的蹤跡。李奧波曾說：

抬眼仰望、期待春天的人，不會看到如葶藶這般渺小的東西。垂頭喪氣、對春天絕望的人，往往腳踩葶藶卻渾然不知。只有膝蓋跪在泥巴裡尋找春天的人看見了它，而且發現到處都有它的蹤跡。〔註91〕

〔註88〕同註87，頁66。
〔註89〕王家祥：《文明荒野》，頁73。
〔註90〕吳明益：《臺灣現代自然書寫的探索》，頁375。土地美學一詞，又稱自然美學，基本上是李奧波理念的詮釋者柯倍德教授所確立的。李奧波本人並沒有美學的專著，有關於他對自然、土地美學的看法，主要以《沙郡年記》中〈保育美學〉為中心，而以〈土地倫理〉為輔。
〔註91〕阿爾多·李奧帕德（Aldo Leopold）著，吳美真譯：《沙郡年記：李奧帕德的自然沉思》，頁321～337。

如同李奧波一樣，他也將發現這種微物之美歸諸於心靈的感知，所以王家祥才會說：「眼裡的植物世界竟然海闊天空，寶藏非凡。」

大自然總是隨時在變化，有著多重面貌，王家祥以他細微的觀察力、豐富的想像力，捕捉其間的微妙變化。想像力能化腐朽為神奇，田啓文認為透過想像力的運用，「平淡的事物將變得精彩，單調的事物將變得豐富，庸俗的事物將變得高貴……，從而引起人們內心的感動。」〔註92〕本來平淡無奇、習以為常的事物，王家祥把生命情感投射到外物，再加上想像力的運用，原本單調的濱海荒地就被寫得活潑精采、熱鬧非凡。

除了微物之美，王家祥的海岸觀察的另一項特色，就是他雖是森林系科班出身，但是有別於劉克襄重視於生態知識，作品充滿知性，王家祥的寫作模式很多時候是以觀察經驗為基底，但是不特別著重於觀察過程的描寫，而是刻意透過文學性片段的描寫，來拉近與讀者的距離。他在書寫上雖然在傳達生態理念，卻不過度使用艱澀的生態知識，也不用華麗的文學技巧，而是用一種畫境的營造，來生動描述自己眼中所見，使文章充滿藝術的感染力。

如〈陽光草原〉中，他用「潑墨畫」形容下過雨後的彰濱大草原：「陰風怒吼，天空雲朵如潑墨畫，有濃有淡。陽光和藍天不見，此時的彰濱大草澤另有一種荒寂、淒涼的曠野之美。」〔註93〕反襯出陽光出來時，大肚溪北岸的海岸植物的生機盎然：

> 草原與陽光是默契良好的夥伴。只有在陽光下，原本秋天贈與草原的金色外套，讓風梳理過的，才能呈現十全十美的溫暖耀眼。……陽光與草原合夥瞞過了你，以為夏天還滯留在這塊地上。〔註94〕

> 老去的小葉灰瞿整株呈現耀眼的紫紅，然而嫩綠的顏色也不斷從土壤中產生，長高、擠身在擁擠的同伴中。原來，小葉灰瞿以它大量的美，在逆光中與日照合作愉快。〔註95〕

王家祥在描繪上不做刻意雕琢，而能將所見的景致自然呈現，並善用擬人化，將草原與陽光賦予生命力，說他們是「夥伴」，更形容他們有能力「瞞騙」，使人因為草原上的生機盎然而誤以為夏天還未離開此地，小葉灰瞿與日照「合作愉快」，都是藉由擬人手法賦予它活潑的生命力。

〔註92〕田啓文：《臺灣環保散文研究》（臺北：文津出版社，2004年），頁219。
〔註93〕同註89，頁61。
〔註94〕王家祥：《文明荒野》，頁55。
〔註95〕同註94，頁66。

　　王家祥雖是作家，他的觀察紀錄向繪畫借鑑，作品中多處運用色彩的渲染，極力描寫海濱荒野的豐富變化，增加文章動人的效果，如〈秋日疏林〉：

> 等秋天完全到達之後，選擇一個亮晃晃的白晝，走入這陽光充溢的土地，你可以看見菊科的家族，頭狀花序的黃花，與輕柔的風的種子。以及四處可見鮮紅花的馬纓丹與翻飛的白芒。結果是一種神奇的魔術，陽光昏眩了觀察者的眼睛。除非你細心懷著謙卑的態度，努力找尋被金黃掩蓋的翠綠與藍，這幅畫的冷色冷調，躲藏於表面暖色之後。這些是火炭母草的黑色漿果和琉璃繁縷的藍色小花，以及憂鬱的少許蕨類。〔註96〕

作者選用了不少色彩型詞語，如黃花、鮮紅的馬纓丹、翻飛的白芒、金黃陽光掩蓋的翠綠與藍，其中更運用了對比手法，寫出冷色與暖色交疊的豐富景象。如此生意盎然的模樣，讓人十分訝異的是此時秋天，而這裡卻是近海的荒廢土地。在常年強大海風的吹襲，土地乾燥而含有高鹽份，不易農人耕作。然而連農人都要怨嘆的荒地卻有令人想像不到的生機，不得不感嘆大自然的智慧遠遠超過人類以利益為主的價值想像。

　　王家祥在文章中的用心經營，使得平實準確的觀察紀錄，卻呈現意象飽滿的畫面，充滿最深刻的生命情感。吳明益給予這類具有文學手法的文章高度的評價，認為王家祥的自然書寫最精彩在於他「適切地用文學性語言描寫自然知識」，「文學語言」與「生物知識」兩種語言的密切合作，使植物形象更加生動。而這種將感官接觸與知識性資料化為文學語句的寫作過程，近似於在野外觀察過程重現的嘗試，其中充滿了挑戰、想像、細部琢磨等創作的快意與感動。〔註97〕

　　王家祥森林系專業知識背景，使他具有堅實的科學知識，對自然觀察極為細緻，感受非常敏銳，善於捕捉自然中極細微的事物。更難能可貴是他對自然現象加以文學化手法呈現，「專業知識結合文學」，生動表現海岸荒地的變化和內在的律動，進入了特殊的美學境界，創造出獨特的優美靜謐的意境，這不但是當時的臺灣自然寫作上較為欠缺的，更突顯其「深度的知性魅力」。

〔註96〕同註94，頁126。
〔註97〕吳明益：《臺灣自然書寫的作家論》，頁308～311。

（二）憂心海岸環境變化

與其他自然寫作家相似，王家祥早期作品如《文明荒野》、《自然禱告者》中也呈現對環境破壞、生態污染感到憂心，有不少作品的主題圍繞在臺灣海岸的開發與迫害，作品充滿著激情與吶喊。這時期的王家祥與劉克襄一樣，希望透過海岸生態破壞情況的真實呈現，加上環保觀念的引導、教育的配合，呼籲國人凡事以尊重為前提，尊重海洋、善待土地以維護自然面貌。以下分成幾個子題來介紹此主題的文章。

1、河口生態的破壞

王家祥早期曾在大肚溪河口沼澤做調查研究，對於此地的破壞情形也最能詳實記載，首先看〈陽光草原〉一文中臺灣人對待自然的方式。大肚溪北岸有一處名為麗水村的地方（現為龍井區麗水里），每年秋天北方的候鳥群總有一部分選擇在此棲息，然而小孩打鳥的觀念讓他非常吃驚：

> 一位放學後看顧羊群的學童得意地告訴我，他們曉得在一處水鳥經
> 常棲息飛過的地方架設鳥網，如果捉到一隻水鴨可賣到四百元。不
> 過小水鴨非常聰明，近年來飛到麗水村附近數目越來越少，所以捉
> 到水鴨的人並不多。〔註98〕

同樣的問題也發生在劉克襄的作品中，但更令人汗顏的是捉鳥的不是持槍的獵人，也不是烤鳥攤的小販，而是放學後看顧羊群的學童，顯見在當時的社會普遍對於生態保育仍然十分陌生，就連上學的孩童，學校恐怕也不積極教導學童保護鳥類的觀念。

王家祥無力改變這現狀，最後只能放棄麗水村這個觀察據點，但問題並未因此結束，之後垃圾場進駐，燃燒垃圾的濃煙污染天空，附近的廢水處理廠開始運轉，而興建臺中火力發電廠的浩大工程正持續進行。環境破壞使得候鳥群正逐漸移轉至南岸彰化海邊，但是大肚溪南岸也好不到哪裡去，原本河口南岸有一片廣闊地，因為靠海使得風沙的威脅讓此處許多農田都先後荒廢，被稱為「惡地形」，結果導致工業局計畫在這興建，也就是後來知名的彰濱工業區：

> 中華工程的推土機與卡車的工作效率確實驚人。隔了舊曆年關再來
> 看時，被夷平的面積又擴大許多。連黃槿林上的鷺鷥群也心知不妙，
> 搬到更遠的河堤小丘陵上去。……

〔註98〕王家祥：《文明荒野》，頁54。

> 他們把推倒的樹木成堆地丟棄在惡地形上。我可以清楚看見樹木們
> 的屍體躺在砂地上，被風不斷吹拂。整個地面是改變形狀的沙丘，
> 裸露的根系，單調的顏色，被砂淹沒了一半的小路，還有那隆隆震
> 耳的引擎聲。〔註99〕

文末最後以「怪手和推土機仍然在地平線梭巡」宣告大肚溪河口生態的浩劫，而他所進行的樣區調查，又減少一區。

　　以上這些描述政府與財團為了經濟利益不惜破壞河口生態的文章還有很多，但人們往往要在迫害過後一陣子才會警覺，因為所傷害的野鳥以及海岸生態，對當時的人們來說是毫無利益價值；反觀漁業的破壞卻是立即性的，因為馬上衝擊到就是漁民的利益，以及一般民眾的飲食安全，這些文章在當時讀起來想必讓人怵目驚心，其實今天再看也是如此。

2、漁業資源的破壞

　　在〈1990・二仁溪〉一文中提及 1986 年二仁溪下游的茄定海岸養殖業發生綠牡蠣事件，大量牡蠣相繼死亡，漁夫損失慘重。原本二仁溪的入海口是最適合養殖魚苗的地帶，河水與海水交會，由上游陸地帶來豐富的營養物，生物物種繁多，食物鏈完整，養成的牡蠣又肥又鮮。1987 年卻證實了重金屬與毒性化學物質、海水溫度巨變為牡蠣變綠及貝類大量死亡的主因。1988 年工廠排放的高溫廢水與農藥污染使它噁胃，惡疾定時發作。綠牡蠣以及大量貝類死亡直接衝擊到沿海漁業的生計，文章一方面又痛心指責二仁溪的重工業污染，連帶造成沿海魚撈、養殖、魚苗業的崩潰，一方面沿著溪流向上游溯源，也向歷史溯源：

> 這條流經惡地丘陵，流經平廣田園，流經古戰場，流經煙雲一時沒
> 落之地的大溪，雖仍有她荒僻粗獷的氣勢，卻也淪為死亡的，無生
> 命流動的景象。……因緣際會地翻到有關她的紀錄，她的先民開拓
> 史，她的古戰場，她的極盛繁榮，以及她的沒落。〔註100〕

原來二仁溪古名為「岡溪」，與王家祥的故鄉岡山有密切關係，但是他一直到二仁溪河口發生綠牡蠣事件，才開始認識這條溪，王家祥感嘆大多數岡山人都不知道二仁溪的歷史，議論中夾雜了幾件二仁溪的歷史事件，父親的記憶，強調這條溪與生活這塊土地的人之間密切的關係。其實文章說的

〔註99〕王家祥：《文明荒野》，頁 63～64。
〔註100〕王家祥：《自然禱告者》，頁 206。

是二仁溪，未嘗不是指整個臺灣，在 80 年代，戒嚴解除之前，島國人民對於孕育自己的臺灣母體多半陌生，但卻一而再消費、破壞這塊土地的資源。所幸 1989 年環保署擬定二溪整治計畫，決心整治污染，強制拆除沿岸五十七家非法煉熔廠，「雖然是二仁溪整治的一小步，卻是政府展現公權力的一大步」。

除了沿海養殖魚業發生過嚴重的污染事件，離島漁業資源也因為漁民的濫捕濫撈產生嚴重的失衡。王家祥曾在 1987 年到澎湖島，短期定點觀察鳥類，〈望安之旅〉記載了澎湖島面臨的環境保育問題：漁民捕捉燕鷗並取走蛋成為進補食材，望安島上為補捉石斑魚而非法毒魚，對漁業資源的造成嚴重傷害，桶盤嶼附近的海面有人圍捕友善又高智慧的海豚，將其宰殺再賤價賣出。總總控訴，王家祥雖然理解，由於澎湖漁業資源一日日加速枯竭，漁民為養家活口，不得不向大海掠取。但是以一個生物學者來看，漁民與大自然的衝突日益嚴重，終究是環境保育的災難；看似無限的資源、無邊的大海、無際的天地，只因人類有限的視野，將帶來嚴重的後果。

文章中寫道，望安西垵村民捕捉剛孵化的美麗海龜，賣到臺北賺取利潤。但是望安人倒是不許外人帶走沙灘上的貝殼沙，因為他們有鑒於幾年前沙灘面積縮小，海岸髒亂的緣故。王家祥感嘆的想，何時望安人才會驚覺海龜的重要性不亞於貝殼沙，同樣也是地方上珍貴的資源。這一段似乎在提醒望安島民，只要他們觀念改正，能像珍惜貝殼砂一般，珍惜海龜，海洋生態保育工作也不是完全不可行。〔註 101〕

這類揭露海岸生態破壞情形的文章，字裡行間處處可見作者急切之情與無奈的心境。早年王家祥遊走在西部海岸多年，累積了豐富的觀察經驗，卻往往在驚喜過後必須承受痛苦，他與同伴設立的觀察樣區幾乎全毀或殘缺不全，幾個月來的心血全部泡湯。但最讓人痛心的是人們為了利益不惜破壞自然。這個時期的王家祥有著劉克襄的影子，雖然有森林系厚實的背景知識與豐富的觀察經驗，卻是孤獨的，他跟劉克襄一樣扮演的是先知的角色，看到環境的隱憂，卻得不到群眾的重視而無能為力。

〔註 101〕 1995 年依據《野生動物保育法》，於望安島西側及南側沙灘成立望安島綠蠵龜產卵棲地保護區。該保護區為臺灣少數僅存之綠蠵龜產卵地點，澎湖國家風景區管理處也於望安島上設立觀光保育中心，並與澎湖縣政府於局委託之研究團隊持續在當地推廣保育工作並舉辦相關活動。

　　不過王家祥並非只是批評，由於曾到日本旅遊，在〈野鳥公園〉,〈手下留情，保存荒野〉等文章也引用國外案例來提供借鏡，以位於日本東京品川附近的東京灣野鳥公園為例，說明東京灣野鳥公園的前身是一塊海埔新生地，當初政府計劃在此建立一個大型批發市場，後來海埔地上因積水而漸漸長出水草，形成沼澤，吸引許多野鳥來此棲息與覓食，經由野鳥協會與 6 萬多名民眾的請願，在政府的不斷評估討論後，決定撥出 30 公頃的土地，動工興建野鳥公園。為此，政府少了約 55 億臺幣的土地收入，還負擔公園巨額的建設經費，足見日本政府保護野鳥的決心了。他認為臺灣的彰化縣濱海工業區也有類似的背景環境，這塊海埔地在填土完成後擱置了數年，慢慢形成一處吸引候鳥的荒野，在擁有珍貴的自然資產後，只可惜工業區卻在此時重新發展了，毫不留情的斬斷了生物生存的機會：

> 上天公平地賜與每塊土地珍貴的自然資源。海埔新生地意外地形成野
> 鳥新樂園的故事，日本有，我們也有。日本人加以珍惜，我們卻毫不
> 在意地浪費。它讓我知道居住在臺灣這土地上的人民之不幸。〔註102〕

同樣的情形還發生在宜蘭縣蘭陽河口的沼澤地「利澤」，王家祥認為宜蘭可以模仿日本加賀市曠野「鴨池觀察館」經營模式，冬季野鴨飛來時，正值農閒之際，農民將土地租給政府，形成季節性的野鳥公園，夏季候鳥北飛時，農民收回土地耕作，而加賀市如此兼顧生態與農業的運作方式，竟使觀光人數較前年增加了兩倍。宜蘭人也可以此來經營自己「綠色蘭陽」的理念，不需外人來替他們決定繁榮方法，而且「一處荒野的價值並不亞於一座工業區」。

　　除了向國外借鏡，王家祥也在探究原因，他認為臺灣人民出賣自己賴以為生的環境來換取經濟指數，原因是來自於對自己土地的歷史全然的陌生。土地的嚴重疏離，使得人與土地無法建立起的情感聯繫與互動關係；他說：

> 土地對臺灣人來說，可能只是一種買賣的財貨吧！類似紙幣或有價
> 證券，除此以外，其他都不重要！當然草木蟲魚、飛鳥走獸更無法
> 列入思考的範圍。〔註103〕

他認為臺灣生態破壞根本的原因是「態度問題」，是缺乏「自然文化的涵養」〔註104〕，以人類為中心的自私想法來看待自然。因此當政府解除海禁，開放

〔註102〕王家祥：《自然禱告者》，頁 80。
〔註103〕同註 102，頁 30。
〔註104〕涂幸枝編：《柴山主義》，頁 46。

海岸線讓國人親海、看海，他卻又怕遊客的貿然進入，反而又是一場浩劫。
1992 年他會加入柴山自然公園促進會，也就是擔心柴山開放後，高雄市民大
量湧進這沿海山林，在尚未具備正確知性遊憩觀念，反而帶來的破壞。王家
祥認為保護環境的根本方式是——群眾的再教育，讓他們明白環境的重要
性，更進一步還要引發他們對自然的熱愛與尊重。他在柴山擔任解說員，就
是希望「透過解說教育的學習，建立自然文化中人與自然和諧相處的涵養」。

（三）尋找城鄉間的荒野

在早期的書寫中，荒野需要被保存的理念不斷地被強調著，〈文明荒野〉
一文中，當他走在河口沼澤地時，忍不住感嘆：

> 我們不僅在高山上需要替野生動物設置國家公園。在平地平凡無奇
> 的任何一處沼澤、溼地、樹林皆須思考其存在的價值，隱約中，可
> 以感覺出平地農業區和周圍的荒野地在古老的時代曾存著複雜而互
> 助的關係。正當逐漸明瞭這些關係的生態學家及保育學者奔波忙碌
> 之餘，我寧願文明社會對鄉野的美學及情感因素發揮更大的力量，
> 而情不自禁地說：我們需要荒野。〔註105〕

儘管王家祥認為人們應該嚮往綠色與開闊的空間的，需要花時間去了解
它、親近它，但如上文所述，當海禁解禁，人們想要親近原始的自然風光，
結果造成大量人口消費珍貴的生態資源，對生態的傷害力極大，王家祥發現
當時臺灣親近自然的型態是錯誤，於是他將目標轉向，提出「文明荒野」、「巡
找城鄉的荒野」、「讓荒野重回城市之中」的理念，希望城市周圍的野地能夠
分散荒野的觀光壓力，讓每一個人皆能夠輕易地在野地中行走，而「自然公
園」即是一種借助人力，與人類社會可以緊密結合的荒野，讓文明與荒野共
生，他說：

> 我們常羨慕能到明星級的風景區，森林遊樂區，賞鳥勝地一遊。從
> 未反過來想到，自己家鄉小溪或者田野的鳥群、野生動物、水生昆
> 蟲、魚類，是如何消失的。我們可曾想過，原來，臺灣平地以前到
> 處有豐富的生命停留。〔註106〕

王家祥認為自然之美不一定要到國家公園等處才可尋，他將「荒野」概念引
入城市，認為最好、最美麗的荒野就在你家後院，他認為都市人走到大自然

〔註105〕王家祥：《文明荒野》，頁 81～82。
〔註106〕同註 105，頁 109～110。

是遠比走到百貨公司來的遙遠而困難，都市人的生活習慣是不抬頭、不彎腰，也就忘了注視頭頂、腳下的飛花、落葉之美。

王家祥雖然渴望荒野，卻也不採取棄絕文明，而選擇將在現今的文明結構中調整環境倫理觀，在城市文明與自然荒野的兩端間尋求一個平衡點。如果從海洋書寫的角度，他的「文明荒野」的主張更實際落實在推動「柴山自然公園」的成立。1992 年王家祥以高雄在地人身分所參與的「柴山自然公園促進會」，並於 1993 年出版了《柴山主義》，他在這本書裡中提出了自然公園的理念與夢想，並延續著《自然禱告者》中「在城市邊緣尋找荒野」的核心理念。而高雄柴山得天獨厚，不但親近高雄市區，地質屬隆起珊瑚礁石灰岩，本身就是一座美麗的海岸原生林：

> 我們的腳踩在歲月磨鈍的高位珊瑚礁岩上。
>
> 山紅頭與繡眼畫眉以大量的隱隱現現誘引我們沿途舉起望遠鏡，停下腳步，誘引我們的目光投向春天的次生樹叢，投向永遠沉睡的珊瑚礁岩。岩塊和平地孤寂幾百年，細聽海岸潮聲，細聽風帆鼓脹，如今聆聽深沉悠遠的大船入港。〔註107〕

王家祥致力提倡「文明荒野」、「在城市邊緣中保留荒野」的理念，一方面促使柴山自然公園的成立，讓在都市疲累工作後的人們，可以快步走入自然休憩。而另一方面其實也是對當時臺灣社會所做出的「務實、折衷的思考」。〔註108〕「文明荒野」理念，比起劉克襄後來在《小綠山之歌》時期的主張與徐仁修組織「荒野保護協會」時的理念都來得早，由此更能肯定「文明荒野」理念的意義所在。吳明益認為王家祥將荒野覺證的場域擴大（或者說縮小）成為「文明荒野」，或是「都市荒野」，建立了一套人與自然的互動觀，並評論其「文明荒野」的意義是：

> 當多數人不可能且不願意過簡樸生活時，人要如何在都市文明中與荒野共處？這是王家祥所信奉的自然與學習到的哲學，他日後因此投入高雄柴山公園的實踐，為狹密又高度都市化的臺灣，提供一種從都市本質改善起的方向。……是故王家祥出現的最大意義是，把自然觀察者筆下「遙遠」場景重新拉回都市人可及之處的「城市荒野」。〔註109〕

〔註107〕涂幸枝編：《柴山主義》，頁 135。
〔註108〕陳明柔編：《臺灣的自然書寫——2005 年「自然書寫學術研討會」文集》，頁 416。
〔註109〕吳明益：《臺灣現代自然書寫的探索》，頁 281～282。

若從海洋文學的角度來看，他所提出的理念對於海洋書寫有了新的轉變及延伸，並且極具親和力，即使是一般民眾也可以扮演海洋生態觀察者，無形中對於自然保育觀念的推廣與實踐有初步的成效。

王家祥與其他國內自然寫作作家承繼了李奧波土地倫理、土地美學的理念，希望人類脫離宰制自然的行列，重新建立彼此的關係，但立論與其他作家仍有些不同。例如過去劉克襄會前往海邊踏查賞鳥，是把海洋視為逃離人世紛爭的出口，但對王家祥而言，濱海荒地不是逃離的出口，反而是一處宗教修行場域，例如在〈漂鳥與蟬聲〉中，他看到候鳥每年集體遷移，即使危機重重，即使可能中途體力不濟，也要用生命來完成這項嚴肅挑戰的毅力，又聽見群蟬鳴叫，在有限的生存時間內必須努力炫耀整個夏季，完成生命的替換與接續，荒野乎也在傳遞生死解脫之道：

> 了解候鳥群遷移的艱辛危險但仍勇往直前的意義，夏季的成蟬死亡與生命延續的宿命故事，那麼人世間一切小痛反觀便不成痛了。真正的大痛在於人類捨棄自然的慘酷經驗。〔註110〕

荒野中隨時有可拾取的智慧，他更直言明白表示：「自然觀察者在山野沼地以苦行僧的宗教精神來親近自然，接近一草一木，了解萬物間運作關系，並且時時思考。」〔註111〕這類充滿宗教性的論點，到了《自然禱告者》更加明顯，他將荒野的功能漸漸導向「靈性感悟」，藉此能得到神祕的力量，可以認識自我，可以追尋生命最純淨的源頭，還能得到不息的生命力。

從這能發現王家祥雖與其他作家一樣以「生態中心理論」一視平等看待萬物，但是當他把自然生物當作「兄弟姊妹」，把海邊自然荒地當作「宗教場域」，可以發現他不只是知性的生態理論的認識、理解，他更有感性的觀點，用「心靈」去感知、面對自然。

這是王家祥對環境倫理的獨特看法，但過度強調未知、形而上、抽象的感知、體悟，有時候反而使得他的作品在立論上稍嫌不足。例如他發現微物之美，認為自然之美不需要向外到國家公園、風景地區尋求，強調「荒野也可以只是公寓後院被遺忘的小水溝，不必要大如曠原」，這樣的立論固然是創舉，但他立論的條件是「源自人類內心深處原始的感覺，或者渴望原始的欲望」，也就是只要心中渴望荒野，似乎到哪皆可稱為荒野。

〔註110〕王家祥：《文明荒野》，頁50。
〔註111〕同註110，頁49。

這樣的「唯心」論調，讓筆者忍不住想到海洋詩人朱學恕曾說道：「具有內在海洋的高超境界，或由海洋書籍圖片中，靈光一閃，道出大海洋的玄機和真理，卻可稱為純海洋的文學。」〔註112〕如此論述雖非錯誤，但終究缺乏有力的理論邏輯。也因此像吳明益就質疑將最後的覺知繫於無可名狀的「神」，或者以「神」、「道」等宗教性靈感知為守護荒野的管道，是否真的比李奧波繫於可驗證的生態理論來得有效、有說服力？〔註113〕

第四節　小結

劉克襄從海上賞鳥開始，從愛鳥、賞鳥、關心海岸乃至於鳥類生存棲地的周遭環境，他的海岸生態書寫偏重生態知識，透過鳥類觀察，詳細記載工業文明為海岸環境帶來的嚴重破壞。他不但憂心海岸生態危機，對於臺灣人對生態的漠視與知識不足也感到憂慮。這樣的劉克襄已將關懷層面從鳥類個體擴展至整體環境。他甚至將生態環境與現實社會放在同地位，認為從現實社會，例如政府政策制定、教育人民等方式來改善當前環境問題。透過適當的管理，將可使生態維持平衡。雖然有時創作中過於強調知性的重要，過度的憂心與呼籲，破壞了他的書寫的文學性，不過在環保意識還在啟蒙初期的80年代，海禁解除後海岸線逐漸受到工業開發的迫害，他的憂心與批判，無疑是當頭棒喝。

相較於劉克襄的知性論述，王家祥的海岸生態書寫則是充滿感性。一開始他似乎依循劉克襄步伐，駐足於河口、海濱間賞鳥、愛鳥，並且透過優美的文字、修辭，寫下臺灣沿海充滿生命力的荒野景象。對於臺灣海岸的破壞，他也感到憂心，同樣也藉由文字批判，呈現他的不滿與憤怒。不過因為受到李奧波的土地倫理的影響，使得他生態書寫充滿靈性與哲思，原本海風肆虐的荒野，在他眼中卻是盎然無限，甚至成了他修行的道場，在字裡行間，處處可見他的「宗教」情操。也因為如此，他重新體悟「荒野」為核心的倫理思維，認為大自然不須向外尋求，只要有心，在城市荒野、溝渠也能體驗大自然的美好。之後他在高雄柴山這濱海小山丘上實踐他的理想，自此他以一個實踐者而非純粹書寫者的角色，透過個人實地、專業的觀察、寫作，乃至

〔註112〕朱學恕：〈論海洋文學與海洋詩〉，《大海洋》第31期（1988年9月），頁11～23。
〔註113〕吳明益：《臺灣自然書寫的作家論》，頁319。

於環保運動的推行，爲生存的土地賦予深層的意義，並對「文明」與「荒野」間的對立情狀進行了不同角度的思考。

他們的海岸生態寫作是源自於 80 年代土意識高漲、環保啓蒙後所興起的自然寫作，本土意識所注意表現的是要以定居在臺灣這塊土地上的人民生活爲中心，也就是一種對土地認同對人民關心的書寫，而自然寫作更是跳出人類中心主義，以腳下的土地、生態環境爲書寫主題。如果從研究海洋文學的角度，這樣的轉變其意義更爲重大，因爲海洋文學從 50 年代海軍文學開始，常被研究者詬病的，就是海洋只是書寫的客體，淪爲故事的背景，海洋的凶險多變，不是作家所在意，作家所著重的是前線官兵的如何透過堅強的戰鬥意識克服萬難，征服海洋凶險。

即使 50 年代後，歷經 60、70 年代，乃至於 70 年代後《大海洋》成立，臺灣文壇出現爲數豐富的「海洋詩」，這些詩或詠物、或寫景，大量以海洋爲敘述對象，甚至表達情意，訴說愛慕，但這只是一種寄情於大海的表達模式。即使像朱學恕、汪啓疆等海洋詩人，在詩中如何表達對海的愛戀與嚮往，但其實詩中眞實指涉是遙想故園家鄉，或是家中妻兒；他們筆下的海洋看似波濤洶湧、煙波浩渺，但眞實指涉仍是詩人當下內心的熱情與孤獨。在這不是否定他們的海洋詩，也不是懷疑他們對海洋的情感忠貞，筆者要說明的是海洋在他們詩作中仍是主客有別。

反觀這時候的生態書寫，他們確實將海洋、大自然爲敘述主角，儘管中仍流露出創作者傷春悲秋，徬徨孤獨的個人情感，但是他們的快樂與憂傷，多半與大自然有關，他們開心是因爲看到海岸荒原生機無限，他們的憤怒流淚，則是大海母土正遭到挖土機與大卡車一車車的輾過。

然而不能否認，不論是劉克襄還是王家祥，都只是停留在岸邊駐足，並未眞的的走入大海，他們所關心的也因爲腳步有限，只能關心海岸周遭的環頸鴴、濱鷸、朴樹、小葉灰藋等等，尚未眞的深入大海，與鯨豚共游，但他們的視野卻讓海洋文學呈現不同的景致。儘管後來解嚴後，海禁解除，劉克襄與王家祥並未因此再把視野更深入航向大海，反而是轉向臺灣自然史、人文史研究、踏查，但是他們在 80 年代海岸觀察經驗，以及後來在自然史的爬梳，讓他們在 90 年代分別創作了《風鳥皮諾查》、《座頭鯨赫連麼麼》、《倒風內海》、《山與海》、《海中鬼影：鰓人》等一部部海洋意象濃厚的小說。而另一方面，他們在 80 年代的書寫成績，也爲 90 年代的廖鴻基的鯨豚寫作，起了承先啓後的效果。

第九章　90年代後海洋文學的開展

第一節　海洋文學開展的溫床

一、90年代海洋意識抬頭

　　1987年解嚴以前，海岸風聲鶴唳，海洋及海岸治安等相關問題，由行政院財政部關稅總局所擔任緝私工作外，其餘海上護漁、建設，反偷渡，反走私等任務皆由海軍海上巡邏大隊及前警備總部海防部隊配合軍、憲、警單位共同負責。〔註1〕於是海洋如同戰場一般，海岸對當時政府而言猶如邊疆，邊防部隊人員派遣常是下放、降職，因此海防部隊人員素質不一，各單位經常各自為政，加上戒嚴時期戒嚴法及動員戡亂時期臨時條款賦予軍方與警備總部相當大的權力，可任意羅織罪名將人民移送法辦，一般民眾除非必要，也未必想親近海岸。

　　解嚴之後，海禁雖解除，海洋卻如同在戒嚴狀態下，仍受到嚴格的管制。不過政策的鬆綁，也使得一般民眾開始不再如同過去視海洋為畏途。於是人民接近海灘、親近海洋的舉動不再如過去遭到嚴格限制，因此海水浴場遊客逐漸增加，海邊人潮逐漸顯現。許多論者都曾提及1990年代「海洋文學」一詞的興起與當時的政治、社會環境有著密切的關係。由於本土意識的抬頭及政治人物的炒作，「海洋」一詞，彷彿如同80年代的「臺灣」一詞，已然從自然地理名詞，被轉化成政治語詞。

〔註1〕許綿延：〈如何整合及協調水上警察、海關、國軍等單位，以強化我國海域執法機制與力量，人與地〉，《海軍學術月刊》第176期（1998年8月），頁9。

　　重新瀏覽 90 年代前後臺灣政治、經濟、社會、文化的狀況，都可能是改變社會氣氛的關鍵，1979 年，美麗島事件使黨外政治勢力後退，但事件本身與隨後發生的林宅血案、陳文成命案、江南案……等，使臺灣政治風向球逐漸轉向為同情黨外勢力；同時，由於經濟已趨成熟，人民享受富裕生活的同時，也開始對於各種現狀產生不滿，使 80 年代的臺灣社會氛圍，再再地挑戰一黨專政的國民黨威權。1984 年原住民權利促進會成立；1986 年反杜邦運動引發一連串的環保運動；顯見當時民間力量對於國家機器已有一定的批判與制衡。1987 年解嚴、解除黨禁、開放赴中國大陸探親；同年，鄒族原住民湯英伸事件以及之前對於吳鳳歷史的定位問題，終於引發社會對於原住民現況及族群權力分配的關注；1988 年蔣經國逝世，李登輝時代的來臨也代表新一波本土勢力的興起，該年包括消基會、環保聯盟、工黨等勞工團體、原住民、客家族群，各式社會團體紛紛以走上街頭來表達訴求；同年報禁解除，報業進入戰國時期，各家報社無不卯足全力企圖在市場佔有一席之地，連帶引發對各事件的詮釋論爭；1989 年島內鄭南榕自焚事件、對岸中國大陸爆發六四天安門事件，成為兩岸政治新的轉折；1990 年國民黨二月政爭以及隨之而來的學運、反軍人干政……，可以說自美麗島事件對臺灣社會投下震撼彈後，接續衍發的政治反對運動與各式社會運動，影響著 80 年代的社會氛圍，形成一股有利於多元文化、本土意識成形的環境。尤其是本土意識的覺醒，本土化訴求也伴隨著蓬勃發展的民主化的社會趨勢。本土化的意義是對於國民黨執政的正當性提出挑戰，逐漸鬆動以中國為中心的價值基礎。

　　除了政治、社會運動，西方理論的引進，後現代與後殖民主義先後在這樣的氛圍裡，以其特質影響著當時臺灣的文化內涵。藉由後現代主義其解構、去中心的思維，對於政府長期建立中國中心的文化價值進行拆解，並且渴求展現多元文化的可能。至於後殖民主義強調的抵殖民意涵，則幫助臺灣重新建構國家和族群的身份認同，進而尋求與建立臺灣的主體性。換言之，後現代與後殖民主義為因應當下時空環境的需求，以並置、角力與混雜之形態交相影響著當時的臺灣社會。〔註2〕這波熱潮不僅帶動 80 年代文化思潮氛圍的轉變，在進入 90 年代後更是持續發揮影響，亟欲顛覆過去戒嚴時代的中心論述，形成多元文化與臺灣主體的展現。

〔註2〕劉亮雅：〈後現代與後殖民──論解嚴以來的臺灣小說〉，收入陳建忠：《臺灣小說史論》（臺北：麥田，2007 年），頁 326。

　　解嚴後本土化運動的呼聲日漸高漲，90年代後期的臺灣，關於國家定位議題上更出現了「臺灣結」與「中國結」極端二元的對立，而本土政治人物更提出「臺灣是一個海洋國家」的主張，重新喚醒臺灣過去的記憶、歷史。在1996年臺灣第一屆總統民選的競選過程中，由於代表國民黨的李登輝與代表民進黨的彭明敏〔註3〕都是本省籍，使得一直以「本土」為旗幟的民進黨尋求一個與國民黨區隔的象徵，當時民進黨突發奇想的將臺灣本島之圖像做一改變，不僅從原本的直立形式改成橫放之姿，並且以鯨魚形象替代臺灣本島的圖形，進而衍生臺灣與海洋意象的雙重展現。如此的構想與詮釋，喚起臺灣民眾對於身為海島子民之自覺，並且在雙重意象的暗示下，思考著「海洋立國」的可能性。

　　雖然當年3月23日投票結果仍由國民黨持續執政，但海洋的政治論述卻於焉產生。2003年謝長廷競選高雄市長時，也企圖把高雄市塑造成「海洋首都」，凸顯出高雄海港的地位，也強化民進黨本土的屬性；甚至2004年陳水扁競選連任時，刻意凸顯「海洋臺灣」、「海洋國家」的意涵，「海洋」彷彿在被人遺忘許久之後，重新再度被重視。

　　其實不只是選舉期間，「海洋」如同「臺灣」一樣變成口號，在本土化的過程被強烈、過度地「消費」，實際上當2000年政權更迭，民進黨陳水扁總統執政時，為了響應全球所共同關心的海洋永續議題，也為了合理化其政權的本土化，清楚區隔舊政府的大陸政治思維，民進黨執政後強化海洋對臺灣的價值。2001年由行政院研考會發表《海洋白皮書》，該書的內容「依循海洋保護永續經營管理、推動海洋教育、以及建立朝向與海洋結合的多元文化等三個面向來研訂」，宣示公部門對於海洋的新思維、新態度。2003年陳水扁總統宣誓「海洋事務部」，並於2004年成立「海洋事務推動委員會」（簡稱「海推會」）以為海洋事務的中央統籌協調機構並發表《海洋政策白皮書》。〔註4〕同年12月舉辦「海洋事務研討會」，可視為海推會的工作成果報告。當時行

〔註3〕當年另有兩位獨立候選人：林洋港與陳履安。四人得票率分別為：李（54%），彭（21%），林（15%）、陳（10%）。

〔註4〕該書是為《海洋白皮書》更新、擴充的第二版。又，最初，成立「海洋事務部」與「海洋事務委員會」的呼聲此起彼落，後來行政院為配合組織改造，先行於2004年成立「海洋事務推動委員會」，以推動、籌備成立部會前的前置作業。但2008年政黨再度輪替後，海推會修正為「行政院海洋事務推動小組」變更為任務編組的性質，而沒有正式的組織編制。詳見該小組網站，上網日期：2016.03.09，網址：http：//www.cmaa.nat.gov.tw/。

政院院長游錫堃受邀演講中，多次肯定臺灣受到世界海洋文化與貿易的影響，強調此次研討會中以「『海洋立國，臺灣出航』的意義」，爲喚起國人對海洋之尊重，進而認識海洋、發展海洋與永續利用海洋」，〔註5〕更宣示了 2005 年是爲「臺灣海洋年」。

之後教育部則先成立海洋教育的前導型計畫，並繼而於 2007 年公佈《海洋教育政策白皮書》，曾臚列三點：傳承陸地思維文化的影響、長期施政以陸看海及嚴格管制海域活動、國人未積極參與海洋社會，〔註6〕直指國人過去對於海洋的相關認知仍普遍不足。並將三所海洋專科學校先後升格爲大學〔註7〕，也成立海洋文化研究所、海洋文化研討會等，這些都是當年例行盛事〔註8〕……，顯見「海洋」議題並逐漸在臺灣各個領域持續發酵。誠如楊政源的觀察，由於本土化政策與民進黨崛起過程裡的發展策略，海洋由一個地理空間變成一個政治圖騰，進而形成一種文化符碼：

> 以本土區隔外來，以海洋區隔大陸。短短數年間，海洋似乎成爲一項顯學——許多學科前都得冠上海洋爲前提：海洋生態學、海洋經濟學、海洋氣象學、海洋運輸學、海洋戰爭學……乃至海洋文學……
> 〔註9〕

從這不難發現，政府這一連串對海洋事務的推動，在部門分工及政策規劃上，不再只是以經貿利益、軍事海權上的考量，並開始加入世界性全球化觀點以及文化、教育之理念。

〔註5〕海推會：《2004 年海洋事務研討會實錄》（臺北：行政院海洋事務推動委員會，2004 年 12 月），頁 2。

〔註6〕教育部：《海洋教育政策白皮書》（臺北：教育部，2007 年），頁 25～27。

〔註7〕我國現有海事大專院校四所：省立海事專科學校於 1953 年成立，1964 年升格爲省立海洋學院，1989 年升格爲臺灣海洋大學；省立高雄海事專科學校於 1967 年改制，1997 年升格爲技術學院，2004 年再升格爲高雄海洋科技大學；第三所以海洋爲名的學校是私立中國海事專科學校，成立於 1966 年，2007 年升格臺北海洋技術學院。另有澎湖科技大學，最早爲高雄海專澎湖分部，於 2000 年升格爲澎湖技術學院前，名爲澎湖海事管理專科學校，但升格後校名不再保留與海洋相關的名稱。

〔註8〕2004 年起高雄海洋科技大學，以人文、文化爲主軸，每年舉辦「國際海洋文化研討會」；次（2005）年，臺灣海洋大學同樣以「海洋文化」爲主軸，一年辦理一次國際學術研討會。

〔註9〕楊政源：《海洋文學在臺灣文學場域的興起——以夏曼‧藍波安與廖鴻基爲觀察核心》（嘉義：中正大學中國文學研究所博士論文，2012 年），頁 58。

　　除了國家政策、教育的轉變，受到世界性觀光產業的影響，海洋的觀光事業也在解嚴後受到重視，認爲提供民眾親近海洋的途徑可以用觀光方式來進行，適時的給予人民親近海洋的機會與教育。於是，地方政府、民間單位也積極辦理有關海洋（文藝）的活動，如1995年開始，屏東縣政府在墾丁辦理的「春天吶喊」墾丁音樂季；臺北縣（今新北市）政府在2000年開始每年在貢寮辦理的國際海洋音樂祭；金門縣政府辦理夏艷金門海洋風系列活動等；另外像是2000年成立的黑潮基金會，也致力於推廣賞鯨、解說活動。儘管這些活動大多傾向於觀光性質，而且一時間也如論者所言，過往的「大陸習性」難改，對海洋智識樂趣不高，使得民眾參與多元海洋活動，卻無法對「海洋文化」眞正有所體會甚至是認同，但不可否認，隨著時間推演，這些活動的長期舉辦，卻也炒熱這股氣氛，讓民眾開始逐漸增加親海、樂海的機會，從過往的背海文化逐漸轉向面海。而這一股氛圍，也成爲海洋文學重新被重視的溫床。

二、海洋文學浪潮

（一）大浪前的小波瀾

　　進入90年代後，隨著王拓出版了《牛肚港的故事》後專心從政，呂則之出版了《憨神的秋天》後停筆，東年轉往城市、心靈、佛學等題材的小說創作，彷彿整個海洋書寫似乎銷聲匿跡。其實不然，還有其他作家默默耕耘海洋文學創作，例如大海洋詩社同仁，汪啓疆也在1990年代一口氣推出《海洋姓氏》、《海上的狩獵季節》、《藍色水手》、《到海上去呀，孩子》等四本詩集，林仙龍則有《濤聲試問》、《夢的刻度》兩本詩集，新一代海軍詩人蔡富澧也有《與海爭奪一場夢》等詩集。

　　除了個人詩選，1994年大海洋詩社更二度編輯出版《中國海洋詩選》。不同於1985年版本，在這本逾五百頁的大部頭書裡，除了少了古典詩的部份，則保留大海洋詩社成員的自選集，另外再加上「臺灣海洋詩選」與「大陸海洋詩選」、「香港海洋詩選」、「美僑海洋詩選」、「海洋童話詩選」及附錄「世界海洋詩中譯詩選」等部分，使得海洋文學（詩）的版圖更爲完整。根據楊正源的觀察，這次雖然由「中國海洋詩選編委員會」掛名，實由朱學恕一人主導，〔註10〕內容較1985年版擴大了許多，卻也漏失許多，例如余光中的詩

〔註10〕楊政源：《海洋文學在臺灣文學場域的興起──以夏曼・藍波安與廖鴻基爲觀察核心》，頁102。

竟一首未收，其他如鄭愁予、楊牧、陳黎……等人的詩作同樣都被遺漏。當然，這並未損朱學恕與該書在臺灣海洋文學史上的地位。果然，2002 年，朱學恕再結合兩岸詩人，推出第三版本的海洋詩選：《中國海洋文學大系：二十世紀海洋詩精品賞析選集》。這一次選集收入了廿世紀兩岸三地共 132 位詩人作品，更難得的是除詩作外，還有作者的照片、簡介及詩作賞析，確實為後人打開了研讀海洋文學（詩）的方便門。只可惜，這幾部選集雖為海洋詩提供相當可貴的資料庫，但如同大海洋詩社一般，在當時並未受到重視，知名度上反而未如汪啟疆所出版的詩集。

除了海洋詩的選集，另外其他作家雖不是有意識以海洋為主題從事創作，但因為本土化的抬頭，海禁的解放，使得創作中不乏作品都涉及到海洋書寫，例如東年在這時出版的《初旅》、《再會福爾摩沙》兩部長篇小說。《初旅》是少年成長小說，透過兒童觀點呈現臺灣當時重要史實，並以基隆海港環境強調海防史實。《再會福爾摩沙》更將時間推向 17 世紀的福爾摩沙，通過荷蘭傳教士與國內修女通信，重新演繹鄭成功如何與荷蘭人爭奪臺灣的殖民歷史，是沾點幾分海水味的歷史小說。

至於自然寫作方面，關於海洋環境的書寫作品也更勝 80 年代，有劉克襄《自然旅情》、《山黃麻家書》，王家祥《自然禱告者》、《四季的聲音》，吳永華《群鳥飛躍在蘭陽》、《守著蘭陽守著鳥》、《蘭陽海岸之歌：蘇花古道與河口濕地的深情記事》，及沈振中《老鷹的故事》、《鷹兒要回家》、《老鷹觀想錄》等。值得注意，劉克襄與王家祥的自然寫作到了 90 年代有了大幅度轉向，他們在涉獵自然、動物之餘，也將觸角衍生到地方上自然、人文歷史，尤其是早期外國人留下的自然志與史料深深著迷。劉克襄譯介編撰《後山探險——十九世紀外國人在臺灣東海岸的旅行》、《深入陌生地——外國旅行者所見的臺灣》、《福爾摩沙大旅行》等書，不但強烈表現出與歷史縱深聯結的企圖，並在此基礎延伸出他個人的行旅紀錄《臺灣舊路探查記》、《偷窺自然：新戶外生活自然》、《快樂綠背包》等書。這些作品中不乏臺灣海岸的踏查，以及行旅漁港小鎮，他帶著人文關懷與歷史視野進行探查，也積極倡議生態、知性旅行。除此之外，他還在過往海岸觀察的基礎上，也創作出與海洋相關的動物小說《風鳥皮諾查》、《座頭鯨赫連麼麼》。

同樣的創作軌跡也出現在王家祥身上，他更直接轉入創作歷史小說，從自然觀察轉向臺灣歷史探索，並結合了自然知識、原住民神話傳說、族群議

題與歷史想像，他的小說《山與海》、《倒風內海》、《海中鬼影：鱟人》等，都是過往海岸、河口沼澤進行田野調查，累積豐富自然資料與歷史文獻所創作而來。從東年、劉克襄，還是王家祥的作品可以發現，他們的作品雖不是有意識的書寫海洋，但不論是書寫自然還是書寫歷史，確實是有意識的書寫臺灣，而正好也符合解嚴之後本土意識抬頭的文學風潮，而他們的海洋書寫，更說明了臺灣離不開海洋的特殊環境。誠如陳芳明在〈重建海洋文化的信心〉一文中說：

> 臺灣，是一個海島國家。在整個歷史的前進道路上，臺灣先人一向
> 就是一方面建立自主的本土文化，一方面敞開心胸接受外來文化。
> 正因為本土文化裏消化並揉雜了外來文化，所以今日才會有如此繁
> 茂、豐饒的臺灣文化遺產。我們現在要做的，也就是拋棄國民黨攜
> 來鎖國的、落伍的心態，像浩瀚的大海敞開我們的胸懷，從而建立
> 海洋文化的信心，並重新締造一個沒有畏懼的文化傳統。〔註11〕

除了上述作品，葉連鵬認為 90 年代後期大量出版的航海文學，也讓臺灣海洋文學大量的成長茁壯：

> 受到推動海洋文化的影響，海洋文學突然熱門起來，成為 1990 年代
> 眾多文類當中相當具代表性的一類。航海旅行文學、海洋幻想文學
> 等海洋文學次文類也都在這個年代產生，使得臺灣海洋文學的五大
> 次文類各自成長茁壯，海洋文學相關作品與 1980 年代比較起來整整
> 成長一倍，由此可見 1990 年代海洋文學的發展多麼驚人。〔註12〕

其中被葉連鵬歸納為「航海旅行文學」的作品，有丘彥明《民主女神號航海日記》、梁琴霞《航海日記》、曾玲《一個臺灣女孩的航海日記》三位女性作家及稍晚新世紀初的阿彬《船上的 365 天》、劉寧生《海洋之子劉寧生》兩位男性，都不約而同地出版他們的航海日記。這一類作品作品無疑都是道地的海洋文學，作品的產生也說明了臺灣解除海禁後，個人航海經驗的躍進與突破。

不過，細究這些作品，筆者認為這些作品偏向個人的「旅行」文學，而且多著重於國外海洋風光、異國情調，反觀「臺灣海洋」的特殊性就顯得淡薄，相較於東年的《失蹤的太平洋三號》，廖鴻基的《漂島———一段遠航記述》、

〔註11〕陳芳明：《臺灣人的歷史與意識》（臺北：敦理出版社，1988 年 8 月），頁 14。
〔註12〕葉連鵬：《臺灣當代海洋文學之研究》（桃園：中央大學中國文學研究所博士論文，2006 年），頁 21。

《領土出航》等作品，雖同樣也是以遠航為書寫內容，但作品更著重於臺灣漁民、船工在海外的情形，更能普遍反映當時的臺灣海洋文化。另外，這些航海文學，大都只是一時的創作，除了曾玲外，其他作者就未曾再有相關的文學創作，〔註13〕因此其為當時文壇所掀起的「海洋文學」波瀾，也遠不如一直有持續創作，累積大量作品的的廖鴻基與夏曼‧藍波安。

（二）大浪起時

如果沒有廖鴻基與夏曼‧藍波安這兩位海洋文學的明星作家，「海洋文學」這一文類能在 90 年代逐漸重新獲得重視並且獨立成形〔註14〕，恐怕還要畫上問號。廖鴻基的第一本海洋文學作品《討海人》出版於 1996 年，但是其中〈丁挽〉早在 1993 年就獲得《中國時報》散文評審獎，評審之一的莊信正雖未以「海洋文學」名之，但卻提到：

> 這篇散文最扎眼的弱點可能也就在於它讓讀者乍看就聯想到《莫比‧迪克》（Moby Dick，或譯《白鯨》）和《老人與海》（The Old Man and the Sea），甚至懷疑是受了這兩本小說名著的直接影響；它的題目也可以跟海明威的書同名。〔註15〕

類似的評語也出現在 1995 年獲得《中國時報》散文評審獎的〈鐵魚〉上，評審之一的蔣勳說到：

> 海湧伯與鐵魚，使人想到《老人與海》，甚至使人想到《白鯨記》，對頑強生存的悲劇性尊嚴，〈鐵魚〉已經觸碰到了邊緣，但是，結尾的部分，由於轉向於對雌雄鐵魚依戀的描寫，似乎反而鬆散掉了原來經營的強度與悲劇意識。〔註16〕

同樣仍未以「海洋文學」名之，但兩位評審都提起國外的海洋文學名著，都讓人覺得兩位評審已經暗示將廖鴻基作品歸類為海洋文學的可能性。到了

〔註13〕曾玲的海洋著作還有《小迷糊闖海關》（臺北：大田出版社，1998 年 8 月）；《乘瘋破浪》（臺北：大田出版社，2000 年 12 月）。

〔註14〕廖鴻基的第一本海洋文學作品《討海人》出版於 1996 年，但《討海人》內最早的作品〈鬼頭刀〉可溯自到 1991 年。夏曼‧藍波安最早的作品則是《八代灣的神話》（晨星版）則是 1992 年出版，所以兩人海洋文學應該都可說是從 1990 年代初起步。

〔註15〕莊信正：〈好的起腳點〉，收入廖鴻基：《討海人》（臺中：晨星出版，1996 年 6 月），頁 244。

〔註16〕蔣勳：〈鏗鏘擊撞的「鐵魚」〉，收入廖鴻基：《討海人》，頁 242。

1996 年〈三月三樣三〉獲吳濁流文學獎小說正獎時，彭瑞金更以〈翻版的「老人與海」──期待海洋文學〉爲題，撰文〈三月三樣三〉的獲獎評語。其標題與莊信正、蔣勳的聯想無異，但副標題首次以「海洋文學」稱呼廖鴻基的作品，並在文中直接認定廖鴻基是朝著海洋文學與漁民小說前進，開拓臺灣小說新視野。從題目「期待」兩字，可見在彭瑞金的概念中，臺灣海洋文學不是闕如就是貧乏，他認爲：

> 過去雖有過零星的「海洋文學」作品或漁民文學，但也無可否認的，
> 就像有人辯稱我們也有高山文學一樣，都不外是陸地觀魚的海洋文
> 學，在沒有海洋觀點的生活和教育之前，我們很難擁有海洋文學。
> 〔註 17〕

吳濁流文學獎自來即有濃厚的本土色彩，有濃厚臺灣本土意識的彭瑞金如此肯定廖鴻基的作品，自然有其立場。他期待以海洋文學的觀點，去對抗過往國民黨執政的陸封思想，重新提醒臺灣是海洋國家的自覺。儘管彭瑞金的肯定有其立場，對海洋文學的認定也較爲嚴格，但他明確地將廖鴻基創作賦予「海洋文學」地位，並且獨立於其他文類，也讓海洋文學在文壇中開始發酵。

　　事實上，廖鴻基這一系列作品確實受到當時的關注，《討海人》獲得 1996 年《聯合報》讀書人最佳書獎，隔年出版的《鯨生鯨世》不但也獲得 1997 年《聯合報》讀書人最佳書獎，書封摺頁作者介紹，更將他的《討海人》稱爲「臺灣第一部海洋文學作品」〔註 18〕。這顯然是出版社爲了商業行銷，所刻意設下的行銷文字，但顯然廖鴻基此時不但被出版社塑造成「海洋文學」作家，在出版社的認定下，臺灣當時已經開始有了「海洋文學」這一獨立文類。

　　從夏曼‧藍波安的文學之路，也可以看到海洋文學重新受到重視的軌跡。早在 80 年代末期，原住民運動開始時，夏曼‧藍波安就在從事創作，但是他第一本著作《八代灣的神話》中，他既未刻意書寫「海洋題材」，〔註 19〕而出版社也未爲他刻意營造出「海洋之子」的形象，從《八代灣的神話》被出版社歸類爲「臺灣原住民文學書系」，書封摺頁作者介紹中，「對於雅美文化，

〔註 17〕彭瑞金：〈翻版的「老人與海」──期待海洋文學〉，收入廖鴻基：《討海人》，頁 237。
〔註 18〕廖鴻基：《鯨生鯨世》（臺中：晨星出版，1997 年 6 月），書封摺頁。
〔註 19〕夏曼‧藍波安：《八代灣的神話》（臺中晨星出版社，1992 年 9 月）。這本書嚴格說，不能算是夏曼‧藍波安個人原創，前半部的神話傳說，大多是他所採集來的達悟族神化傳說，後半部才有個人所書寫的的散文作品。

他自有其獨特的堅持與想法，也是他有別於一般原住民作家之處」〔註 20〕顯然出版社編輯對該書的定位是原住民文學。

而從 1993 年聯合報社所舉辦的「海是地球的第一個名字——海洋文學座談會」中也可以看出端倪。夏曼·藍波安受邀參與座談會中與談人之一，〔註 21〕會中「海洋文學展」也收錄了夏曼·藍波安的作品，之後《聯合報》刊載的「海洋文學展」中，夏曼·藍波安鎖發表的作品〈飛魚季（ARAYO）〉，聯副編輯給夏曼·藍波安的括號身份即是「臺灣原住民」。〔註 22〕即使到了 1997 年，夏曼·藍波安第一本正式文學創作《冷海情深》，關曉榮的序中，也只以「有海洋氣味的作品」稱呼夏曼·藍波安的著作。但就在這一年六月，他參與臺北海洋館主辦的「臺灣海洋環境大會」中的「海洋與文學藝術」座談，大會紀錄整理成書，編輯給夏曼·藍波安的括號身份卻變成「雅美族海洋作家」，有趣的是當年廖鴻基也有參與另一場座談，但身分則是「作家、漁夫」。〔註 23〕

稱號的改變，可以推算最遲到 1997 年，看到不論是文壇還是出版界，對於「海洋文學」已經有了期待性，而夏曼·藍波安也在廖鴻基掀起風潮之後備受關注。1999 年，他的自傳小說《黑色的翅膀》獲得獲吳濁流文學獎與「中央日報年度十大本土好書」的肯定，也使得夏曼·藍波安的作品和海洋幾乎畫上了等號，成了臺灣海洋文學作家的代表地位。

文學獎反映的是文學場域的權力變化，是資本結構的再生產、再分配。當 90 年代之後由於國家對於文藝政策的鬆綁，使得報社乃至其他民間團體逐漸佔取文學獎的發聲位置，這類文學獎多不同於公部門而呈現多元的美學價值觀。同時，臺灣社會由於解嚴後促成文化走向多元價值，促使海洋題材的書寫有機會的再次被重視，或許一開始海洋題材是與政治議題、臺灣歷史結合，或者與環保議題結合以自然書寫面貌呈現，甚至與當時最火熱的原住民

〔註 20〕 同註 19，封面摺頁。

〔註 21〕 參見楊錦郁記錄：〈海是地球的第一個名字〉。該場座談會出席者有黃春明、汪啓疆、東年、夏曼·藍波安和劉克襄等人；列席者則有當時聯副主任瘂弦及陳義芝、蘇偉貞等人。

〔註 22〕 該次「海洋文學展」中，同時展出了數篇西方的海洋詩作與劉克襄的〈北方三小島〉、陳長房的〈大海的故事：西洋篇〉，國內作家唯獨夏曼·藍波安名下有括號來註明身份（臺灣原住民），待遇比照刊出的西方詩人。

〔註 23〕 賈福相編：《人與海：臺灣海洋環境》（臺北：聯經出版事業公司，1998 年 6 月），頁 33～42。

運動結合，成爲原住民文學，……總之當這些作品越來越多，當作品得獎時勢必引發關注，於是這類作品另一特質「海洋特色」也受到大量的討論與接受，最後彷彿一個全新的文類「海洋文學」於焉產生。

　　文學獎的選定，很多時候是端賴審判者的主觀意識、美學價值觀，但是這些評審的看法的確受到當時文學風潮影響，另一方面他們也正在影響著文學風潮。是以廖鴻基與夏曼・藍波安能夠得獎，不但是他們的創作受到肯定，某種程度也可以說作品符合當時文潮風氣，而他們的得獎後，也開始創造、帶動另一股新的風氣。尤其是他們作品，分別獲得吳濁流文學獎，這個國內歷史最悠久的民辦文學獎之一，常被研究者定位在「抵制」官方的文化論述，強調本土文化意識的文學獎；能獲得這獎項不正說明廖鴻基的海洋／漁民文學以及夏曼・藍波安的海洋／原住民文學，正好都趕上了這波 90 年代的多元而又本土的風潮，都是在原本官方籍制的中華文化鬆綁，主流文化論述式微後，所創造新的文化論述，一種屬於本土的、臺灣的「海洋文學」風潮。

（三）大浪過後

　　除了文學獎的加持，市場上的成績也帶動這股風潮。以夏曼・藍波安的著作來看，1997 年 5 月出版的《冷海情深》，到 2010 年已經八刷了，並且在同年重新二版。至於《黑色的翅膀》1999 年 4 月出版，雖然在 2003 年 11 月才有二刷，但 2009 年轉爲聯經出版事業公司重新再出版，顯然其小說仍有市場。而 2002 年才出版的《海浪的記憶》，則是到同年 10 月，三個月內即已三刷。之後 2009 年出版的《老海人》、2012 年推出的《天空的眼睛》兩部小說，雖然銷路不如散文賣座，但《天空的眼睛》也在半年後（2013 年 8 月）進行進行二刷，作者的知名度，也讓最早的神話探集《八代灣的神話》，在 2003 年 12 月有了二刷，甚至到了 2011 年轉到聯經出版事業公司後重新改版。這樣的成績，不但使得夏曼・藍波安成爲海洋文學作家，也顯示了臺灣出版市場開始注重海洋文學這一塊領域。

　　至於廖鴻基，成績就更驚人，他在 90 年代出版的書籍，如《討海人》、《鯨生鯨世》、《漂流監獄》（1998）、《來自深海》（1999），到了 2012、2013 年都有了二版，而到了 21 世紀，除了 2004 年外，他更是幾乎每一年都有一至二本的海洋文學著作出版，一直到 2012 年爲止。而除了個人著作外，海洋文學

選集也透露這方面的趨勢，在 90 年代原本還只有大海洋詩社的《中國海洋詩選》，但是新世紀初的十年，就有由林政華編輯充當上課教材的《臺灣海洋文學》；翌年（2006），謝玉玲等也編輯了《海洋文學讀本》為古典海洋文學的選集，2010 年再出版《臺灣現代海洋文選》則以現代文學為本；而 2011 年郭強生主編《作家與海》等。選本的大量出現，代表的不僅是方家的重視，更間接證明市場的消費需求。

這股海洋文學風潮還有一現象，就是帶動海洋文學獎、文學營的風潮，從中央的教育部（中部辦公室）、臺灣海洋大學，到地方政府如基隆市政府、高雄縣政府，只要與海洋有關的單位、區域，都辦理海洋文學獎。〔註 24〕另外教育部中部辦公室還辦理海洋文學體驗營（分為北、中、南、東四區進行）、黑潮海洋文教基金會辦理海洋文學營……大半都是針對年輕人而設置辦理的活動。儘管地方政府或大學校內舉辦的文學獎，無法像國家，或者是主流媒體如《中國時報》、《聯合報》所主辦的文學獎般盛大而具有影響力，但是多少也吸引年輕作家開始投入海洋文學創作，這些活動都在顯示海洋文學受到注目及重視的程度。另一方面，地方政府舉辦海洋文學獎，除了企圖藉文學獎的辦理來平衡經濟發展時，對於文化、自然、社會……發展上的失衡，同時也可讓各地方政府適時創造出一種屬於「在地」的文化，來與中央、其他縣市有所區隔，而海洋文學獎所彰顯的海洋文化，正有這樣的地方區隔。

海洋文學在 90 年代中被重視，還有許多客觀條件的配合。除了海洋文學作品在此時大量創作、整理，90 年代之後臺灣學界視野也逐漸觸及「海洋文學」，評論擴大這股海洋創作，形成一種加乘效果。有關海洋文學（文化）的研討（座談）會在 90 年代陸續召開，最早就是 1993 年聯合報社即首度召開「海是地球的第一個名字──海洋文學座談會」。這只是文藝人士的座談會，且無持續性，尚未有嚴謹的論述，但畢竟是臺灣海洋文學史上的第一次。1997年有臺北海洋館所主辦的「臺灣海洋環境大會」，會議中則討論漁業環境汙染

〔註 24〕除了基隆市政府將所設置的地方文學獎命名「海洋文學獎」並持續辦理、開放徵件外，其餘的文學獎若非無力賡續，就是封閉性的徵件。高雄縣政府辦理的鳳邑文學獎曾在第三屆以「海洋文學獎」為附標題，但僅止該屆。臺灣海洋大學的海洋文學獎也只在 2008 年辦過第一屆，且是校內徵稿，不對外開放；教育部中部辦公室主辦的「海洋文學獎」徵件對象更窄，僅限於當年度參加海洋文學體驗營的學員（北、中、南、東各 60 名）。

相關問題、海洋生態保育及永續海洋等議題，其中「海洋與文學藝術」、「海洋與現代生活」兩場座談，邀請了許多藝文作家參與。〔註25〕

　　學術研討會則遲至 1998 年在中山大學舉辦的「海洋與文藝國際會議」，這一年適逢「國際海洋年」，以中山大學的地理與學術位置，果然引起學術界的廣泛側目。該會議發表諸多彼時重要海洋文學研究，如陳啓佑〈臺灣海洋詩初探〉、蔡振念〈臺灣現代海洋詩中的意象與情感〉、蕭蕭〈臺灣海洋詩的美學特質〉、楊雅惠〈臺灣現代詩中的海洋書寫〉、李若鶯〈海洋與文學的混聲合唱──現代詩中的海洋意象析論〉等，集中討論了彼時之前臺灣的現代海洋詩。而葉連鵬〈論澎湖文學與海洋的關係〉則是地方文學與海洋的連結、莊宜文〈航向人性的黝深海域──試論東年的海洋小說〉是對海洋小說的討論。其中比較特殊的，有龔顯宗〈從《臺灣外記》看三鄭的海國英雄形象〉是從古典文學著手、李瑞騰〈菲華新詩的海洋意象〉則是對海外華文、焦垣生〈淺談當代中國大陸的海洋文學〉從對岸中國大陸進行爬梳、鹿憶鹿〈臺灣原住民的魚蟹神話傳說故事探討〉對原住民神話傳說的海洋文學研究、林明德〈臺灣漁村的偶戲〉對民間傳統戲劇探討……是二十世紀末對臺灣海洋文學／文化最重要的一次討論。〔註26〕

　　2000 年之後，相關研討會也陸續進行。2002 年臺灣研究基金會接踵其後，策畫辦理「海洋與臺灣學術研討會」結集各方海洋專家，會後由邱文彥主編，出版了《海洋永續經營》、《海洋文化與歷史》、《海洋產業發展》〔註27〕三本論文集，但直涉海洋文學的文章只有廖鴻基發表的〈海洋文學及藝術〉。〔註28〕

　　這幾次的研討會都未能接續辦理，缺乏延續性。能持續長久辦理的學術研討會得等到高雄海洋科技大學、臺灣海洋大學這兩所大學。2004 年起高雄海洋科技大學以人文、文化為主軸，每年舉辦「國際海洋文化研討會」；次年（2005）臺灣海洋大學同樣以「海洋文化」為主軸，一年辦理一次國際學術

〔註25〕 「海洋與文學藝術」座談，由瘂弦主持，引言人有於幼華、夏曼‧藍波安、徐仁修、王慶華、東年。「海洋與現代生活」則由陳義芝主持，引言人有廖鴻基、劉克襄、吳智慶、鄭明進、莊稼。賈福相編：《人與海──臺灣海洋環境》，頁 29～48。

〔註26〕 該研討會後來在發表的 40 篇論文中，經篩選出 31 篇，出版兩冊論文集，上開文章除焦垣生與林明德的文章外，皆收入鍾玲編：《海洋與文藝國際會議論文集》（高雄：中山大學文學院，1999 年 9 月）。

〔註27〕 皆由臺北市胡氏出版社於 2003 年出版。

〔註28〕 廖鴻基：〈海洋文學及藝術〉，收入邱文彥編：《海洋永續經營》，頁 117～138。

研討會，形成南北兩大海洋文化研究聚落。但兩校辦理的也非集中焦點在文學，而是廣泛的文化。例如 2004 年高雄海洋科技大學辦理的「海洋『人文藝術與社會』研討會」分文學、史學、藝術與其他四部，文學僅佔 15 篇論文中的兩篇，一篇是金榮華的〈海洋與海洋文學〉〔註 29〕專題演講；一篇則是楊淑雅〈海洋女神——媽祖的故事〉〔註 30〕。2005 年臺灣海洋大學辦理的「海洋文化國際學術研討會」則是分三組：「海洋歷史與區域研究」、「海洋教育與文學」、「海洋民俗與語文」，26 篇論文中，與文學為主題的也只有六篇。〔註 31〕但至少從此以後，由於海洋文學之名逐漸被廣泛接受，兼以海洋文化漸植臺灣社會，類似的學術研討會也漸次在各單位舉辦。

　　研討會的屢次召開，除說明海洋文學到了 2000 年已經成為學界普遍認可的文類之外，也側面印證了海洋文學創作陸續發展的文學現象。而隨著 90 年代末期，由於廖鴻基與夏曼・藍波安兩位明星級海洋文學作家出現，以及 2000 年後兩人大量書寫，逐漸吸引文評家的投入研究，以廖鴻基與夏曼・藍波安兩位海洋文學明星作家為題的學位論文也在此時接續出現，總計有：伍寒榆《洄瀾海洋・綠鯨島嶼——廖鴻基海洋書寫研究》〔註 32〕、吳志群《廖鴻基海洋書寫研究》〔註 33〕、李珮琪《海洋作為認同的場域——從廖鴻基及夏曼・藍波安作品探究其認同與實踐》〔註 34〕……。

　　除了兩位明星作家的研究，部分論者也開始爬梳過往的臺灣文學，希望從中找尋海洋文學的脈絡。2005 年吳韶純《臺灣現代海洋文學研究》〔註 35〕

〔註 29〕 金榮華：〈海洋與海洋文學〉，收入陳哲聰編：《人文海洋——2004 海洋「人文藝術與社會」研討會會後論文集》（臺北：華立出版社，2005 年），頁 3～7。

〔註 30〕 楊淑雅：〈海洋女神——媽祖的故事〉，同註 29，頁 9～28。

〔註 31〕 分別是陳南宏：〈現實潛伏在深海裏——論廖鴻基討海人形象的現實批判〉、陳芷凡：〈母語與海洋文學意象的辯證——以夏曼・藍波安《黑色的翅膀》為例〉、林仁昱：〈論臺灣現代創作歌曲的海洋情懷〉、吳旻旻：〈臺灣當代散文中的「海／岸」〉、陳室如：〈浪濤與文學的合奏——臺灣現代散文中的海洋書寫〉、葉連鵬：〈臺灣海洋詩壇旗艦——《大海洋詩雜誌》探析〉。

〔註 32〕 伍寒榆：《洄瀾海洋・綠鯨島嶼——廖鴻基海洋書寫研究》（臺南：成功大學臺灣文學研究所碩士論文，2005 年）。

〔註 33〕 吳志群：《廖鴻基海洋書寫研究》（臺北：臺北教育大學臺灣文學研究所碩士論文，2005 年）。

〔註 34〕 李珮琪：《海洋作為認同的場域——從廖鴻基及夏曼・藍波安作品探究其認同與實踐》（花蓮：花蓮師範學院多元文化教育研究所碩士論文，2005 年）。

〔註 35〕 吳韶純：《臺灣現代海洋文學研究》（高雄：高雄師範大學國文教學研究所碩士論文，2005 年）。

是第一本以「海洋文學」爲題的學位論文，之後有王韶君《臺灣海洋文學的發展與文化建構（1975～2004）》〔註 36〕、葉連鵬《臺灣當代海洋文學之研究》、林怡君《戰後臺灣海洋文學研究》〔註 37〕，以及陳清茂的《宋元海洋文學研究》〔註 38〕等明確以「海洋文學」爲題的學位論文。學位論文在 21 世紀後，逐漸出現以「海洋文學」、「海洋書寫」的撰述；相較之前僅寄附在自然寫作、生態文學、旅遊文學……之下，海洋文學能自成一格，成爲學位論文的題目，說明了海洋文學已經成爲學界普遍認可的文類。

第二節 情牽大海的討海人——廖鴻基

漁夫作家廖鴻基，可說是臺灣文壇上少數奇粑，1996 年他以素人作家之姿出版第一本著作《討海人》，卻在 90 年代引發論者、讀者開始重新對海洋文學的關注。之後廖鴻基就不斷以自身豐富的海洋經驗，娓娓訴說著一個個動人的海洋故事，試圖讓更多讀者的視野與關懷的層面從陸地擴充到海洋。而他對海洋的愛戀，也促使他從一個單純的「討海人」，轉變爲海洋生態的保育工作者。

一、廖鴻基的書寫歷程

（一）成長背景

花蓮出生的廖鴻基（1957），從小就跟著阿嬤到海邊撿石頭，那走也走不完的海灘路，成了他成長歷程中不可或缺的場所。

> 四、五歲時，常常在清晨夢裡聽見輪船出航的笛鳴聲。低沉、綿延……如夢裡周旋的號角。也常被阿嬤拉著手，似趕赴一場盛會，在破曉前的暈黯中走到市郊北濱海邊。一群和阿嬤年紀相仿的阿婆在海灘相聚，互道早安後，阿嬤們沿著礫石灘行走。……我甩脫阿嬤的手，面對海洋等待太陽從海面昇起。〔註 39〕

〔註 36〕 王韶君：《臺灣海洋文學的發展與文化建構（1975～2004）》（臺北：臺北教育大學臺灣文學研究所碩士論文，2006 年）。
〔註 37〕 林怡君：《戰後臺灣海洋文學研究》（臺南：成功大學臺灣文學研究所碩士論文，2007 年）。
〔註 38〕 陳清茂：《宋元海洋文學研究》（高雄：中山大學中國文學系研究所博士論文，2009 年）。
〔註 39〕 廖鴻基：《來自深海》（臺中：晨星出版，1999 年 2 月），頁 10～11。

海灘行腳對廖鴻基的生命歷程來說，一直是重要的一部份，他自己也認爲：「海灘成爲陪伴我成長不可或缺的場所。」海灘對他而言，是生活、記憶的原鄉，海灘擁有許多成長回憶，同時也是他精神的依託。

稍長，他與堂兄弟一起「橫渡太平洋（花蓮港）」的舉動，也深深地烙印在腦海中；對此，他驕傲的表示「不知覺中，已經在一次集體冒險行動中和海洋文化牽扯了關係。」童年嬉戲場所、遊戲內容，多是與海洋有著密切的關連，同時也可以認定海洋對於廖鴻基有著相當特殊的意義。就讀花蓮高中時，學校也在海邊，聯考的壓力讓他開始產生了想要擺脫岸上的念頭，他常在上課時，從教室望向窗外遠颺的船隻，想像著船員、漁夫的生活：

> 校園面海這一側是低矮的圍牆，是陸地的邊緣，是黑板的框框，是學生生涯的界線，是聯考的臨界點。雙臂常化成搧風的羽翼從教室窗口起飛，我常常飛翔到海的盡頭。坐在課堂裡，我的心思常隨著出港船隻漂蕩遠去。

> 下課後同學結伴下去港邊看漁船出航，羨慕當一個站立船頭的討海人。年輕的討海人如船頭一尊雕像，海風拂入他的襯衫，他的衣襬瀟灑的飄飄抖抖，年輕的討海人挺挺看向港外，沒有回頭。〔註40〕

海洋就是廖鴻基生活的一個重要場域，海洋的無限與廣闊，讓廖鴻基對海洋產生了遐想，期待能成爲討海人一般，放下陸地一切出海遠去。「只隱約曉得藍藍鹹鹹海洋的種子已流進我血脈裡循環」。從這可以看到年少的廖鴻基是徬徨的，唯有海洋才是內心的依戀所在。

畢業後他曾任業務員、水泥公司總務科庶務股的採購工作〔註41〕，生活經驗豐富。此時，他先「迷上釣魚，那陣癡狂前後維持了五年之久」，並在「工作閒暇跟隨漁船出海作業」，最後，更買艘小筏方便自己出海捕魚釣魚。1988年，在一個偶然的機會裡，他到朋友在印尼投資的養蝦場擔任監工。原本帶點逃離性質的決定，卻讓廖鴻基覺得「離開之後反而是種更靠近的距離」，當時臺灣發生的種種政治事件：五二〇事件、鄭南榕自焚等，都令廖鴻基感到關

〔註40〕廖鴻基：《漂島──一段遠航記述》（新北：印刻文學生活雜誌，2003 年 12 月），頁 42。

〔註41〕伍寒榆：《洄瀾海洋・綠鯨島嶼──廖鴻基海洋書寫研究》，〈附錄一：廖鴻基生平與書寫年表〉。其間廖鴻基也曾擔任民進黨地方黨部的黨工以及玩票性的出海釣漁。

切，讓他想要為臺灣貢獻一份力量，於是又毅然決然地放下印尼的工作，回到花蓮這土生土長的地方。

之後廖鴻基投入社運與政治工作，其中最重要的是與和平水泥工業區的抗議行動以及鳥踏石漁港的文史採集工作，同時加入「臺灣環境保護聯盟」花蓮分會（後來改名「花蓮環境保護聯盟」）〔註42〕，為了花蓮的山水努力，而這也是他社會運動的開端。他擔任當時花蓮縣議員盧博基的助理，從事民進黨花蓮縣黨部的文宣工作。這段期間也開展他的書寫生涯，經常為雜誌社寫稿，奠定他書寫的基礎，加上經常在議員服務處遇見陳列，得以請益書寫相關技巧。

從政期間正好是臺灣政治形式迅速轉變的階段，當一切工作都漸上軌道後，向來不擅言語表達的廖鴻基卻因為人際間的錯綜複雜、文宣工作的「過度包裝」開始萌生了退意。為了逃避政治上的一切，加上對海洋的嚮往，1991年廖鴻基選擇了海洋，決心下海成為一個討海人。從這可以看出廖鴻基對許多事物都採取逃避的態度，其實他自己也這樣說「航行出海，一開始是為了釣魚，順便逃離。」〔註43〕面對海上生活，他有一度是消極掙扎與迷茫不堪：

> 三十歲後曾在沿海漁船上當過好幾年「海腳」，回想這段日子，記得當時心境曾經十分消沉孤寂，甚至是猶豫掙扎；那段時間時常問自己：「何以走到這個地步。」……那年成為「海腳」，部分原因是因為浪漫嚮往大海，主要原由是自我放逐。〔註44〕

此時的廖鴻基可以說是逃避主義者，但也可將其逃避視之為趨向海洋的動力。從此廖鴻基轉而投向海洋尋求自己的理想，以35歲的年紀成為職業討海人。像廖鴻基這樣半路出家，在其他討海人眼中可謂異數，父母更是不諒解〔註45〕，就連漁民朋友們也不看好，但是他將這段海上歲月化為文字，於是《討海人》一書於焉誕生。

〔註42〕廖鴻基：《來自深海》，頁132。

〔註43〕廖鴻基：《腳跡船痕》（新北：印刻出版，2006年4月），頁284。

〔註44〕廖鴻基：《漏網新魚：一波波航向海的寧靜》（臺北：有鹿文化事業，2011年7月），頁14～15。

〔註45〕蔡文婷：〈願做大海的新郎——漁夫作家廖鴻基〉，收入廖鴻基：《漂流監獄》（臺中：晨星出版，1998年4月），頁222。其中寫到廖鴻基的父親曾多次希望廖鴻基放棄討海的工作，他認為如果真的愛海，大可以當船東，或經營海釣事業就好了。在廖鴻基新書發表會上，他的父親甚至以讀者的身分舉手發問：「請問廖鴻基先生，你在出海時，有沒有想過父母？」

（二）著作成績

《討海人》這本書集結了廖鴻基從 1991 至 1996 年間的散文作品。在《討海人》一書中，廖鴻基以素樸的筆調，書寫了他所見所感的海洋：海上的天光雲影、海裡魚群、以及漁民的生活方式，都令他感到新鮮迷戀。海洋一點一滴地向廖鴻基展現不同的面貌，廖鴻基則用筆來敘述討海人的生活，以及漁人和海洋的關係。1997 年出版《鯨生鯨世》一書，這是一鯨豚觀察的自然寫作，字裡行間可窺其對於鯨豚關懷的抒發。1998 及 1999 年，他先後出版了《漂流監獄》、《來自深海》，這兩本作品中，文類及內容方向較爲紛雜，是散文及小說集合的創作。1999 年，首部小說集《尋找一座島嶼》出版，2000 年出版《山海小城》，也是小說創作，特別的是，其中較少書寫海洋事物，多以陸地生活爲主要書寫對象。

許多前行研究者都注意到廖鴻基在前後期作品中風格的轉變。最早是 2001 年方力行在爲廖鴻基所寫的一篇序中說：

> 我還是只喜歡早期作品中的他，而不是後來他的作品……我不需要再去詳細推介這本書的與眾不同了……廖鴻基又將自己放回了「因爲飽滿，所以溢出」的「生命新領域」了！〔註46〕

接著吳明益以「討海人」、「尋鯨人」與「護鯨人」來描寫廖鴻基身分轉變帶來的文學風格轉變。吳明益於文中表示，廖鴻基選擇出海的動機並不是爲了生活餬口，而是出於逃避的意識使然，因此，海洋之於他是一種浪漫情懷的追尋，而詩人敏感體質使得他的文學敘述不只是單純的、專業的漁人寫實。〔註47〕然而，漁人與魚群之間的對立爭鬥卻無法避免血腥事實之窘境，讓廖鴻基轉從「尋鯨人」的身份上尋求出路，但是，這次的跳脫而出卻又讓他再次陷入獵捕者與鯨豚對立的矛盾之中，直到走向「護鯨人」階段才讓廖鴻基的困境安然解除，其浪漫的夢土想像在行動與文學之中得以延續。〔註48〕

吳明益的說法多受到之後研究者所延用，面對如此分期，廖鴻基尊重研究者分類但卻不喜歡被分時期切割，自己面對的海洋的探尋，他認爲是一種

〔註46〕方力行：〈追海的男人〉，收入廖鴻基：《海洋遊俠——臺灣尾的鯨豚》（新北：印刻出版，2001 年 10 月），頁 24～25。
〔註47〕吳明益：《臺灣自然書寫的作家論》（新北：夏日出版，2012 年 1 月），頁 338～339。
〔註48〕同註47，頁 366。

線性的發展，是自然而然且連續的。〔註49〕筆者也認為依照其身份轉變，而將廖鴻基的創作風格做為前後階段分期其實也並不恰當；吳明益的分期大致以廖鴻基的第二部創作，1997 年出版的《鯨生鯨世》為基準，將這與第一部作品《討海人》比較，探討其從一位漁夫作家轉變成業餘鯨豚研究者，但吳明益在分期後，卻也從廖鴻基過往的工作經驗，認為廖鴻基並不是單純的討海人：

> 有趣的是，一九九五年出版了一部屬於洄瀾系列叢書的集體創作——
> ——《環保花蓮》，書中述及花蓮被毀壞的山脈植被，河川生態與種種
> 的污染狀況，是一部近似環保議題報導的著作。這意味著即使一九
> 九五年左右廖鴻基以其「討海人系列」引起文壇重視，但在觀念上，
> 他已不是一個單純的漁人。〔註50〕

《環保花蓮》為「財團法人花蓮洄瀾文教基金會」受文建會一百萬補助而編寫、出版的五本「洄瀾本土叢書」之一。這一套叢書分別為：《自然花蓮》、《歷史花蓮》、《人文花蓮》、《環保花蓮》、《觀光花蓮》。這本書在《討海人》的前一年（1995）出版，雖不算是文學創作，傾向於機關單位的出版品，而從目錄檢視，也並不特別著重海洋環境與鯨豚生態，〔註51〕但是該書即以文字宣導環保議題，可以得知早在《討海人》之前，廖鴻基就已有環保意識，但為何遲至 1997 年出版《鯨生鯨世》才將他環保關懷落實在個人的創作，並

〔註49〕 陳曉萱：《廖鴻基海洋文學研究（1995～2012）》（高雄：高雄師範大學中國文學研究所碩士論文，2013 年），頁 146。

〔註50〕 同註 47，頁 332。

〔註51〕 《環保花蓮》（花蓮：花蓮洄瀾文教基金會，1995 年 5 月）。其目錄分別為：前言／大自然中「人」的位置／花蓮的生態環境／一、被毀容的山脈與植被／1. 奇蹟樣的山脈／2. 臺灣綠色滄桑史／3. 植被——完整的植物社會／4. 防風林／5. 山坡地超限使用／二、被玷污的河川／1. 縱谷大河／2. 有關壽豐溪的一則新聞／3. 陌生的河川／4. 毒餌哪裡去／5. 家庭廢水／6. 工業廢水／7. 石礦業對河川的傷害／8. 趕盡殺絕的電魚及毒魚／三、異色的平原／1. 美麗的城市／2. 環境保護與經濟發展／3. 工業與觀光／4. 能源／5. 空氣污染／6. 逆溫層效應／7. 土壤／8. 垃圾／9. 奇萊鼻垃圾山／10. 噪音／四、枯竭的海洋／1. 花蓮的漁業困境／2. 船舶油料污染／3. 河川砂石與海岸侵蝕／4. 微粒污染／我們能做什麼／環保角力／結語。雖然在內容區分為「山脈」、「河川」、「平原」與「海洋」，但海洋的篇幅僅佔 8 頁、與山脈佔 18 頁、河川佔 16 頁、平原佔 21 頁，明顯比例偏低，即可看出廖鴻基並不特別著重海洋的論述；而對於鯨豚更是毫無著墨，反倒是比較著重在之前曾從事過，對水泥專業區抗議的環境議題，顯見在投入討海工作之前或之初，廖鴻基對於環保的議題其實是比較全面性的。

且著重於鯨豚、海洋生態保護，我們可從廖鴻基的創作軌跡再往前搜尋，從中找到端倪。

其實一開始廖鴻基創作確實並非以海洋爲重心，早在〈鬼頭刀〉之前，廖鴻基除已刊登發表的〈古列泰鞍〉（1990）、〈一粒檳榔〉（1991）、〈我的女兒〉（1991）〔註52〕等寥寥幾篇文章外，可能還有曾經投稿被退的其他作品，可看出彼時他的作品不多且焦點並未集中在海洋的主題。縱使1991年後，廖鴻基申請到漁夫證而隨船出海，1992年正式討海，〔註53〕一直到1996年卸下討海人的工作，他發表一系列如〈鬼頭刀〉、〈丁挽〉、〈海上黃昏〉等關於討海生活的作品，也並非有意識以海洋爲主題。

這時期他並未有太大的企圖，而是一邊出海捕魚，一邊將海上所見所聞化爲文字創作，並陸續在副刊上發表，但自從〈丁挽〉（1993）、〈鐵魚〉（1995）相繼獲「時報文學獎散文類評審」，以及〈三月三樣三〉獲1996年吳濁流小說正獎，使得廖鴻基獲得極高的文學評價，一時風靡臺灣文學界，甚至連出版社老闆也找上門來：

> 這幾年，以海洋文學書寫聞名的廖鴻基，他的第一本著作《討海人》，也因陳銘民的慧眼才得以出版。當年《討海人》在副刊刊登，令陳銘民印象深刻，廖鴻基到臺中演講的機會，陳銘民特地接廖鴻基到出版社，建議他書寫系列性海洋作品，至於現實面的問題，陳銘民聯繫稿費較高《自由時報》，系列刊登廖鴻基海洋作品，以版稅與稿費讓廖鴻基無後顧之憂，將一支筆，交付給晶藍大海。〔註54〕

於是我們看到過往廖鴻基所發表的海洋作品，包含得獎的〈三月三樣三〉、〈鐵魚〉、〈丁挽〉，都被晨星出版社集結成《討海人》於1996年6月出版。

〔註52〕廖鴻基：〈古列泰鞍〉，《民眾日報》第18版，1990年8月27日；〈一粒檳榔〉，《民眾日報》第11版，1991年4月3日；〈我的女兒〉，《中國時報》第31版，1991年7月21日。

〔註53〕伍寒榆：《洄瀾海洋・綠鯨島嶼──廖鴻基海洋書寫研究》，頁112。在此之前，廖鴻基已經與朋友合購膠筏，進行沿岸釣漁、捕漁。據伍寒榆的資料，廖鴻基是1991年取得漁夫證，但到1992年才「出海捕漁，成爲討海人」，兩者間有一小段時間落差，本研究以取得漁夫證的時間爲主。但是廖鴻基本人又常在許多不同場合將自己的下海的時間、資歷往前推進5年到合購膠筏、當業餘「海腳」時。

〔註54〕石德華：〈天未晞，曉星點點：晨星出版社〉，收入封德屏編：《臺灣人文出版社30家》（臺北：文訊雜誌社，2008年），頁490。

　　不過，廖鴻基並未因此停下腳步，從 1995 年 12 月開始，一直到 1996 年 8 月，他繼續將這五年海上討海捕魚心得發表在副刊上，如〈等風〉、〈爐灶〉等，這些作品後來也被晨星出版社收錄在《漂流監獄》一書中，並且於 1998 年 4 月出版。《漂流監獄》一書共分成四卷：海洋故事、海洋爭鬥、海洋雜記及海洋鯨靈。值得注意的是《漂流監獄》雖為廖鴻基的第三本個人文學創作，而劉富士在序中也明白表示：

> 廖鴻基已經許久不曾出海捕魚了，但是，他依然在記憶裡用文字耕耘他的海洋家鄉。一如我們這些居住在岸上的人習於用流暢的文字記錄歷史，廖鴻基也用他通曉的討海人語言來書寫深邃的海洋，書寫討海人的生命史。《漂流監獄》是廖鴻基生命內裡屬於討海人血脈湧動的記憶書寫。〔註 55〕

其實裡頭大多文章都在 1996 年 8 月前就已經發表，若就文章發表順序，其實比他的二本著作《鯨生鯨世》還早。換句話說，這本書可以說是《討海人》的延續，他是接著《討海人》之後繼續創作，因此故事內容大多還 1991 年至 1995 年期間的海上生活與捕魚經驗，而從他在副刊發表的時間（1995 年 12 月到 1996 年 8 月），推算他創作時間應該還只是剛上岸，離討海人身份還不算太遠的日子。

　　然而在《漂流監獄》還未集結成書之前，1996 年 8 月，廖鴻基忽然暫時停下捕魚經驗作品，轉為自然寫作風格，在 1996 年 8 月 22 日於《自由時報》發表〈啟程〉。這樣的轉變與他參與「花蓮沿岸海域鯨類生態研究計畫」有關。

　　尋鯨小組是廖鴻基在討海人之後的第一次轉型，1996 年廖鴻基放下討海工作，並與楊世主、潘進龍船長組成尋鯨小組，與臺大動物系教授周蓮香合作。出航前他們自行南北奔波洽談計畫事宜，甚至自己投注金錢，憑著「瘋勁與傻勁」讓尋鯨計畫得以成行。根據廖鴻基的自述，由於經費短缺，他只好與報社和出版社商量，先支稿費來執行調查，俟調查完成後，再交付稿件。〔註 56〕於是從 1996 年 8 月開始，一直到隔年（1997）2 月，他陸續在《自由時報》發表有關於鯨豚的文學作品，並由晨星出版社集結成冊，於 6 月出版了《鯨生鯨世》，而在書本的最前面，除幾張照片外，有一頁謝辭寫道：「謹

〔註 55〕廖鴻基：《漂流監獄》，頁 9。
〔註 56〕廖鴻基：《鯨生鯨世》，頁 7。

以此書紀念／一九九六／花蓮沿岸海域鯨類生態研究計畫／並感謝／晨星出
版社／自由時報／洄瀾傳播公司／及許多朋友的／贊助與支持」。

　　而廖鴻基之所以從事「花蓮沿岸海域鯨類生態研究計劃」，其動機乃是：

　　　　長年捕魚生涯，看著漁獲量一年年銳減，眼睜睜看著如母體般的海
　　　　洋正在受創、病痛，我們都有深刻的傷痛和矛盾。

　　　　當我們讀到鯨豚參考資料裡寫著：「鯨豚是海洋的最高層消費者，牠
　　　　們是海洋資源的指標。」我和船長都曉得，這時候該是落實執行海
　　　　洋資源保育的時機了。〔註57〕

顯然，廖鴻基轉為投入「尋鯨」工作，是來自於多年捕魚生活後的覺察，因
漁獲量的銳減，導致他對海洋生態的關注，所以他「尋鯨」目的其實最主要
並非是針對保護「鯨豚」這單一物種，而是整個海洋生態環境，只是「鯨豚」
是海洋生態資源的指標。從這一點目的，可以得知他在「尋鯨」的同時，其
實就是在「護鯨」、「護海」，因此在創作風格上勢必與之前書寫漁夫討海工
作有所區隔，他透過實地觀察、記載鯨豚的生活習性，藉由自然寫作方式呈
現。

　　「花蓮沿岸海域鯨類生態研究計劃」一共為期兩個月又十一天，合計三
十個工作航次，一共在花蓮海域調查到七種鯨豚，顯示花蓮海域發現鯨豚機
率相當的高，此項計畫也開啓了民間媒體贊助海上生態調查的先例，「漁津六
號」是一艘9.5噸、船速平均七節、船齡十五年的老舊木殼漁船，承載結合了
學術單位、漁民、文字及影像工作者的尋鯨小組，將理論與實務跨領域的專
業在此結合。

　　在此鯨豚觀察計劃之前，臺灣民眾因甚少接觸海洋，對於鯨豚存在是陌
生的，更別提臺灣海域的鯨豚數量多寡為何。而廖鴻基認為透過尋鯨計劃紀
錄，讓人們不但更接近海洋，更在鯨豚數據紀錄下，感受臺灣海域鯨豚出沒
數量之豐；「藉這次計畫，我們粗簡克難地踏出一小步，卻也是臺灣島嶼解脫
封閉將視野延伸入海的一大步。」〔註 58〕廖鴻基以及尋鯨小組的多趟航行，
對臺灣海洋有著極為重大的意義。這次的研究論文〈臺灣東部中段海域鯨類
海上生態調查〉另以英文發表，並獲國際期刊《Asian Marine Biology》接受錄
用，更彰顯其重要性。

〔註57〕同註56，頁15。
〔註58〕廖鴻基：《鯨生鯨世》，頁10。

　　「尋鯨計畫」對廖鴻基而言有兩個意義，一是出版了《鯨生鯨世》，這本書讓已經受到文壇注視的廖鴻基快速累積文學資本；而另一個意義則是他發現自己的海洋使命，他所參與的臺灣尋鯨小組，進而在次年（1997）推出臺灣第一艘賞鯨船，推廣生態旅遊，並於 1998 年發起成立「黑潮海洋文教基金會」，由廖鴻基單任創會董事長，致力於臺灣海洋環境、生態及文化工作：

　　　　由尋鯨小組發起的「黑潮海洋基金會」，其主要目的在於廣結社會資
　　　　源，恆久持續地從事海洋資源調查及記錄工作。

　　　　將海洋環境保護意識及海洋生態保育觀念推動及落實在我們海域是
　　　　件刻不容緩的工作，基於此，我們籌設基金會，尋找海洋伙伴，一
　　　　起來關心海洋臺灣。〔註59〕

　　「黑潮海洋文教基金會」的成立對廖鴻基的文學創作而言，更重要的是讓他在文學場域找到一個賡續其生命早期理念（海洋、生態、環保）的著力點，所以我們可以在 1999 年期間先後出版的《來自深海》、《尋找一座島嶼》中，看見廖鴻基更加確立了「護海」之心，他在作品中加深對海洋生態的關懷，同時也增加了批評，自此我們可以說廖鴻基已經開始有意識以海洋爲主體從事文學創作。例如《尋找一座島嶼》，就是他於 1998 年得到臺北市文學獎文學年金獎後完成，他當時提出寫作計畫，就認爲「臺灣如果能夠打開門戶，將海洋視爲臺灣領土的延伸，就可能突破受限的視野，使得未來的可能無限寬廣。」〔註60〕

　　而 1999 年 2 月出版的《來自深海》，創作時間大約是 1996～1998 年這三年，這期間正好是他結束漁撈生涯，執行花蓮海域鯨豚調查計畫，進而推動、籌劃成立黑潮海洋文教基金會，因此這部作品仍有《討海人》裡對於漁民生活的敘述，如〈結繩〉、〈方便〉，有《鯨生鯨世》裡關於鯨豚的觀察如〈呼喚〉、〈我家後院有海豚〉。此外由於這時期廖鴻基正好透過黑潮海洋文教基金會推廣賞鯨活動，擔任起海洋解說員工作，因此這部書裡也有說理、批判意味濃厚，充滿環保意識的文章，如〈塑膠海豚塑膠〉、〈我們的海洋朋友〉。從這更可以釐清一點，廖鴻基常會因爲作品中的題材、文學述求不同，而改變了文學風格。

〔註59〕廖鴻基：《來自深海》，頁 248。
〔註60〕廖鴻基：《尋找一座島嶼》（臺中：晨星出版，2005 年 3 月），頁 12。

　　這樣的轉變，在 1998 至 2000 年期間最爲明顯，不但風格轉變，廖鴻基還嘗試以小說體裁從事創作，《尋找一座島嶼》就是首部小說集。其實早在《漂流監獄》以及《來自深海》的書中，廖鴻基就曾以魚類或鯨豚爲第一人稱所呈現的小說，透過擬人化的方式，他將具有人性、人類社會組織的魚化作書中的主角，例如〈漂流監獄〉一文中，敘述阿提、阿晃和阿迫三隻鰹魚在海中和一只籠子相遇，三隻鰹魚對生命的態度及不同價值觀，最後有著不同的際遇。而在〈擱淺〉及〈孩子們〉這些寓言式的故事中，也可清楚看到擬人化的敘述。這樣的呈現手法，都可以看到廖鴻基在創作時，並不安於固定的寫作方式，有時候爲了不同的文學訴求，而改變寫作風格，有時候則帶有實驗、練習的性質。

　　他在《尋找一座島嶼》隔年（2000）出版的《山海小城》，更有嘗試的企圖心，不但突破散文的框架，也企圖突破「海洋」題材：

　　　一九九五年起一連串寫了些以海洋爲主題的文章。有位朋友笑說：
　　　「離開海洋大概就寫不出什麼了吧？」深思朋友這句話，是否果眞
　　　自己的寫作能力被設限在海洋那個框框領域裡？〔註61〕

後來他開始起筆塗寫自己生活周遭大小事，以「小城故事」存檔累積，並在他人的建議下，改以小說形式。從這點看來，雖然距離第一本個人文學創作《討海人》出版，也不過才三年期間，但他卻已經勇於敢嘗試不同形式的文學創作，並且大量發表作品，累積豐富的文學資本。不過這樣的嘗試並不算多，2000 年之後，廖鴻基終究回到海洋，並且每一年隨著「黑潮海洋文教基金會」的計畫，或個人的航海規畫，陸續發表各式題材的海洋文學作品。

　　2000 年，「黑潮海洋文教基金會」得到墾丁國公園委託，執行「墾丁鄰近海域鯨豚類生物調查研究計畫」。廖鴻基將腳步跨出花蓮，書寫以墾丁海域鯨豚爲主的《海洋遊俠——臺灣尾的鯨豚》（2001），本書深入追尋墾丁的歷史記述，部分單元以地方誌的方式描寫墾丁海域的變化，貫串過去與現今有關於恆春的臺灣鯨豚歷史。

　　從 2001 年 12 月初到 2002 年 2 月初，廖鴻基以隨遠洋魷釣船方式執行「臺灣遠洋漁業隨船報導」，他從高雄的前鎮港出發，行經南中國海、穿越麻六甲海峽、跨過赤道、越印度洋、過好望角、橫渡南大西洋……在阿根廷沿海漁場停留了十四天之後……回頭再橫越南大西洋於南非開普敦上岸的這趟旅

〔註61〕廖鴻基：《山海小城》（臺北：望春風文化，2000 年 10 月），頁 8。

程，大約有一萬四千浬。他返航後將六十二天的遠洋航行隨船紀錄，整理出版接近報導文學的《漂島——一段遠航記述》（2003），將其在海上長時間漂流的心情與遠洋漁船作息紀錄出版。誠如賴芳玲的序中所說，《漂島》一書裡，由記述鮮爲人知的遠洋生活，及臺灣遠洋漁船的「拚勢」精神，在法令及政治條件皆不利的狀況下，臺灣的遠洋漁業還能名列全球第六大公海漁業國，擁有的漁業基地遠遠超過政治邦交國的漁業奇蹟，亦是「藍色國土」概念的延伸。〔註62〕

　　2002年，廖鴻基應花蓮縣文化局之邀，創作《花蓮海岸行旅：臺11線》（2002），後更名爲《臺11線藍色太平洋》（2003）由聯合文學出版社重新出版。除了敘述旅人的心情，當中以近似地方導覽的方式，將省道臺十一線的沿途海岸風光詳細描述，並深入記載該範圍人文、歷史、文化。如此地方誌的自然書寫，對應廖鴻基所有的「藍色國土」理念，即是藉由海洋的歷史提醒人們與海洋聯繫的記憶。

　　緊接著在2003年，廖鴻基與黑潮海洋文教基金會成員組成繞島團隊執行「福爾摩沙海岸巡禮計畫」。三十天的航程，環繞著臺灣島沿海一週，航行期間由成員分別記下航行過程，之後共同出版《臺灣島巡禮》（2005）。此書如同航海日誌，由不同人執筆，最後由廖鴻基加以註解「海岸地景」、「航行注意」、「歷史資料」，並不時於單元後以灰色頁面爲底加註廖鴻基之觀察。

　　2005年他跟隨陽明海運貨櫃船「竹明輪」進行「臺灣海運隨船報導」，他們從高雄港出發，行經南中國海、麻六甲海峽、印度洋、紅海、蘇伊士運河、地中海、北大西洋、北海。沿途泊靠新加坡港、埃及賽德港、荷蘭鹿特丹港、德國漢堡港、比利時安德衛普港、英國佛列斯多港，再返程，共四十七天航程，共行駛一萬六千六百浬航程，並將經歷寫成《領土出航》（2007）一書。

　　2008年，廖鴻基受邀擔任海洋博物館駐館作家。並將此書寫爲《南方以南》（2009）一書。面對擔任駐館作家這一年的書寫定位，他認爲：

> 這一年的駐館，心裡頭是試著想要探尋除了航行以外，跨界融入大海的另個通道。過去，行走海岸，航行出海，潛入水裡，或者下網、下鉤……這麼多年來，我似乎在摸索之間可能相連相通的一扇門扉。〔註63〕

〔註62〕廖鴻基：《漂島——一段遠航記述》，頁6～7。
〔註63〕廖鴻基：《南方以南》（臺北：聯合文學出版社，2009年9月），頁12。

廖鴻基隔著玻璃看待海生館內的海洋時，是一種有別過往的海上看海經驗，他回首自我過去航行的經歷，用「融入」一詞，來訴說面對海生館這不同於以往眞實的海上經歷。過去他總是想方設法讓更多的人懂海，除了親到海上，是否也有其他開向海洋的門扉，於是透過這一年海生館駐館經歷，打開一道得以「融入」的方便法門。

　　2009 年，廖鴻基參與由海洋大學蘇達貞教授所發起的「獨木舟環島計畫」。他雖僅止於參與部分行程，然而「獨木舟環島計畫」卻可視爲灑下海洋種子的萌芽。此計畫後來由參與學員分別記載划船過程，並由廖鴻基編輯，集結成《划向大海　找到自己》（2012）一書。

　　檢視廖鴻基的海洋經歷，正如同一部活生生的海洋探查史，他從花蓮出發，由陸地而海洋，由近洋至遠洋，集結口傳、文史而綰合自我親身經歷。廖鴻基總是說：「我不斷的在開拓我的海洋版圖」〔註64〕。他用這句話來形容他航行過的海域，或是不同的海洋經驗，都成爲他心裡的海洋版圖，而這個版圖是隨著時間及經驗的增加不斷擴張的。而他的文學版圖也正是如此，順著其海洋疆域步步推移，由花蓮近海而東海岸，既而繞島並拓及遠洋，不同的航次讓他也嘗試不同的文學風格，透過多方面向去詮釋他所未曾理解的海，正如凌性傑說：

> 從《討海人》以來，廖鴻基的書寫每每有其主題定調。依循既定寫
> 作計畫，按部就班，在每一本著作中以不同面向去「彙編」海洋，
> 廖之用心用力歷歷可見。謀定而後動，廖鴻基操作的寫作模式可謂
> 一以貫之。因爲計畫性的書寫策略使然，廖的表現也就能夠見樹又
> 見林，將理念完整地表出。〔註65〕

廖鴻基拼湊海島上失落的海洋記憶加以「彙編」，透過自我擬訂計畫式的書寫模式，幾乎每一年就有新作問世，也可看出廖鴻基創作量豐富與計劃性書寫的特質。

〔註64〕李珮琪：《海洋作爲認同的場域——從廖鴻基及夏曼‧藍波安作品探究其認同
　　　　與實踐》，頁8。

〔註65〕凌性傑：〈面對海洋的兩種態度——從《海洋遊俠》與《海浪的記憶》談起〉，
　　　　收入於《第七屆青年文學會議論文集》（臺北：文訊雜誌社，2003 年 11 月，
　　　　頁 433～439。

（三）廖鴻基海洋文學分類

　　自《討海人》於 1996 年出版，至今廖鴻基已經出版了 19 本個人著作，撇開了《臺灣島巡禮》、《滑向大海　找到自己》屬於集體創作，而《山海小城》書寫領域離開了海洋，也有 16 本海洋著作，要爲這些著作分門別類實屬不易，但筆者還是嘗試將其分爲四大類別，以利於接下來的分析。

　　1、具有鄉土文學特色的漁夫文學

　　誠如上述，廖鴻基一開始的海洋書寫是將海上討海經驗記了下來，因此寫作除了呈現海上的天光雲彩，也將漁人與海之間的生存鬥爭寫了進來。這種以寫實的筆法，描繪眞實漁人姿態，並進而關懷討海人的漁獵生活，乃至於憂心討海人口凋零，海洋產業、漁業文化即將消失，都相當類似 70 年代的鄉土文學。而這類作品大多集中在《討海人》、《漂流監獄》，以及《來自深海》、《尋找一座島嶼》裡頭的部分篇章。

　　2、具有自然寫作風格的環保文學

　　1997 年出版的《鯨生鯨世》是廖鴻基從事鯨豚觀察與保育工作之後的第一本創作，由於在內容上或形式上，都明顯有別於《討海人》，因此大多數研究者都認爲這一本著作正是廖鴻基文學風格的轉型。這本書以鯨豚觀察紀錄爲書寫方式，因此被歸類爲自然寫作的一環是毋庸置疑。而從觀察到認識，從認識進而關懷，廖鴻基逐漸擴大領域，他不只觀察鯨豚，也關懷海洋生態，因此一系列批評海洋環境污染、呼籲保護海洋生態，充滿說理意味的環保文學，也都在《鯨生鯨世》之後後陸續發表。這一些文章大多收錄在《來自深海》、《海洋遊俠》、《腳跡船痕》等書。

　　另外像是《臺 11 線藍色太平洋》、《後山鯨書》以及《飛魚・百合》也可歸類爲自然寫作，廖鴻基在這些作品中，逐漸架構其環境倫理，尤其是《後山鯨書》、《飛魚・百合》這兩本書，廖鴻基嘗試著跳脫人的角度去觀看生態現象，時而化身海上鯨豚、飛魚，崖上的百合，以類似動物小說的書寫方式，揣想大自然想要傳達的訊息。

　　3、類似報導文學的海洋記事

　　2001 年廖鴻基隨遠洋漁船至南大西洋觀察捕魷；2005 年隨貨櫃輪出航，回航後將兩次遠洋經驗集結出版《漂島》及《領土出航》，當中詳細報導臺灣遠洋事業。有別於《討海人》時期，他本身還具有漁夫身份，帶有主觀意識；

這時期出海，他已卸下漁民身份，帶著「他者」的角度看待遠洋事業。此時的他比較像隨船記者，記述報導遠洋事業的點點滴滴。當然嚴格來說這些著作與 70 年代興起的報導文學還是有所不同，廖鴻基終究不是記者，儘管他也實地採訪船上的漁民、工作人員，但是書寫方式也不像新聞報導那樣具有客觀的新聞觀察、新聞用語，反而是較多個人主觀的心得想法。另外像《南方以南》〔註 66〕也可以歸屬於這一類作品。當然，這些作品也可以視為廖鴻基的旅遊筆記，但筆者認為廖鴻基在這些著作中，每一次出航，或執行計畫，都有其目的性，如果把這些歸類為旅遊筆記，似乎又降低他從事海洋計畫的嚴肅與神聖性。

4、偏向回憶性質的海洋書寫

另外有幾部作品較難以歸類的，如《海天浮沉》（2006）、《漏網新魚：一波波航向海洋的寧靜》（2011）、《回到沿海》（2012）等。《海天浮沉》裡頭雖大多文章的題材以討海生活為主，但這本書 2006 年出版，因此所書寫種種，可說是他對討海生活的回憶，其中還包含過去在印尼蝦廠監工的往事，以及採集老魚人過往捕魚的傳聞與典故，同年出版的《腳跡船痕》也有部分篇章，以回憶方式訴說過往的捕魚生活。從這可以看出「討海人」時期的回憶一直潛藏在 2000 年之後所出版的書籍中。《漏網新魚：一波波航向海洋的寧靜》也是如此，此時的廖鴻基已年過半百，生命大半的經歷已然沉澱淬煉，而這本書則是將過去舊作，或是曾經在副刊發表而未收錄在著作的文章，例如〈古列泰鞍〉、〈一粒檳榔〉等，重新整理、改寫，加入新的觀點，因此也算是回憶性質的海洋書寫。而《回到沿海》一書，廖鴻基更直接坦承是紀念 35 歲時在花蓮沿岸漁撈工作以及沿海漁業環境，他回首自己的海洋經歷表示：

> 這輩子與海的關係，起自自我放逐流浪到海邊，而後登沿海漁船捕
> 魚，接著，航行於近海，再進一步越洋遠航。並不刻意，但回頭看
> 時，竟然一步步完全符合人類向海發展的步履。從潮間帶而沿海而
> 近海而遠洋，一步步竟然完全符合人類海洋文化拓展模式。〔註67〕

〔註66〕《南方以南》雖是廖鴻基受屏東海生館之邀，擔任駐館作家，但是這本書對
於海洋生物觀察紀錄並不著墨太多，反而著重於海生館的介紹，恆春的地景、
風光，以及記載館內工作人員的工作，他們如何照顧、保育海洋生物，側寫
他們的心得與看法，因此筆者把這本書歸類為報導式書寫。

〔註67〕廖鴻基：《回到沿海》（臺北：聯合文學出版社，2012 年 2 月），頁 11～12。

廖鴻基是以回憶方式寫出過往的題材，此時廖鴻基已歷經巡鯨調查、海洋保育、海洋文化推廣等多重工作角色轉換，加上幾次遠洋的洗禮，因此其書寫的觀點勢必有些改變，在用語上早已脫去討海人時期的粗獷率性，甚至選擇以詩化語言夾雜生命哲理，並使濃烈的情感加以轉化。廖鴻基不時在文中呈現對沿岸海洋資源消耗，漁業人口凋零的感嘆，尤其是當文中出現了「油壓樂器纖棉話機」等現代科技〔註68〕，更顯示了十多年來臺灣沿岸漁業的變遷。

二、廖鴻基海洋文學的內容與特色

　　以下分別就漁夫文學、環保文學、海洋記事三種不同類型探討廖鴻基的海洋文學，至於其偏向回憶性質的海洋書寫，因為作品內容也是以討海、漁撈生活為主要書寫題材，因此將其與早期的漁夫文學合併討論。

（一）具有鄉土文學特色的漁夫文學

　　廖鴻基在多次訪問中常表示自己會動手寫下第一本創作《討海人》，是因為感覺海洋世界相當特別而新奇，想與人分享卻苦無對象，加以自己的言說能力較弱，於是開始書寫，記載所見所聞，表達出自己內心的感受。但綜觀《討海人》，乃至於後來的《漂流監獄》，海洋之美、海裡的驚奇生物並非他主要描述對象，反而是各式各樣的討海人，以及他們在海上的生活方式——包括討海人與魚之間亦敵亦友的感情，以及對海的畏懼與尊敬。蔡秀枝對就認為《討海人》的許多作品總在夾敘夾議的故事情節裡，承載著臺灣本島漁民日常生活、文化、宗教、禁忌與信仰，流露出歷史紀實與虛構的互相雜揉。〔註69〕這樣題材與風格較像是70年代的鄉土文學，偏重於小人物（討海人）的關懷，可說廖鴻基是自王拓、東年之後，再一次有作家碰觸漁民這一題材，而這一部份以討海人為主題的作品，可以細分三個子題：

1、描寫討海人的眾生相

　　在這些以討海人為主題的作品中，廖鴻基寫下討海人的生命共相，讓岸上的人看見海洋，認識海洋，討海人生活，像是海上睡覺、吃飯、方便，也成為常見的題材：

〔註68〕同註67，頁134。
〔註69〕蔡秀枝：〈廖鴻基《討海人》中的民間信仰與文化〉，《海洋文化學刊》第5期（2008年），頁99～135。

當爐灶上昇起縷縷白煙，昇起香味，我能覺得歡喜，覺得腸胃虛空，覺得需要這鍋麵食來填塞時，我恍然知覺，自己已經是個道地的討海人。船上這只爐灶除了煮食功能，也是個檢測儀器，它可以檢驗出一個討海人的入門資格。〔註70〕

每天傍晚，當我眼睜睜看著晚霞漸漸熄滅朦朧，恍若心頭的一絲光明也隨著天光離我遠去，我有著強烈被遺棄的悽愴，心情沉重暗轉，睡艙的陰影開始在我心頭興風作浪。我終於明白，海上有閒就得學習入睡，也是討海人講的：「能在睡艙裡」入睡，是當討海人的第一步。」〔註71〕

從厭惡在船上用餐到享受船上食物；從覺得船上睡艙噁心到在睡艙呼呼大睡；這些都成為廖鴻基的身體經驗，並也開闊其心胸：

常常聽人說起海洋的寬廣和深邃，多年海上生活後，我才驚覺到自己心胸也漸漸撐張若一片海洋，也才了解到過去太多顧忌，太多潔癖，往往是自己給自己太多的壓力和限制。〔註72〕

廖鴻基以討海新手之姿上船，對他而言，討海人的生活點滴固然格外新鮮，討海人的海上功夫也是他必須學習、克服的項目，包括手勢、力道、用語等，他在文章中描述其學習及適應過程：

平常時候，我在駕駛艙裡掌舵，他在船尾放鉤或是在船前收拉魚線，他要的方向角度和動力大小，往往都是頭也不抬的就那麼隨手一揮。有時候我貪看海上風景，看漏了他的手勢，他手上漁線的拉力和角度會讓他立刻察覺到我的疏忽。這時，他挺住漁線緩緩抬起頭，表情像一頭齜牙咧嘴就要衝撲過來的惡狼，一連串既狠又毒的咒罵，蓋過引擎響聲，毫不留情的霹啪刺殺過來。這養成了我在海上的習慣，只要手扳著舵柄，我的視線不會離開海湧伯身上。漸漸的，他的每個手勢動作，我都能清楚明白。〔註73〕

文中的他指的是海湧伯，經過不斷的學習，廖鴻基才了解每個手勢動作。另外，對於討海人的話語，廖鴻基也費了功夫，「塔臺和甲板好像是兩個不同的

〔註70〕廖鴻基：《漂流監獄》，頁132。
〔註71〕同註70，頁185。
〔註72〕廖鴻基：《漂流監獄》，頁79。
〔註73〕廖鴻基：《討海人》，頁106～107。

世界」。廖鴻基雖然聽得懂每個字句，卻不了解其所要表達的意思，讓他深有
「局外人」之感：

> 跟著海湧伯學討海一整年後，每當海湧伯在前右甲板收拉一條沉重
> 的漁線，他頭也不回呼喊著說：「看外咧！」我即刻擺動舵柄，輕扯
> 油門，讓船尖稍稍旋轉朝向東邊天際。有了整整一年的討海經驗，
> 我已經能明瞭海湧伯下達的許多命令的意。「看外咧！」這三個字的
> 命令，事實上是濃縮了「將船隻轉向，讓船頭稍稍朝向東邊。」的
> 一整句話。〔註74〕

後來這三個字的命令縮短成「外！」「內！」，又過了一段時間，海湧伯便連
話語也省略，只舉起手臂朝他要的方向一揮，廖鴻基就能明白海湧伯的意思。
如此一連串的經驗，雖是廖鴻基的學習，但卻也是一個標準的討海人所必須
經過的洗禮，如此才能站上象徵頂尖的討海人的舞臺──鏢頭。

在〈鏢頭〉一文中，廖鴻基將鏢魚臺上的鏢頭賦予神聖的地位，鏢頭是
國王的寶座或是王者的王冠，一般人無法任意站上標臺，必須是經驗豐富的
討海人才有資格。鏢頭就是整艘鏢魚船的重心，站上鏢頭，才能成為真正的
討海人：

> 我是意外的尋獲一個舞臺，我也明白，這趟鏢頭來回，是我生命中
> 不能回頭的一個尖點。
>
> 回想飛翔的夢、回想海湧伯說過的：討海要有討海人的命。
>
> 多少岸上的點點滴滴曲曲折折後，難道命運已經注定，我將在海上
> 找到一方讓我生命活轉的小小舞臺。
>
> 海湧伯拍著我的肩說：「下次讓你站鏢頭鏢魚。」
>
> 就這樣，通過鏢頭的洗禮，我成為一個討海人。〔註75〕

通過標頭的洗禮才能成討海人的考驗，討海功夫辛苦萬分，廖鴻基後來
曾在〈討海〉一文中，對討海的「討」字進行解讀：

> 老討海差不多都這麼說：「討」，意思是「乞求」、「討食」；我們依海
> 為生，在海底「討」生活；因此漁撈稱「討海」；我們就是「討海」
> 的「人」。

〔註74〕同註73，頁194。
〔註75〕廖鴻基：《漂流監獄》，頁77。

> 有些漁人對「討」字則有不同的詮釋。他們認為：「討」的意思是「征
> 討」、「討伐」、「索取」；南征北伐，四海為家，再大的浪也不怕，再
> 大的魚也要克服。〔註76〕

相同的字有不同的解釋，廖鴻基透過析論「討」的多重意涵，主要強調漁獲
由自己四處「征討」而來而非卑下的向大海求來，加強討海人對自己的認同，
這是討海人的自信，討海人有依海為生，有面對大海毫無畏懼風浪的積極進
取奮進之意。

除了寫下漁民的生活，廖鴻基也生動刻畫討海人的性格，他認為漁民他
們長久在海上生活，他們大概都有一些特質，不但有跟陸地上其他職業不大
一樣的語言、行為，態度也很不一樣：「受工作環境的影響吧，他們的性格大
抵粗獷直率。只是，粗獷直率在他們身上，表現在外的是內斂與粗魯天南地
北兩種形態。」〔註77〕討海人粗獷真實，人與人之間相處是直接而沒有心機，
就連「方便」都可以隨心所欲在任何地方解決，海上一切都是直接毫不隱諱，
回歸最原始自然。這些看似粗魯，但相較於陸地上與人相處要提防勾心鬥角、
暗潮洶湧，海洋廣闊、離世，對廖鴻基還是較能自由愉快面對。

當然也不是每個漁民都是如此，對於討海人堅毅又豁朗的一面，也是廖
鴻基在創作中相當著墨的部分，如〈討海人〉這篇散文即是細膩描繪各種類
型的漁人形象。四十多年的討海生涯讓阿溪逐漸感到厭煩，因此就在朋友的
介紹下去到飯店洗衣房工作。然而只在海上消失四個多月的阿溪，卻帶著鬱
卒心情再次回到自己的船上工作，因為飯店裡各種繁瑣的工作規定，讓習慣
自由的阿溪早已喘不過氣，只好辭掉工作回到熟悉的漁船出海捕魚：

> 那年年底，阿溪三流水討了十幾條旗魚，三趟出海賺了將近二十萬
> 元。海上話機傳來阿溪活轉過來的聲音：「有錢賺、有面子，又免人
> 管，四個月干吶被網子網死在埔仔頂，下來討海卡贏啦！」〔註78〕

至於年紀不到三十的阿山，總是將大部分的時間與體力揮霍在海上努力抓
魚，再將魚獲交由魚販攤子進行販售。然而有一陣子阿山卻發現，魚販訂定
的售價卻是他在魚市拍賣所得的一倍多，因此決定把捕捉到的所有魚獲都由
自己直接販售。但是沒有多久的時間，生意不錯的阿山不知為何反收攤不再

〔註76〕廖鴻基：《腳跡船痕》，頁193。
〔註77〕同註76，頁194。
〔註78〕廖鴻基：《討海人》，頁51。

賣魚。就在一次魚價摔跌的時候，面對魚獲豐收卻不知該如何處理的阿山，
海湧伯提出了他的建議：

> 海湧伯大聲叫住阿山：「阿山仔，攏落去自己賣，又不是沒賣過魚。」
>
> 「啊，要拜託人來買，拜託人的代誌咱嘸合啦。」阿山搔著後腦，
>
> 還是一簍簍把齒鰆拖進拍賣場，「二十元就二十元嘛。」他回頭對海
>
> 湧伯苦笑。〔註79〕

廖鴻基筆下的討海人形象，總是帶著豪邁的直率性格，即使不甚順遂、心中
有所苦悶，也會以幽默的口語消遣彼此相互打氣。即使回到陸上，但早已習
慣自由不受拘束的心靈，終究還是要回到海上才能獲得舒緩。這些對於海洋
依戀不捨的討海人，並不是不了解討海生活的危險與漂搖，也曾在惡劣天候
的驚濤駭浪中陷入險境，但是這些都無法澆熄他們亟欲出海的渴望。

2、肯定討海人的智慧與文化

廖鴻基描寫的討海人，常被和國外的海洋文學名著如《老人與海》、《白
鯨記》等進行比較，這些名著不外乎描繪在人與大海的關係，如何在大海的
考驗下鍛鍊意志力。雖然廖鴻基筆下的討海人也是如此，不過更著重於海上
生活是一種生活態度，藉由描述他們出海捕魚的情境、對海洋的態度，肯定
了他們的智慧。討海人的智慧，是生活中長期討海經驗累積而來，討海工作
看似付出勞力與漁獲拉扯、進行鏢刺的工作，但海洋是瞬息萬變而難以預測，
討海需要相當高的智慧、長年的經驗與沉著的性格才有辦法克服的難題。他
筆下的討海人，總是睿智、包容、勇敢且話不多，這些討海人成就了他的海
洋書寫，也教會了他如何面對海海人生，廖鴻基說：

> 無論稱為生命岔路或人生轉捩點，這座漁港，這幾艘沿海漁船和這
>
> 幾位老漁人，教我走了一段有風有浪有血有淚與這海島大多數人不
>
> 一樣的人生。〔註80〕

海湧伯是代表臺灣漁民的共生相，是一個身經百戰、了解海性，能充分
掌握大海脾氣，對討海事業充滿自信的討海人，在廖鴻基心中，他更是臺灣
漁民中的典範。〈丁挽〉是一篇描述鏢射旗魚的散文創作，表面看來主角是討
海人慣稱「丁挽」的白皮旗魚，但實際卻是為海湧伯立傳，寫出海湧伯的性

〔註79〕同註78，頁55。
〔註80〕廖鴻基：《回到沿海》，頁13。

格與智慧。文章一開頭「海湧親像水查某。」認爲海洋像女孩般的難以捉摸，而在茫茫大海中能找尋魚蹤，端奈海湧伯識水識魚的經驗：

> 海洋波動不息變幻莫測，再細密精緻的圖像也難以完整描繪海洋的
> 性情和脾氣，一個曾經豐收的釣點，往往就是下回落空挫敗的場所。
>
> 海洋如此不可捉摸，漁人除了內心的這幅海洋圖像外，仍須憑著「感
> 覺」來與海洋相對待。〔註81〕

丁挽總是偏好在鋒面過境的惡劣天候中浮現蹤跡，然而即使發現魚蹤，冷鋒壓境所掀起的巨浪波濤，以及丁挽天生具有的勇猛特性，都讓首次擔任鏢手的廖鴻基由於缺乏經驗而無法正中獵物要害，只將魚鏢射中丁挽的下腹部，甚至激怒了丁挽讓牠拖住漁繩飛奔而走，最後更轉身攻擊船身，反觀海湧伯接手後，整個戰局瞬間逆轉，文章寫到丁挽與海湧伯對決：

> 丁挽堅硬的尖嘴，曾有次破船板的記錄。像這樣面對面對衝，那力
> 道加上氣勢，足以讓船身破個大洞。海湧伯飄在腦後的髮梢，滴飛
> 著水珠，那蒼勁的持鏢姿態，有若破釜沉舟的戰神。
>
> 丁挽如約飛身躍起，海湧伯凌空擲鏢攔截丁挽投身刺來的尖喙。
>
> 〔註82〕

孤軍奮戰的丁挽爲求生存勇猛掙扎，甚至衝船隻的氣勢，廖鴻基實寫丁挽的凶猛，暗寫海湧伯的個性。他們的個性特點、行爲動作等，在鋪寫上多方相似之處，尤其丁挽與海湧伯間毫不閃躲直接對決所展現的戰鬥力，更是不相上下，當海湧伯奮力擲鏢時，整個過程彷彿不再只是單純的討海捕魚，丁挽已成爲海湧伯可敬的對手。

在〈三月三樣三〉一文中，當他們補捉「煙仔虎」（學名齒鰆）時，則呈現出漁人和魚群之間爲了生死而彼此鬥智的精彩過程。原本一開始大撈漁獲，卻因爲廖鴻基大意讓捕魚的魚繩割傷了雙掌，海湧伯當機立亂揮刀割斷魚繩放棄魚獲，他說：「在海上，咱們無硬碰硬的本錢」〔註83〕討海人知道大海凶險萬分，人在海上更顯渺小，沒有「人定勝天」的觀念。

廖鴻基選擇「三月三樣三」做爲散文的時間背景，不僅是爲呈現「這時節的天候和海潮幾近變幻無常」之特殊景觀，更是藉「變幻無常」形容討海

〔註81〕廖鴻基：《討海人》，頁162。
〔註82〕同註81，頁169～170。
〔註83〕廖鴻基：《討海人》，頁35。

生活中瞬息萬變的各種情勢。當他們換個場域繼續捕撈，此時，為了躲避「煙仔虎」追殺而在海面上「拍花」的苦蚵魚正是「煙仔虎」出現的徵兆，然而就在「煙仔虎」看似順利的咬住餌鉤時，船長海湧伯卻不讓船隻放慢停下收取魚獲，反將引擎推至頂端加速前進：

> 一邊拉魚海湧伯一邊說，煙仔虎是一群飢餓的狼群。當船隻拖動的假餌在狼群附近游動，狼群首領必當身先士卒衝過來一口咬住餌鉤。若船隻在這時停止或放慢，上鉤這匹狼掙扎的模樣會警惕其他狼群不要靠近。所以狼匹一吃餌，船隻便要加速急走，讓上鉤的這匹狼像在追擊餌食，整個狼群就會爭先恐後瘋狂盲目的隨後追食過來，像一群飢餓的狼。〔註84〕

然而就如同三月天氣多變的特質，海湧伯的智慧在面對變幻莫測的大海也不得不低頭，眼看魚獲即將滿載豐收之時，海底殺出的黑鯖河魨將結局美夢徹底打碎，狀似遲鈍卻動作敏捷的河魨，將水裡網底的鰹魚群啃咬稀爛，讓海湧伯還因此粗魯的罵：「幹，死人牙齒。」，但最終還是改變不了結局：

> 艉甲板上凌亂糾結的漁繩裡，橫七豎八乾掛著煙仔虎魚頭、魚骨和血肉破敗的魚身。唯一一條全身完整的煙仔虎，已經停止抽搐，冰冷瑟縮在甲板角落。咬在牠尾炳上的那隻河魨，仍然死命咬住沒有放鬆，睜著大眼在煙仔虎墳場般的船尾甲板上姍姍蠕動。〔註85〕

儘管如此，面對突來的挫敗與殘局海湧伯並沒有多說什麼，而是將引擎再次緩緩啟動，繼續尋找下一場激戰的舞臺，並且苦笑著對廖鴻基說：「少年家，假餌放下去吧」。海湧伯看似輸了這場戰爭，但他的智慧明白爭戰只是一時，戰場失敗並不需要喪志，更重要是能在另一場域開闢新的戰場。

　　在這兩篇文章，廖鴻基寫出了討海人的智慧與哲學，多年的經驗，討海人不只是面對獵物要陽剛，拿出征戰、對抗的本事，面對無情、變化無常大海，他們更懂得退讓與順應，選擇柔軟的一面來迎合風浪。海洋是討海人的生活場域，長期面對湯湯大海，必須以智慧來和海洋相處，而多半時刻他們大都是遷就海洋，尊重海洋。

　　除了呈現討海人智慧，討海人的口傳資料、信仰習俗，也成為廖鴻基的重要書寫內容。過去王拓的小說也記載不少八斗子漁港的宗教習俗，但內容

〔註84〕 同註83，頁40。
〔註85〕 同註83，頁46。

還只限於港邊，但是廖鴻基的作品卻將場景拉到海上，記載了不少海上信仰。面對變幻莫測的海象，討海人總是祈求船隻航行的平安更是重要，廖鴻基於〈好頭采〉一文中，透過海湧伯幫阿山牽新船的過程，訴說討海人新船出港的儀式與虔誠：

> 「油打了沒？冰打了沒？」海湧伯咄咄逼問。
>
> 終於被抓到犯了錯，小孩子心虛似的，阿山遲疑了一下，謹慎的搖了搖頭說：「啊，開回去花蓮港的油夠了啊，冰也用不著啊。」
>
> 一說完，阿山明白的立刻倒退一步，敏捷的側頭一閃，海湧伯一巴掌落空，仍舉著手臂悻悻然說：「過來！過來！是否我千交代萬交代，打油、加冰，這是新船出航的好頭采，過來，給我過來。」
>
> 〔註86〕

海湧伯嚴厲叮囑船隻「打油」、「加冰」，平常出海再普通不過的準備步驟，卻顯得分外重要。對於討海人來說，魚船在海上相當於生命共同體，因此每次牽一隻新船都是極其看重的事。廖鴻基寫出海湧伯為阿山挑新船如選媳婦般的慎重其事，選定船後阿山更是日日睡在新船直到「牽新船」日子的到來。而討海人口傳下來「牽新船」的儀式，無論離港撒紙錢、牲禮祭拜，乃至於海湧伯交待的祝禱：「……以身相許、血脈相通……」，這些都是討海人信仰與祈求，廖鴻基將老討海人口傳而來的智慧，透過海湧伯的叮嚀加以傳承。

此外，海上也有許多討海人不願遇見的狀況，比如「漂流屍」：

> 漁船碰到漂流屍，一定得拉上來載回去，不能閃、不能躲，那是無上權威紀律樣的習俗。拉上船之前，有些既定的儀式。對討海人來說，最重要的是「嗆」這個儀式，那是祭告死者並且有威嚇死者的雙層意義。據說，這樣才能避邪及得到好處。〔註87〕

討海人口中所說的「嗆」，是用一種略帶凶氣的口吻，像與漂流屍談判，是一種命令漂流屍的語氣。漁人遇到漂流屍，「一定」得載回去也是海上不成文卻得去完成的儀式，說是漁人能「得到好處」，其實還是華人「入土為安」觀念，希望漁民幫助水流屍能夠再回到陸上的家。

討海人的信仰也是常見的題材，〈媽祖生〉即由討海人對媽祖信仰的傳說開始：

〔註86〕廖鴻基：《討海人》，頁219。
〔註87〕廖鴻基：《漂流監獄》，頁20。

> 農曆三月廿三媽祖生，漁民傳說，這天，海翁海豬仔都會起來拜媽
> 祖。……

> 媽祖被臺灣討海人尊奉如同海神，祂庇護漁民航行平安、掌理漁獲
> 時序順遂。這一天，漁港媽祖廟香火鼎盛，漁民們將絡繹前來護駕
> 遊港，爲泊在港渠裏的漁船祈福。〔註88〕

對臺灣漁民來說，媽祖是信仰的守護神，因此漁民祈求媽祖庇佑討海平安、
漁獲豐饒，但就連「海翁海豬仔都會起來拜媽祖」，則是廖鴻基將討海人口傳
故事，揉合了個人浪漫想像，而寫下這段海翁、海豬仔彷若香客朝聖的景況：

> 媽祖生這天，海面上眞的很熱鬧，一群還沒看完接著又來一群，純
> 然只是巧合嗎？漁民經驗也許沒有學理根據，但二、三十年的海上
> 歲月累積，可能他們已歸納出什麼道理來。〔註89〕

「一群還沒看完接著又來一群」，廖鴻基以一種擬人的筆觸，揣想這群海上鯨
豚在媽祖生這一天大量出現海緣來參與媽祖生的熱鬧慶典。廖鴻基從討海人
的典故，保育鯨豚的觀點，透過參與陸上海神祭典的故事情節，微妙的將人
與鯨豚置於齊等之位。他藉由海豚的姿態，將之聯想爲一種「拜媽祖」的行
禮致敬儀式，向漁民心中的「海神」行禮，媽祖成爲漁人與鯨豚共同的海神，
共同的信仰，在傳遞漁民文化同時，也宣達保育觀念。

3、憂心討海人的困境

吳明益形容廖鴻基就像是懷有古老倫理觀的漁人：

> 廖鴻基與海湧伯、乃至《鯨生鯨世》裡的「黑龍」船長，顯然都不
> 是摧殘海洋的漁人。他們更近於古老的，還懷有樸素環境倫理觀的
> 獵人、農人與漁人，對大海的感情、崇拜與感恩遠勝於追逐錢財致
> 富的盲目。其次，當時代轉移到「工業化」的漁業，以趕盡殺絕的
> 方式捕魚時，這群懷著古老倫理觀的漁人，又比任何人都了解海的
> 「受創與病痛」。〔註90〕

正因爲比任何人都熟悉海，因此清楚了解海洋變化，更能強烈感知海所受到
的創傷與病痛，所以廖鴻基藉由海洋文學，除了寫下臺灣漁民的驕傲，也寫
出討海人的困境。

〔註88〕廖鴻基：《來自深海》，頁126。
〔註89〕同註88，頁131。
〔註90〕吳明益：《臺灣自然書寫的作家論》，頁345～348。

在廖鴻基的漁民作品中，討海人鮮少有 70 年代海洋小說中會遇到海難凶險，頂多是引擎失火、船槳故障，而且多半是出現在老討海人的回憶之中，這雖然是廖鴻基刻意美化的書寫策略，但從中也能發現二十年來臺灣航海技術的進步。海洋雖不像過去那般凶狠，但討海人並非從此一帆風順，新一代的討海人仍有他們的煩惱與憂愁。

在《討海人》一書中對於漁民的困境尚未有太多著墨，但從他自身的學習經驗的書寫，以及漁民的眾生相，已呈現漁民的討海生活大不易。而可悲的是，這些討海人長期的海洋生活，讓他們慣於自由，因此無法適應陸地的侷限。在〈討海人〉一文中，廖鴻基描寫阿溪厭倦討海生活，去到陸地的觀光飯店工作，卻因為長期於海洋自由毫無拘束，無法接受岸上工作的許多限制，最後依舊回到熟悉的討海生活。添旺也是在陸地工作感到窒礙，決定重回討海生活。他們的故事呈現討海人的宿命終究屬於海洋，即使到陸地工作後，最後還是回流到海洋上生活，這是討海人的無奈。

然而近年來由於臺灣近、沿海生態破壞漸趨嚴重，討海人賴以維生的漁獲大量減少，因此即使在陸地上百般無法適應，討海人也不得不回到陸地上。在〈一起〉一文中，便敘述討海人遇見大型圍網漁船（三腳虎）違反規定於近海區域，以幾近浪費的捕撈方式圍捕齒鰹，致使傳統漁民只能抓到雜魚，難以延續生計，迫使漁民團結起來向漁會及政府提出抗議。這篇文章對於大型漁具破壞的批評，還算隱晦，但是到了《漂流監獄》一書，批評力道就加重了。

在〈凋零海洋〉一文中，廖鴻基分析沿岸傳統討海作業陷入困境的原因：

> 海洋看似寬廣無窮，可惜好景不常，沿岸傳統討海作業已漸漸陷入
> 絕境。岸上的商場爭鬥和資本密集投資已一腳踹入原本平和的海洋
> 生態圈裡，漁撈設備的懸殊和外來大型漁船毫無節制的捕撈，再加
> 上日益嚴重的海洋環境污染，種種因素，使傳統漁業面臨枯竭和漁
> 產資源極不公平的高壓競爭。〔註91〕

隨著時代進步，當大型資本投入海洋事業，加上政府缺乏管理與限制，原本是資源豐富的海洋，逐漸被淘空。廖鴻基在本文細數定置漁場、單拖網漁船、大型圍網漁船大型捕撈方式，一網打盡的捕撈方式，將造成海洋資源被壟斷與生態失衡：

〔註91〕廖鴻基：《漂流監獄》，頁 206。

儘管漁業法則規定，拖圍網漁船必須離岸三海浬外作業……又因為
海上如化外之地，政府漁管單位並無執行監管取締之能力。拖圍網
漁船以其相對對於老舊小船絕對優勢的動力及裝備，得以在沿岸漁
場明目張膽、肆無忌憚且毫無節制的大量捕撈。這些拖圍網漁船大
都是外港漁船，也許，他們在心態上已存在著「過客心態」，他們不
必為海洋資源保育或永續經營漁撈理念負擔任何責任。〔註92〕

廖鴻基強烈批判外來資本的自私心態與政府管理的不力，指陳這些捕撈
方式對海洋生態具有相當大的影響與破壞，對於賴以維生的沿岸漁民更是直
接的衝擊。大量捕獲造成供過於求，導致漁價嚴重崩盤，甚至迫使捕撈業者
將漁獲全部丟棄，影響一般討海人的生計，對於這些業者的舉動，他舉紅目
鰱為例：

這十幾噸被拋棄的紅目鰱，原本是海湧伯他們生活的本錢；這十幾
噸死魚，原本夠沿海大小漁船過個「好年冬」，如今，潮水帶著活魚
進來帶著魚屍離去，帶走了沿海漁民生活的笑容。

用「暴殄天物」來形容這樣的「毀類」，一點也不超過。〔註93〕

文中廖鴻基站在討海人的角度批判大型資本的捕撈方式，也道出討海人最深
沉的無奈。而原本需要介入管理的政府單位，卻只能用「老舊漁船收購」及
「輔導漁民轉業」等消極政策提供幫助，這等同於政府單位對於漁民生活以
及漁業文化的延續幾乎放棄。於是在缺乏積極正確的政策與經驗保存的情況
下，傳統討海人往往也不願意繼續從事討海工作，「海湧伯」這位廖鴻基所塑
造的標準討海人的形象，也憤恨地表示不願讓子孫繼承事業：

從手搖竹筏到今天的動力木船，他親眼親手見證經歷了花蓮沿海漁
撈的興盛與沒落。談起漁業環境的變遷，海湧伯語氣沉重的說：「我
絕不會讓我的兒子繼承討海這條路。」也難怪當我告訴海湧伯，要
跟他下海學討海時，他頭也不回冷冷的說：「走不識路啊，走討海這
途。」〔註94〕

廖鴻基寫的雖是花蓮漁業的困境，其實也是臺灣沿海漁業的困境，他就
是感受海洋資源凋零，才參與尋鯨小組計畫。也因此他對於漁業的凋零，並

〔註92〕同註91，頁208～209。
〔註93〕廖鴻基：《漂流監獄》，頁212。
〔註94〕同註93，頁204。

不全然站在漁民這一邊，是以整個海洋生態環境況，經由政治、文化、社會、經濟等面向去探討漁業問題。尤其 2000 年後，當他以回憶的角度寫過往的捕魚生活，今日的漁業困境，批判力道及論述性質越是強勁。他是站在批判者的角度來突顯這些議題，在〈討海〉中，他從經濟層面指問題：

> 長久過度漁撈及陸域汙染擴及海域，我們沿海魚類資源快速枯竭；漁撈環境已大幅改變。二、三十年前，沿海漁船討海收入，平均優於一般公務員。沿海漁撈所得，已經不如岸上一般基層勞工。臺灣沿海漁業可說是前景黯淡。佔臺灣漁業人口近三分之一的沿海討海人，他們的生活已出現危機，並將漸漸陷入困境。〔註95〕

漁民經濟生活已陷入困境，但法令對於海洋資源管理始終落後，長期以來海洋觀念的封閉，漁業政策則是停留在漁獲量的追逐，於是漁民從受害者也變成資源的掠奪者：

> 我們海域裡的許多魚種，越捕越小，越撈越少，無論何種原因致使，這些魚種的繁殖量已明顯低於耗損量。若繼續不理不睬，繼續沒節制、沒管理的採捕，結果必然是變成罕見，甚至絕跡。誰都不願意看見我們海洋這個大家庭，剩下的是空殼。〔註96〕

「空殼」在文中所代表出的意義是虛有其表，臺灣空有美麗的海洋，以及洋流帶來豐富的浮游生物，應該富有相當豐富的海洋生物資源，但是國家管制失當，惡性循環下，漁獲量逐年減少，連帶使得傳統漁民不再願意勞動，漁業人口逐年減少，在後繼無人、缺乏新血下，只能任由中國、外籍漁工取而代之，結果不只海洋資源被耗盡，討海人也逐漸被取代，整個漁業文化的衰敗不難預見。

當初為了離開陸地複雜的人際關係，來到所依戀的海上，讓廖鴻基投入討海事業，但也因為精彩的海上生活，讓他動筆寫下，一腳走入海洋文學的領域。對海洋的喜愛及對討海人的關懷，讓他筆下的討海人，多數都是正面而美好，甚至刻意將討海人英雄化，將其討海工作浪漫化，即使後來臺灣沿海漁業走上凋零的末路，他對討海人依舊不忍苛責。而面對日漸式微的漁業發展，他一方面透過批判、論述性的文章為討海人發聲，讓政府、社會大眾了解他們的困境，一方面透過文學關懷，強調討海人的尊嚴與智慧，企圖打

〔註95〕廖鴻基：《腳跡船痕》，頁 196。
〔註96〕廖鴻基：《腳跡船痕》，頁 215。

破一般人對討海人粗魯，討海事業只是勞力付出的刻板印象。從這點看來，對廖鴻基而言，討海不只一份謀生的職業，傳統討海人的海上工作更是海洋文化的一部分，是海洋文化中至為重要的資產。

（二）具有自然寫作風格的環保文學

因為參與尋鯨小組計畫，開啓了廖鴻基有別漁人身分的海上紀實工作。透過記錄方式，記載臺灣海域鯨豚習性、樣貌與人的互動，讓臺灣的鯨豚研究跳出過往擱淺研究的枷鎖，將臺灣沿海高密度的鯨豚圖像呈現。1997 年他出版第一本自然寫作作品《鯨生鯨世》，誠如吳明益所說：

> 討海人時代，廖鴻基的資料庫是海湧伯，是其它漁人；在《鯨生鯨
> 世》裡，是調查報告、是觀察日誌、自然科學圖鑑。直覺的、經驗
> 的，轉變成記錄的、資料性，成了廖鴻基這兩階段書寫差異的外在
> 表徵。〔註97〕

有別於《討海人》、《漂流監獄》等書對討海人討海生活的寫實描述，這本書開啓廖鴻基自然寫作的領域，以下分別就幾個子題加以討論：

1、鯨豚的觀察紀錄

與其他自然寫作作家如劉克襄、王家祥一樣，《鯨生鯨世》也是以觀察紀錄為主，並且以鯨豚為主角，記載了鯨豚的發現經過以及鯨豚資料的介紹，書中按照航次先後，分別記下了花紋海豚、虎鯨、瓶鼻海豚、弗氏海豚、飛旋海豚、熱帶斑海豚、喙鯨與偽虎鯨。而之所以以鯨豚為標的，是因為鯨豚外型使然，是當今現成的海洋明星，是大眾相當接受的角色。因此廖鴻基的書寫不斷加強形構鯨豚的特色，讓牠成為推廣人們進入海洋這個自由空間、場所的引路者。在〈黑與白——虎鯨〉，寫到小組在 8 月 15 日首見大型鯨：

> 船頭浪花迎風翻飛，鏢臺起伏搖擺著夢一樣的節奏。辨認是虎鯨後
> 的過度真實反而拉開了真實，越來越近的虎鯨竟撲朔迷離成黑白模
> 糊的夢境。……
>
> 那是一群虎鯨！在近切的距離中，我們逐次算出共有六根背鰭伸
> 出海面。大約三十公尺距離，船長將船隻停下來不敢冒進；我們
> 沒有把握，再靠過去他們會如何反應？潛水離去？抑或集體攻擊
> 船隻？資料上說，才二、三十年前，他們還被形容為「只要一有

〔註97〕吳明益：《臺灣自然書寫的作家論》，頁 348。

> 機會便會攻擊人類」、「是地球上最大的食人動物」。虎鯨食性兇
> 殘，食量驚人，一次能吃食十三隻海豚、十三隻海豹，甚至體型
> 比牠們大的鬚鯨也是牠們獵食的對象。牠們是海洋裡的獅虎，是
> 海上的霸王。〔註98〕

寫出與虎鯨相遇如同夢境般喜悅，期待進一步接觸之餘，但是虎鯨的相關資
料也在心裡形成未知懼猜疑，心中對虎鯨「潛水離去？抑或集體攻擊船隻？」
的猜想，加深這大型生物的神祕性。

　　由此可見廖鴻基終究不是自然研究科班出身，因此即使是觀察紀錄，寫
起來依舊感性十足。而他筆下的虎鯨的樣貌：

> 牠跳出水面，肚腹朝向我們彎腰全身躍出！
>
> 距離還遠，這一跳太過唐突，無論眼睛、鏡頭或是心情都還來不及
> 抓住牠拔水躍起的影像。牠已爆炸樣摔落大盆水花。那亮麗勁猛的
> 一道弧線，那黑白分明的肚腹，如針尖點在心頭。〔註99〕

面對虎鯨的出現，廖鴻基不是用自然紀錄語言，而是以一段文學性的敘述引
領讀者進入海洋場景，「如針尖點在心頭」感性訴說虎鯨在心中烙下深刻印
象，以此文學句法後，才繼而補述虎鯨資料：

> 的確是俗稱「殺人鯨」的虎鯨！從日據年代臺灣捕鯨時期曾留下的
> 虎鯨死體檔案照片到今天，沒有任何牠們曾經在臺灣海域出現的生
> 態紀錄。〔註100〕

虎鯨未曾出現的紀錄，加強廖鴻基看見虎鯨出現眼前的情感反應，深化尋鯨
小組此刻心中的雀躍與激昂。

　　整本《鯨生鯨世》散文集，文章結構往往是知性感性交叉運用，呈現廖
鴻基對自然的了解下而有所感悟與尊重，而觀察紀錄札記，往往在知性與感
性兩方穿插，即是將科學等知識與文學情感抒發穿插書寫，運用兩種不同性
質的語言交互對話、補述，形成作品的結構。除了感性之外，這時期文章也
對國人自然意識不足，流露出一絲絲的憂心，其中〈擱淺——喙鯨〉是敘述
一尾在蘭嶼擱淺的喙鯨：

〔註98〕廖鴻基：《鯨生鯨世》，頁43～46。
〔註99〕同註98，頁43。
〔註100〕廖鴻基：《鯨生鯨世》，頁43。

> 鯨豚擱淺的原因，至今沒有定論。學術資料說，可能是他們的回聲
> 定位器官出了問題；可能是地磁的混淆；也可能是海岸地形造成了
> 錯綜複雜的湧流……
>
> 根據目擊這起擱淺事件的蘭嶼小朋友說，中秋節就已擱淺，那時還
> 活著，頭部用力撞打礁岩。這期間，又經歷過一場颱風，這條喙鯨
> 現在所處的位置是第二現場。〔註101〕

一開始以科學語句探討喙鯨擱淺到死亡的原因，希望透過擱淺個案的累積，
找出協助解決鯨豚擱淺的答案。隨後話鋒一轉，藉由朗島國小校長的一席話，
指出臺灣人對於鯨豚生態的漠視：

> 喙鯨的生態資料極為缺乏，在學術研究上頗具價值。我想到校長說
> 的話：「這很平常……這裡是寶島！」蘭嶼或是綠島每年都有喙鯨擱
> 淺案例，是臺灣寶島的子民仍然和海深遠隔絕，是我們不夠關心這
> 些生活在島嶼海域裡的寶藏。〔註102〕

年年綠島和蘭嶼都有喙鯨身影，廖鴻基以「寶島」一語凸顯人們對鯨豚的漠
視與悲哀，也是對於鯨豚和海島之間繫聯的反思。

《鯨生鯨世》一書，大多為觀察紀錄，藉由觀察資料的平實記載，讓讀
者走入大海初步認識鯨豚生態，並從中開啟海洋環保的思維。因此《鯨生鯨
世》一書沒有沉重的保育議題的呼籲，但是它所傳達給讀者的是更基本而重
要的精神，那就是親近大海洋的渴望。廖鴻基藉由書寫海上風景，海中鯨豚
動人故事，引逗人們探索海洋；自此，海洋不再是神祕而讓人畏懼，在他的
筆下，精彩多姿、變化多情的海令人動容，而與鯨豚之間互動，拉進了人與
大海的距離。如此一來，人才有進一步認識海洋、關懷海洋，《鯨生鯨世》可
以說是廖鴻基自然寫作作品中的基石。

2、對海洋環境的憂心與批評

廖鴻基歷經討海的時期，敏銳地感知海洋變化，他發現海洋環境嚴重
遭受破壞，資源不斷枯竭，於是決定參與尋鯨小組為海洋發聲。後來他更
一改溫和的筆觸，試圖振筆疾呼，強調海洋遭受嚴重破壞，在《來自深海》、
《海洋遊俠——臺灣尾的鯨豚》、《腳跡船痕》之中，就可看到這種極大的
改變。

〔註101〕同註100，頁98～99。
〔註102〕同註100，頁101。

　　《來自深海》一書寫作之時，廖鴻基完成尋鯨調查計畫，並且致力推動、成立黑潮文教基金會，因此作品中透露出濃厚的保育意識，一方面是為鯨豚保育理念進行宣導，一方面也敘述「黑潮海洋基金會」的工作點滴與困境，進而宣達基金會理念。原本廖鴻基所思考的問題「讓更多人喜愛鯨豚、關心海洋」的單純想法，隨著鯨豚保育工作的時間越久，面對漸趨嚴重的海洋生態問題，他如同其他自然寫作作家一般，開始將海洋生態所面臨的危機揭露出來，如同他在〈媽祖生〉一文中所提到的：

> 我坐在船頭上想，研究調查牠們到底為了什麼？
>
> 為了滿足好奇？為了贏得學術聲譽？為了保育理想？
>
> 雖然已列為保育類動物，但海豚肉在臺灣只要有門路不難問到、吃到；臺灣流刺網誤殺海豚每年超過五千頭以上；沿海魚類資源枯竭以及未經處理的廢水直接放流入海都是鯨豚保育的嚴重問題，若要打著「鯨豚保育」的旗幟，這些問題應該坦白地告訴社會。〔註103〕

　　廖鴻基開始批評海洋生態面臨的種種問題，在〈我們的海洋朋友〉寫的就是海洋資源漸趨減少之後，漁民與鯨豚「兩敗」的局面：廖鴻基在參加一個名為「鯨豚保育研討會」的活動時，漁民激烈主張海豚妨害漁撈作業，不但不應該保育，還應該開放捕殺。最後官員和學者們不知是否受到漁民的壓力，竟紛紛開始附和漁民的看法，最後這場「鯨豚保育研討會」竟荒謬而曖昧的形成一股共識──「適量」開放獵殺海豚是合理的，免得牠們「令海洋生態失衡」！

　　面對這種偏差的態度與錯誤的觀念，廖鴻基大量使用科學數據、論點來抵禦漁民的經驗論述，說明海豚對漁業的損耗並沒有漁民想像中的嚴重，整體海洋環境的污染才是元凶，以科學的筆法辯析鯨豚與漁獲損失間的關係：

> 會從魚繩上「偷」魚的，據了解僅僅偽虎鯨、瓶鼻海豚等少數幾種，而真正來者不拒，混獲問題嚴重的流刺網，急漁獲效率較過高的大型圍網等漁具漁法，其殘害海洋生物則是不可計數……
>
> 今天，是海洋環境出了問題而導致漁民與鯨類兩敗的局面。這時，不省思問題關鍵所在，反而怪罪鯨類破壞魚源，甚而主張開放捕殺。……

〔註103〕廖鴻基：《來自深海》，頁131。

> 如果開放鯨類捕殺能夠有利於海洋資源保護，那麼，海豚的犧牲還
> 有一點價值。事實上，問題並不在此，開放捕殺海豚只會讓海洋生
> 態更形敗壞，並且更顯現我們的野蠻與粗暴。……〔註104〕

在這篇文章中，廖鴻基舉證歷歷、振筆疾呼，將海洋環境遭到破壞的原因，以及必須改善的問題一一指出，過去討海的親身經歷，使他對於鯨豚的遭遇與漁民的困境都有著比一般人更深刻的體會，海洋生態的嚴重破壞以及許多不為人所重視的海洋問題，更令他憂心忡忡。廖鴻基一反以往溫柔敦厚的筆調，痛切地呼籲「獵殺海豚，萬萬不可」。

另外，〈擱淺〉一文也是一篇批判性相當強烈的文章，廖鴻基把無數發生在我們周遭海域的流刺網誤觸海豚事件，活生生地重現在讀者面前，也為枉死的海豚母子做無言的控訴。前半段以寫實的筆法敘述圍觀民眾是如何以看熱鬧的心態來對待這對母子鯨豚：

> 人群當中，有位身穿釣魚背心的中年男子，他把一隻穿著止滑膠鞋
> 的腳踩在海豚身上，他頭上戴一頂釣魚人專用有繫頸帶及頸部防曬
> 的寬邊帽，釣桿倒在一旁，這姿態好像這隻海豚是他釣上來的。……
> 「吱、吱、吱吱……」海豚嘴裡發出聲音，似在回應釣魚男子的演
> 說。一攤腥臭血水隨著聲響，從海豚嘴裡冒湧出來。
> 人群慌亂地後退幾步；釣魚男子也嚇一跳，縮回踩在牠身上的腳說：
> 「哇，死去還會講話哩。」〔註105〕

前文用相當戲謔的筆法呈現大眾對擱淺鯨豚缺乏關心，儘管文中警察說出這是保育動物，可以看見鯨豚保育意識的推動已經行之有年，但圍觀群眾一句「推下海去算了」，也呈現一般人對鯨豚保育並不以為然，鯨豚保育仍有很長遠的路要走。

文中還透過擬人化筆法，還原母子海豚遇難、擱淺的經過，指陳凶器來自漁民的定置網，這段文字十分煽情，純由廖鴻基悲情的想像，顯然他有意藉由煽情的文字，希望喚起讀者的悲憫之情，文末廖鴻基輕描淡寫般地敘述：

> 稍後，案例媒體將會報導這起擱淺事件，保育官員會讚美這個事件
> 並說一段「保育的重要」；學者專家照例也會唸一段沒有定論謎一樣
> 的擱淺原因。

〔註104〕廖鴻基：《來自深海》，頁167～171。
〔註105〕廖鴻基：《來自深海》，頁135～137。

肯定沒有人會提到流刺網。……

一隻年紀輕輕的花紋海豚和牠媽媽，骨肉消散，永遠消失。〔註106〕
雖然沒有聲嘶力竭的吶喊，但是〈擱淺〉一文批判力道十足，透過文中的想像性補白，指出了海豚為何擱淺，其背後無人關注的真相。

2000 年廖鴻基執行「墾丁國家公園鄰近海域鯨豚類生物調查研究計畫」，並出版《海洋遊俠——臺灣尾的鯨豚》，這對廖鴻基是一次突破，可以看見他加入更多環保理念，比如書寫臺灣大翅鯨的消失、重建臺灣鯨豚生態、探討海洋城市與拒吃魩仔魚等訴求，甚至有些篇章裡摻雜了許多「學術味」，意圖使作品更具說服力。例如在卷二〈大魚來過〉徵引收錄過去地方上鯨類史料：捕鯨、擱淺紀錄以及漁民訪談資料，道出臺灣大翅鯨被趕盡殺絕血染海灘的過往，獵鯨過程血淋淋呈現，並藉由老漁民的口印證臺灣這段殺害大翅鯨直到鯨魚杳無蹤跡的海洋史。一開始廖鴻基在說夏威夷島上的人們等候著、期待著，準備迎接大翅鯨家族們回來他們的海域，像是歡欣準備著迎接遠遊歸來的家人一般。氣氛是熱絡的、溫馨的。他深刻感受夏威夷島上與大翅鯨家族相處同家人般融洽的情景，對比在第二節〈悼臺灣捕鯨〉中敘述臺灣過去也曾有過大翅鯨家族的身影，卻被獵殺至血霧噴濺的場景，他用「趕盡殺絕」的沉痛之語，控訴著臺灣島上大翅鯨家族的慘烈結局。

除了鯨豚生態，在《海洋遊俠》中，廖鴻基還敘述墾丁國家公園海域生態的繁茂，物種之豐美；加上了恆春地區的人文歷史文化，讓紀錄更具深度，同時在今昔對比的書寫下，揭開墾丁過度開發的事實。1984 年成立「墾丁海洋國家公園」，園內除了陸地珊瑚礁地形的特色，海洋觀光資源亦相當受到人民歡迎，但是近年來，美麗的景色吸引大量人潮湧入，隨著遊客人數逐年增加，商業發展的影響，生態及環境產生極大變化，造成生態資源的損失，而這並不是國家公園原本成立的主要立意。

在〈契角家族〉中，廖鴻基發現墾丁原來也是有鯨豚的蹤跡，但是令廖鴻基遲疑，他曾看著水上摩托車追趕海豚的畫面：

我多麼想奔走告訴所有朋友這個好消息——墾丁的南灣裡有海豚！

在臺灣，在這個年代，我們還有機會站在岸緣看到海豚！

考慮過後，我們決定不這麼做。當我一想到牠們在灣裡謹慎壓抑的

〔註106〕同註106，頁 161～162。

模樣——我感覺到牠們是想在這個灣裡隱形——我們也不得不謹慎和壓抑——我們擔心宣告這個好消息後，會讓牠們從此不得安寧，甚而銷聲匿跡。

後來，八月中旬，我們也在灣裡船帆石前近岸海域看到一群侏儒飛旋海豚。當時我們看到的情況是這樣的——這群侏儒飛旋海豚群前面慌躁衝著跑著，後頭兩輛水上摩托車追著、趕著——後來，後來再也沒看到這群臺灣海域難得一見的侏儒飛旋海豚。〔註107〕

臺灣民眾的粗暴不友善，廖鴻基說出心中的沉痛，「契角家族」是廖鴻基敘述第一次在臺灣南灣看見的「近岸型瓶鼻海豚」蹤跡，名之為「契角」源自於出現在家族前領位置背鰭尖端有缺角的成體，「契角家族」彌補了廖鴻基心中原本認為臺灣海灣不可能出現鯨豚的缺憾。

墾丁的南灣依舊可見海豚蹤跡，但人們對於海豚及海洋缺乏了解，觀光與商業化的發展下，反倒將海豚逐出墾丁海域。原本墾丁在廖鴻基心中是發展成「海洋城市」相當完美的區域，海洋及生物資源甚至勝過許多著名觀光島嶼。但是在他離開恆春時，心情卻是相當沉重與悲痛，他在筆記本寫下了「可惜」兩個字，感嘆墾丁國家公園的發展與休憩方式，他直接點出問題：

儘管臺灣是個四面環海的大島，可惜我們並不親海，不理解海，如此狀況下，海禁一旦開放，我們的確也不懂得消費海。

水上摩托車在海灣裡吵鬧狂飆；香蕉船快艇灣裡沖浪顛簸，遊客綁成一串長龍讓潛水教練拖拉著在水裡浮潛……我們似乎把久居城市堡壘的壓抑和不安全感全都帶進海洋裡來發洩。

夜裡，墾丁的街道儼然是個大夜市，遊客們逛夜市湊熱鬧，……

紛亂、熱鬧、嘈嚷不安，我們最具代表性最有可能成就的海洋城市，並沒有學得大海安靜的氣質、沒有成就大海壯闊的氣度、沒有留下多少海洋悠閒的浪漫氣息。〔註108〕

遊客走進國家公園時，依舊一味只想滿足自己的感官刺激，將自己置於主位，殊不知「尊重自然」的道理。而墾管處雖明文保護園區海洋中之魚群，卻放任海上娛樂事業發展，國家公園、政府法令的允許是相當令人質疑的。從這

〔註107〕廖鴻基：《海洋遊俠——臺灣尾的鯨豚》，頁89。
〔註108〕同註107，頁 178～179。

不難理解問題在於國人不親海，不理解海，上至國家政策、下至逛街的遊客都是如此。

正向的海洋意識決定了國家的文化發展，錯誤的觀念與缺乏對待海洋的用心，只會使得豐富的海洋資源一再消耗，最後逐漸消失殆盡，國人對待海洋的態度彰顯出一種異化的海洋文化。在《海洋遊俠》中大量提及環境保育的想法，可以說廖鴻基有點急，而他為何如此急切，說穿了還是看見大多數是來自於人類對環境過度地開發，包括：過度捕撈、海岸生態破壞、海洋廢棄物等。

到了《腳跡船痕》更繼續延續這股「有話要說」的環保意識。廖鴻基認為面對海洋，人們的了解太少，而尊重更少。因為少了尊重，所以無視海洋環境遭受破壞。在〈海鮮〉這篇文章中，他對臺灣飲食海鮮的文化提出看法。文章一開始指出，宴請賓客時人們並不知道餐盤的食物是哪種魚，多數人僅重視點用的魚是否值錢，是否稀有，「物以稀為貴」依舊是人們固定的價值觀。任意食用特殊物種，或是瀕臨絕種的動物，不但對生態平衡有相當大的影響，也可能造成另一項生態浩劫。廖鴻基說：「魚的高低貴賤，大多是我們以價格扭曲了其價值。」〔註 109〕數量影響價格，人們為了滿足虛榮感，讓價格與特殊性凌駕於食用意義。因此僅注重魚類是否貴重，食用價值反而不是重點。

錯誤的觀念將影響整體生態圈，對於國內錯誤的食魚文化，廖鴻基表示：

> 海洋文化裡應包含海鮮文化，同樣掛著「文化」，但兩者的觀感竟如美女與野獸的天壤差別。可能是我們糊里糊塗吃魚，而且吃過頭了，才會使得海鮮文化扭曲變形而污名化。聽過嗎，有人批評說臺灣只有海鮮文化，沒有海洋文化。〔註 110〕

臺灣海域多洋流流過，具有非常豐富魚蝦貝類等可供食用，豐富的生物資源，是重要的食材之一。四面環海的環境，讓臺灣人習慣、也喜歡吃海鮮，因而有「海鮮文化」的飲食觀，這本無可厚非，但人們往往只懂如何料理與食用海鮮，卻不認識這些漁獲，也不懂海洋生物對整體海洋環境的影響，甚至為了口腹之慾以及滿足虛榮心而濫捕，導致使臺灣海域逐漸陷入危機。

廖鴻基在文章中，對魚類的食用選擇提出他的看法，他建議：

〔註 109〕廖鴻基：《腳跡踏痕》，頁 153。
〔註 110〕同註 109，頁 149～150。

生物都有「迴避」本能，越能廣闊游動的魚類，越能避開沿岸污染。所以，有所選擇的，選擇浮游性魚類比吃底棲魚健康，吃離岸魚比吃沿海魚健康。又因生物濃縮現象，微量的脂溶性有毒物質（有機氯、重金屬等），經由食物鏈累積，食物鏈層級越高的掠食性魚類，其體內累積的毒物越多；所以，有所選擇的，吃食生態（食物鏈）位階低的魚，會比吃位階高的魚健康。

「吃得好，吃得健康」誰不曉得。但除了從食物的講究，人體健康的關心層面外，現代人吃魚，還需以不妨礙海洋環境的好、不妨礙海洋生態的健康為原則。〔註111〕

食物好吃與否其實與魚種沒有太大的關係，廖鴻基舉自己的經驗與一位船長說的話：「只要新鮮，什麼魚都好吃。」破除種類迷思，希望能扭轉國人觀念。

　　顯然吃海鮮並非問題，問題是國人食用選擇都未經思考、反省，更缺乏尊重食物，而錯誤的觀念將使海洋資源不斷消耗，在〈曼波〉一文中，廖鴻基指陳花蓮縣所舉辦的曼波魚季對海洋資源所造成的影響：

翻車到曼波，這魚的運氣不僅沒啥好轉，而且越來越背；翻車意外的比例應該也不會因這種魚的改名而降低。〔註112〕

過去在花蓮辦喜宴，甚少食用曼波魚，只因其別名又稱「翻車魚」，名稱不甚討喜。然在花蓮縣政府的行銷之下，改以曼波之名舉辦曼波魚盛宴以結合觀光，曼波魚價格水漲船高，不分大小連曼波幼魚都被打撈入魚市販售。同樣的，廖鴻基也並非認為曼魚於不能吃，儘管曼波魚不是瀕臨生物，但是他憂慮在地方政府過度行銷下，過度捕撈也恐怕造成生態浩劫。

　　廖鴻基的自然寫作以海洋為主體，從觀察紀錄介紹鯨豚生態，到之後因為成立黑潮基金會推廣海洋文化教育，使得作品中的環保意識越來越強烈。許多說理論述性文章大量在此時出現，批評力道更是越趨強烈因而損害了文學性，不過其始終秉持「建設海洋文化」、「保護海洋環境」的精神，是毋庸置疑的。

3、建構尊重海洋的環境倫理

　　廖鴻基對於海洋生物的態度，源自於他在海上的體會。海洋的變化多端以及豐富的生命現象都是過去沒有過的經歷，他不但書寫海洋世界，也在作

〔註111〕廖鴻基：《腳跡踏痕》，頁152。
〔註112〕同註111，頁178。

品中思考人與海洋應存在著怎樣的關係。他看待海中的魚時總是多了一分惻隱之心，早期討海人時期，對魚的態度本應存著一種「獵人」與「獵物」間為了生存而捕殺的關係，但是在他筆下被捕獵到的魚，往往具有一種人性的展現，使讀者感受到廖鴻基對於獵人與獵物間關係存在著一種無奈，〈鬼頭刀〉中寫到：

> 我可以清楚看到，看到中鉤的是一隻母魚，而陪她一起摔滾的是一隻公魚。母魚游向左方，公魚也貼著由向左邊，那親密的距離彷彿是在耳邊叮嚀，在耳邊安慰。〔註113〕

鬼頭刀在海中具有美麗色彩，就像驕傲的展現自我的存在，但被漁人捕獵上岸後，光彩隨即消逝；另外，中鉤的母鬼頭刀掙扎不已，陪伴他的公鬼頭刀眼神中顯出悲傷、痛苦、柔情。這多半是廖鴻基透過想像呈現高傲美麗鬼頭刀柔情的一面，但也看到這時候廖鴻基筆下更多一分對魚情感的投注。

同樣的故事也出現在〈鐵魚〉一文中，兩條鐵魚（曼波魚）刻苦銘心的情愛致死未休，一同對抗漁人的捕獵，彷彿是世界上最真摯的愛情。這些魚上鉤時的堅韌不服輸的氣質，都深深感動廖鴻基。這樣的不捨心情與漁人應有的殺戮氣質產生了矛盾，進而產生一種對魚的同理心情，在〈撒網〉中他提到：

> 海湧伯老是嘲諷著罵道：「是不是想當一條魚。」
>
> 有時，我真的感覺自己是一尾網上的魚，不是這樣嗎？許多時候我一頭撞進網裡，胡亂綑綁自己，心裡明白，那是不得解脫的折磨。
>
> 〔註114〕

「想當一條魚」的心態是對魚的同理心，「不得解脫的折磨」則是表示漁人和魚之間為了生活，無法共同生存的課題，從這可看到廖鴻基是以尊重生命的態度來看待海洋生物，他與魚的關係，不只是單純的獵人獵物對立關係。

對魚的不捨，漁人與獵物的矛盾，延續到《鯨生鯨世》一書中，在觀察偽虎鯨時，他看到偽虎鯨身上傷口般的紅色圓斑，想起曾與一名老討海人聊天時，老討海人指著船邊的尖刺長矛說：對於這種常把他們辛苦得來的漁獲吃掉的鯨魚，他們只要有機會就會用長矛刺牠洩憤。看偽虎鯨身上鮮明怵目的傷口，廖鴻基不禁想起那根長矛，「心裡有了疼痛的知覺」。這個例子除了

〔註113〕廖鴻基：《討海人》，頁30。
〔註114〕同註113，頁84～85。

讓我們看到廖鴻基仍延續著他從討海人時期就已不時流露出的「不忍之心」以外，也令讀者得以進一步去深思：當人類與動物發生利益衝突時，是否代表動物一定是「罪無可恕」的那一方？

　　廖鴻基並無意要在書中提出沉重的呼籲，但從字裡行間，可看到他的心態已經向獵物（鯨豚）一方傾斜，在觀察花紋海豚時，他說：

　　　　有很多書籍資料談到海豚的智商、談到牠們的智慧，我總是覺得
　　　　人類始終站在一定的高度俯看牠們。和花紋海豚多次接觸後，我
　　　　想說的是，人類在俯看牠們的同時可能也顯示了人類有限的智
　　　　慧。〔註115〕

「一定的高度」道出了人類總是習於用自己的本位爲出發點來看待事情，廖鴻基提醒讀者應該放棄本位主義的思考模式，用更寬闊的視野來面對其他的生命。

　　在〈下水〉一文就是寫到跳下海中與鯨豚同游的經歷，透過這樣的經驗，廖鴻基更進一步地認識了鯨豚與海洋：

　　　　那絕對不同於在船上觀看牠們，船上是居高臨下用平面視野在觀看
　　　　牠，在船上，絕對感受不到牠擺尾的優雅，感受不到牠們所沉浸的
　　　　藍色神秘世界……

　　　　那是大幅的、立體的、美麗的，我是溶在牠的世界裡看牠。

　　　　牠緩緩一次擺尾，我至少得潑水蹬腿十幾下，我是跟不上牠們。……

　　　　就這樣溫文緩緩，牠們就足以從容擺脫掉我的糾纏、我的美麗夢想。
　　　　海水世界畢竟是牠們的俯仰空間。……

　　　　但至少我看到牠們了，在牠們的世界裡用牠們的眼光、角度看到牠
　　　　們了。〔註116〕

廖鴻基透過自己的經驗，他告訴讀者應該「放下身段」，用平等的角度去看待自然萬物，學習以一顆謙卑的心看待自然萬物，如此一來人與鯨豚的對立才有可能化解。

　　不過即使廖鴻基開始關懷鯨豚，但是他仍無法化解漁人與於對立的尷尬關係。吳明益認爲這樣矛盾困境要到1999年出版的《來自深海》才有排解的

〔註115〕廖鴻基：《鯨生鯨世》，頁33。
〔註116〕同註115，頁122～123。

可能，而到了 2000 年的《海洋遊俠》方有更成熟的反省。〔註 117〕事實上這兩本書正是廖鴻基環保意識抬頭，大量出現論理、批判性質文章的時候。除了批判說教，可以觀察他在這兩本書之後，有兩個重要的特色：一是在文中大量呈現人與魚、鯨豚和諧共生的畫面；一是他常將魚及鯨豚的行爲擬人化，擁有人類的個性。

廖鴻基於 1997 年的夏天，搭上「娛樂漁船（海釣船）」，開始解說員的工作，這時期他的文章常出現賞鯨船出海賞鯨，賞鯨活動藉著人與鯨豚間的互動，教導人們認識鯨豚，學習與海洋相處，如〈孩子們〉中的阿葳，在導覽的過程中，不斷鼓勵遊客與鯨豚互動，或是唱歌釋出善意，這樣的過程無形中讓人們學習如何和善對待海洋及其他生物。除了一般遊客，就連漁民也有可能與鯨豚共生，在《海洋遊俠》就有鯨豚爲漁人送來漁獲的想像，廖鴻基解釋這是某些鯨豚獵食習性，而將魚趕聚一塊造就漁人補貨；他介紹龍坑外海的岩礁雨傘島，每年破雨傘（雨傘旗魚）來時，也吸引僞虎鯨前來：

> 阿斗伯笑得更燦爛了，他說，破雨傘鯃（僞虎鯨）一出現，表示破
> 雨傘就要來了。臺灣尾的討海人和破雨傘鯃是好朋友，破雨傘鯃會
> 把整群破雨傘驅趕做一堆，破雨傘受到驚嚇紛紛浮在水面下不敢妄
> 動，讓討海人抓起破雨傘來眞正快活……〔註 118〕

原本滿身殺氣的討海人，變成笑盈盈，討海人與鯨豚變成一種共生的關係。

這些文章中打破了「獵人與獵物」對立的困局，也是他對魚不捨心情的轉化，找到自己與海中生物的相處模式，從這可以看見人與鯨豚其實可以共存，但前提是人要懂得尊重。才能得到鯨豚善意的回應，在〈黑杉遊俠〉一文中，當媒體朋友問到廖鴻基能否下水與友善海豚共遊，他馬上回答：「不要！」對此，他表示：

> 我參與過三個研究計畫，與他們相處已經四年，不是倚老賣老，我
> 擁有某種感覺，說不上來那什麼感覺？在每一次的水中對望，我都
> 能感受到，我對待這種動物的心情能夠被牠們了解。〔註 119〕

這段話雖然是相當果斷，但是可看出廖鴻基的想法，他認爲不懂得尊重對方，即使水下是溫和的海豚，也難保不遭受危險。在這前文就提到曾聽說有研究

〔註 117〕吳明益：《臺灣自然書寫的作家論》，頁 358。
〔註 118〕廖鴻基：《海洋遊俠——臺灣尾的鯨豚》，頁 43。
〔註 119〕同註 118，頁 160。

員在水下不斷碰觸領航鯨，而被領航鯨攻擊的案例。廖鴻基的書寫中，刻意呈現人與動物和諧的關係，雖然這是經過他的刻意安排，但其中所要表達的，便是「尊重」其他物種與環境的心態，唯有尊重，彼此間才能有共存的可能性。

除了展現人與魚共生的關係，廖鴻基在他後來寫作時，大量使用擬人化筆法，使筆下的鯨豚，充滿了各種人性，在《鯨生鯨世》這本書中所描述的各種鯨豚：有慧詰、有親情、有友情等等擬人化的描述，例如「那真像是一對對媽媽牽著穿制服的小朋友來到學校門口的情景」〔註 120〕、「我常常覺得牠們在一段距離外觀察我們、嘲笑我們，遠遠把玩、考驗著我們的修養與耐性」〔註 121〕，把鯨豚的行為描述成人類日常生活會經歷的場景，把鯨豚當成朋友，甚至和人類接觸時，牠們是主導的那一方。

到了《來自深海》的書中，〈擱淺〉、〈孩子們〉等文章中，敘述角度也常常忽然從第三人稱旁觀角度，一下轉為以鯨豚為第一人稱，讓文章有如動物小說，將具有人性、人類社會組織的鯨豚化為書中的主角。這樣擬人化的描述不但使讀者更能體會鯨豚的平易近人，進一步想要親近牠們；並且試圖跳脫「人類中心思想」，尤其是〈擱淺〉、〈孩子們〉等文，透過鯨豚的口吻，表露出心中的怨恨與恐懼，意圖讓生活在陸地上的人試著用同理心，設身處境去思考、想像鯨豚當下被刺殺的痛苦。

吳明益認為在《鯨生鯨世》開始，廖鴻基的觀點已從人的身上轉移到生物的身上，以生物的生存立場著想，產生了近似生物中心（biocentrism）的思維模式，亦即運用觀點敘事轉移手法，呈現海洋生物眼中的人類世界。〔註 122〕近年來，廖鴻基更是擴大視野，例如《後山鯨書》，他的敘述模式是跳躍，除了用第三人稱敘述情節，第一人稱敘述心情，有時還用「第二人稱」，用「你」或「你們」敘述，彷彿化身成為海神（大自然）的信差，並且藉而呈現「海」的愛與死，生滅之間無言的意識，讓人們得以去修正、轉化和大海之間的關係：

> 你們當中年紀最大的一位抹香鯨，他蹲踞在海濱公園已經好幾年，
> 遊行隊伍通過後的那天深夜，他透過晚風召集大家說：「我們如此默

〔註 120〕廖鴻基：《鯨生鯨世》，頁 25。
〔註 121〕同註 120，頁 56。
〔註 122〕吳明益：《臺灣自然書寫的作家論》，頁 358。

默地堅守崗位，也眼睜睜看著遊行隊伍一次次離岸遠去，明顯地，

隊伍越來越小，離岸越來越遠，我們還繼續這麼站下去嗎？」〔註123〕

敘事者原本用「你們」稱呼抹香鯨，然後化身為海濱公園「抹香鯨」雕像，
陳述抹香鯨眼前的陸上景象，映照海上巡游的鯨豚隊伍的優游，而有一種無
奈感嘆；隨後敘述者又跳到旅遊雜誌：

一本著名旅遊雜誌封面上的一頭大翅鯨說：「那，太平洋裡有個小
島，也是行隊伍每每經過的地方，那裡的城市也是大量的以我們為
標誌；但差別的是，那裡塑像底下的說明，或那裡的媒體，都一再
提起；如何愛護我們，如何不要讓廢水流入海裡、不要讓垃圾漂進
海裡⋯⋯」〔註124〕

之後再回到抹香鯨上：「這裡，我們所在的城市，許多雕像、圖像，並未一字
一句為我們提及『愛』或『尊重』；這城市利用我們，但並不善待我們。」這
一段話是連貫的，廖鴻基用跳躍式的敘述方式，打破傳統文學用「你、我、
他」的敘述模式，儼然也打破人與物之間的界線，敘述觀點流動於人、神、
自然之間，成為生物代言者，喚醒人們對海洋更深一層的省思，誠如許悔之
在《後山鯨書》序中說：

鴻基以《後山鯨書》呈現出他對鯨豚和海洋更深沉的敏感，不止於
海上初遭遇的激動和興奮，《後山鯨書》是鴻基思維海、面對鯨豚的
美學之書、哲學之書，我以為，這是一闋交響詩，媲美德布西的《海》。
〔註125〕

另外，《飛魚·百合》也採用類似手法，在這本書中，可以發現廖鴻基的視野
並不只侷限海洋，甚至有時化身為河流因奔赴海洋而得以回首看島的姿態。
《飛魚·百合》一書正是透過「海洋」、「高山」、「平地」、「溪流」、「河口」
等眾多的視角，開啟自然對談。

這樣的手法，雖然是廖鴻基嘗試突破以往的寫作手法，但其實還是表現
在人與海洋、大自然的和諧、融入與關懷。雖然在他的自然書寫中，並未強
調環境中心倫理，但是他在書寫海洋時，常將自己幻化成海洋的一部份，學
習用深刻的心靈觀察來品味人生，用海洋的視角來探討人性的本質，在內在

〔註123〕廖鴻基：《後山鯨書》（臺北：聯合文學出版社，2008 年 2 月），頁 112。
〔註124〕同註123，頁 112。
〔註125〕廖鴻基：《後山鯨書》，頁 18。

的情感驅動之下，寫下對海洋的情感及關愛，不斷地省思人與海洋合諧並存的可能。

（三）類似報導文學的海洋記事

廖鴻基有兩部關於遠洋紀錄的作品，其一是《漂島》，其二爲《領土出航》。「遠洋」在臺灣海洋文學較爲少見的，此二書廖鴻基以接近隨船紀錄與航海日誌的形式加以紀實，並於文中擷取與船長、船員間對話呈現。另就內容而言，廖鴻基著重在刻劃遠洋漁船、貨櫃船中船員的身世、船上生活與途程中所遇到的困境，如海域穿越、海上補給、海盜⋯⋯等，將臺灣漁業及海上生活圖像由沿海推向遠洋。藉由廖鴻基的書寫題材，不但重塑讀者海洋全面圖像，更擴大臺灣海洋視野。

此外，廖鴻基所代表的角色、位置也有所改變。他的位置轉變成爲被帶領下的旁觀者、報導者，旅行中他的角色是不斷移動的。他以遠洋主體進行敘述，隨著船隻出航，尋找旅行中獨特的故事，進行報導式的書寫。一方面他感受到海洋上的空間感與時間感與陸地有所差異，因此深入報導船上特殊的空間與生活。另一方面他以討海人的生命群像與故事爲敘述主體，將朝夕相處的船員的生活經驗與生命故事交織出的「船員生命史」，展現出不同的旅行風景。

1、遠航的生活百態

在兩段遠洋航程中，廖鴻基皆表現旅程中在船上所見的風景，即「船隻王國」的特殊情景。遠洋中，漁船與貨櫃輪因爲與外界隔離，就如同小王國、另一個世界，面對茫茫大海，只有獨立航行的船隻擁有穩固踏實，人與人之間的關係自成一個小社會，船長船員間的階級位置，成爲命運共同體彼此相互依存等。因此兩次航行皆讓廖鴻基體會船隻如同「島嶼斷裂分離出去的小島」〔註126〕當船隻在大海航行，確實猶如海島臺灣延伸、切割出去的一部份。

而這個小王國中，具有一套獨立於陸地的規則與制度，船長猶如國王，幹部似臣子，船員便是庶民，階級分明以便於管理。同時船長個性會影響船隻風格，在階級分明的環境下，船員必須遵照命令。在船上，船長規劃航線與航向，具有絕對權威。廖鴻基如此形容：

〔註126〕廖鴻基：《漂島——一段遠航記述》，頁16。

> 國王不同的性格、不同的修養、對責任的不同認知及對領導統御的
> 不同見解，每艘遠洋漁船都成為不同體質、不同氣氛各具特色的海
> 上王國。〔註127〕

由上述可得知船長對船隻以及船員之重要性，船長除了具有絕對權威外，亦必須負起絕對責任。

在船上廖鴻基曾看過楊船長處理船員外傷，動作看似粗暴，但卻俐落直接而迅速；也看到船長幫船員清理噴進火花的眼睛、為生病船員打點滴，都描繪出船長在船上優秀的能力。在遠洋中，醫療設備因為大海隔離，不如陸地上方便，〔註128〕所以在遠洋漁船上，楊船長一人身兼海上的外科醫生，「海上就這樣，久了自然就會」，船長行醫技能無師自通、快速俐落，但是換船長生病了，也得借助他人，廖鴻基為楊船長的肉瘤剪除一段，描摹最為生動詳盡：

> 「喀喳」一響，似乎響自心底的某根筋抽搐了一下，那手術剪比想
> 像的快又利，那一刀剪下去可能連痛的機會都來不及。我也不確定
> 下剪剎那究竟是張著眼還是閉著眼，我也沒機會看到楊船長的表
> 情，我的注意力全在那贅疣後傷口的變化──被我左手指頭捏起的
> 皮膚尖塔，受我右手剪子一剪剪掉了牽連，楊船長的皮膚立刻萎縮
> 退去。像小時後戲弄蝸牛，用指甲去捏掐它伸長在殼外的觸芽，觸
> 芽立刻萎縮整個退回去殼內。楊船長的皮膚蠕動著退回他的臉上，
> 是活著的個體，像是有別於楊船長身體的一個獨立而且有痛覺的生
> 命，像一根被捨棄掙跳著的壁虎尾巴。楊船長額側形成一個白圈，
> 蠕動著的白圈，正圓形的白圈。要我特地在紙上剪個圓圈我想也不
> 可能剪的這麼圓。〔註129〕

在這同時船長還必須忍受疼痛，只為了維持船長的形象與權威。

在遠洋中，船的空間就如同海上帝國，然而海洋的阻隔性，卻將旅行者與船員侷限於小小的一艘船上，即使遠洋貨輪超過一列捷運般巨大，但海洋廣闊

〔註127〕同註126，頁39。

〔註128〕當初廖鴻基參與遠洋航行，楊船長給他兩個功課必須在出航前完成，參加漁訓中心辦的「船員基本安全訓練」及「割盲腸」。前者是為了取得出航證書，後者是因為盲腸會無緣由、無預兆的突然發炎，發炎後若沒有即時處理，會擴大成致命的腹膜炎，遠洋航行離岸往往都是十天半個月以上的航程，萬一在船上發生盲腸炎會是大麻煩。

〔註129〕同註126，頁90。

萬里，人可以活動的範圍依舊有限，〔註130〕只在船上小小的一方空間，換句
話說，遠洋的旅行中，他們同時面對遼闊，也感受封閉。也因為封閉，當船隻
離航後，除了收音機及衛星電話等通聯器具外，他們幾乎與現實社會隔絕。

　　這樣的封閉、隔離性，除了造成生活的不便，在心情感知上也造成剝離，
特別對時間的感知上，例如圖書室的報章雜誌上的日期，永遠都是上次船靠
岸的時間。在海上時間是悠緩而無限延長，海上的航行一趟就是數十天，甚
至更長更久，只能照著既定的行程，持續漂流前進，因此時間感知永遠是異
於陸地社會。在遠航中，船員有兩張不同的日曆，時間是雙重的，一張是用
來航行，屬於航海專有的日曆，是與自然天時、工作有關的，配合海上潮流、
時節，才能夠決定撒網的時刻，或是配合既定行程完成貨櫃運送，具有節奏
的。另一張才是真正的日曆，也就是陸地社會所賦予的時間節奏，提醒船員
今夕是何日：

> 節日本來就屬於人世的、人為的，節日是需要一群人一起過才有所
> 謂的節日氣氛。船上就這麼幾個人，方圓幾百、幾千浬內可能沒半
> 點人影，所以節日對船員來說可能只是個陸地殘留的記憶，只是日
> 曆上一個彷彿有什麼意義實際上卻又沒什麼意義的標誌，是個暗地
> 裡提醒該默默想念家人的日子，是個容易感傷的日子，是個想忘掉
> 又忘不掉的日子。……其實大家曉得，節日悄悄記得就好，節日提
> 醒自己和陸地還有一絲牽連，如藏在心裡角落的一個遙遠符號，是
> 一個讓自己默默想念家人的日子。〔註131〕

「行船人無節日」，陸上的日曆對船員雖不具意義，無論任何節日，船上工作
依舊，但卻不時提醒船員憶起島內的家人親友，心中感傷加成。廖鴻基對著
船員與船長分別提及春節與聖誕，卻引發他們黯然的感覺，楊船長在船上時
間久了，節日全不記得，年輕船員卻只能悄然以對。

　　2、遠洋事業的驕傲與辛酸
　　《漂島》書中對於遠洋漁業的成就也有諸多描述：如臺灣的漁業基地超
過政治邦交國，是第六大公海漁業國，魷魚漁獲量是世界第一等。一年後當

〔註130〕廖鴻基：《領土出航》（臺北：聯合文學出版社，2007年6月），頁21。一列
　　　　捷運十節車廂約有長200米、寬4米、高3米，而竹明輪長275米、寬40
　　　　米、高61米。
〔註131〕廖鴻基：《漂島——一段遠航記述》，頁145。

他面對陽明海運王經理時，也表示希望能「讓我有機會寫下臺灣貨櫃海運的驕傲」〔註132〕，此趟貨櫃輪航程不但是請求企業協助，還申請國家藝術基金會獎助。由此可見他的兩趟遠航都是爲彰顯臺灣海洋事業的優越，他認爲遠洋事業是國際級的產業，兩者皆能迅速聚焦一般大眾的眼光，於是利用這些當作橋梁，試圖激發更多能量，以遠洋貨運來說：

> 進出口貿易，是臺灣經濟成長強而有力的發動機；而進出口貨物中的95%經由海運輸送。包括食、衣、住、行和能源，事實上，我們一直享用著線狀海運端點的便利。〔註133〕

我們習於享受海洋所帶來的便利、資源，卻不自知這些資源大多是靠著海運運輸來臺，海洋對臺灣的重要性，自此可見一斑。

而不論漁獲還是運輸，這樣的成績有時候卻是用性命拚出來，廖鴻基曾問高船長航行最怕什麼？船長回說最怕海盜，而外國軍艦通常扮起海盜角色，一上船看到什麼都要搶。文中寫道遠洋漁船途經馬達加斯加島，遇到軍艦尾隨：楊船長用雷達掃瞄，不是掃描軍艦位置而是確定我們船隻距離島距離。「十二點海浬！」楊船長鬆了口氣喊著說：「我們並未侵入十二浬領海，」船長又說：「船隻進入他國領海，如同入境，限制多多，無害通過雖然並不違反國際海洋法，但須以 VHF 無線電向領海國報備核准，這是航海慣例。」

即使如此，外國軍艦卻一直要漁船停船受檢，對此，楊船長採取相應不理，因爲他知道受檢的麻煩，除了語言溝通問題，各國對於「無害通過」詮釋的不同也可能節外生枝：

> 問題關鍵在於我們船隻雖然在他們領海外，但我們確是在該島二十四浬「鄰接區」內、鄰接區內該島國擁有「防止侵害到領土或領海內之關稅、財政、移民及衛生之管制權」，也就是說，他們有求該區內他國船隻停船接受關稅、財政、移民及衛生檢查的權力。但麻煩的是這些權力細究的話，是可以到吹毛求疵的地步，舉例來說，單是衛生一項，他們就可以對船上垃圾處理，廢水處理等以嚴苛的標準來檢驗。〔註134〕

〔註132〕廖鴻基：《領土出航》，頁 32。
〔註133〕廖鴻基：《領土出航》，頁 21。
〔註134〕廖鴻基：《漂島——一段遠航記述》，頁 115。

這事可大可小，過去就有不少遠洋漁船被扣押、沒收，甚至是被開槍的事件，老船員回想起這些往事，有說不盡的酸苦，「一扣幾個月，船上的糧省吃儉用也都快吃完，放行還遙遙無期，家人的擔心，聯絡的不方便，叫家人寄錢來也全被攔截了，」〔註135〕更糟的是臺灣在很多國家沒有領事館，有些漁民乾脆尋求中國領事館求救，看似氣派、熱情的中國領事，最終還是虛與委蛇，應付了事。

　　相較於遠洋漁業，貨輪航運竹明輪舷牆高，船速快不怕海盜，而且行程確定：

> 記得前一趟遠洋船航程，航前問船長：「甚麼時候靠港」，「大概⋯⋯」；接著問：「靠哪個港？」，「可能⋯⋯」；「那，航程一共幾天？」，「看情況⋯⋯」。遠洋漁船總是將海的神秘、不確定及無法掌握的特性發揮得淋漓盡致。對比之下，這趟貨櫃船航程好像不是走在夐遼大海，而是攀著行程表，緣月曆上的數字一格一格穩定的爬行。〔註136〕

貨運航運講究準時，因此有不少時間壓力，文中寫到途經蘇伊士運河，因為行程耽擱，竹明倫必須在港外泊船等待隔天一早的航班：

> 大副說：「在嚇死人的運河通行費外再添點嚇死人的額外費用，就能加開一個北上梯隊過河。」竹明輪是歐亞定期航線，有準時抵港的壓力；又遭逢聖誕、新年前商品流通最繁碌的海運旺季；定期航運線貨櫃船，準時到港是商譽也是責任；若在此空候一天，損失可能會比繳交嚇死人的額外費用還高。〔註137〕

竹明輪單趟運河通行費就要一千多萬臺幣，文中雖未說明額外加班費用多少，但可以想像竹明輪寧可繳交費用也不願多停留一天，勢必有其時間上的考量。

　　當然，時間之外商譽也很重要，廖鴻基將貨櫃輪形容成國家「領土」的延伸，以領土之名看待貨櫃船。強調竹明輪是臺灣領土的延伸，是臺灣的代表，因此有責任與義務以良好的表現及友善的態度面對他國。由此可見，海洋不但是島國人民生活的一部分，遠洋事業更能強調臺灣海洋國家的屬性與

〔註135〕同註134，頁118。
〔註136〕廖鴻基：《領土出航》，頁22。
〔註137〕同註136，頁109。

特色，海洋延伸了人們的視野，亦連結世界，臺灣看似雖小，但只要能延伸
出海，其實就能無限擴大。

3、隔絕海外的船員生命史

除了記載討海人生活與國外風光，廖鴻基也記下船員的生命歷程。無論
是遠洋漁船或是貨櫃輪，船員出航後往往需要相當長時間才會再次回到港，
因此船員對於家人鄉愁也更加顯著。在《領土出航》中，廖鴻基將幹練水手
王先生、楊先生及三副的感情故事置於〈單身〉一文，王先生為了工作無法
有充足的時間尋找伴侶；三副則是憂心自己的職業長期在外，為免辜負女朋
友而分手；但兩人皆感到孤單，儘管出航後沒有如其他人對家人那般的虧欠
或思愁，但缺乏心靈寄託，卻讓他們在海上更加孤單。廖鴻基特別敘述航海
人的故事，不僅是因為他們是遠洋漁船上少數的題材，也展現因為海洋工作
造成他們生命中的缺憾，這是陸地上的人所無法理解的委屈與困頓。

這些船員猶如被陸地遺忘甚至遺棄的一群，儘管海洋事務對臺灣具有深
遠影響力與必要性，但船員地位卻始終未能提升。近年來臺灣海洋航運教育
發展下，許多學生願意投身海運業，海洋運輸船員也不乏高知識份子，有對
海運事業抱持高度憧憬者，但他們的科系在臺灣教育界依舊是所謂「冷門」
科系，也是相對邊緣。

另外，在投身遠洋事業前，許多遠洋漁船的船員本屬邊緣、弱勢者，如
同書中楊船長所言，「臺灣會來跑遠洋的，有不少是陸地走無路了才來跑船」
〔註138〕他們因經濟壓力，無可奈何而投身海洋，期待幾年努力得以改善家
庭經濟，但是航行多年，他們卻已經無法再回到陸地生活，因為已經習慣海
上航行、船員集體生活，似乎難以上岸從事其他行業，尤其在這變動快速的
時代。對於遠洋船員的海／陸情節，他曾用高船長在船上飼養的狼犬 Hali
暗示：

> 「曾經帶上去過……不行啊，看到車會怕，不會走馬路、不會閃
> 車……看到太多人會怕……看到狗也會怕……」
>
> 一隻在海上長大的狗，一隻輩子都在航行的狗，一隻已經忘記自己
> 是狗的狗，一隻已經不能上岸的狗。我想到高船長說過，老船員退
> 休回到岸上後已經無法適應陸地種種。〔註139〕

〔註138〕廖鴻基：《漂島——一段遠航記述》，頁68。
〔註139〕同註138，頁208。

　　航海旅程中，廖鴻基不斷聽見船員們欲離開遠洋工作，到陸地尋找穩定職業的想法，但由於前述諸多因素，始終沒有付諸實踐。廖鴻基曾詢問凍船高船長何時打算退休，船長雖然表示很希望這是最後一趟，但卻又道出許多同行退休後難以習慣陸地生活，無論身體或是面對社會人群接要重新學習適應，都有許多困境：

> 不少同行的上去後發現，海上這麼多年沒病沒痛的，一上了岸一下那裡痠、那裡痛，動不動就感冒，陸上空氣和海上沒得比啊！上去還能做什麼？不少同行的上去後閒閒的一陣子莫名其妙就翹了……也有想說跟人家投資作生意試試看，啊！離開社會那麼久了，什麼都兩樣了，陸地人做事總是小心翼翼，我們，鈍憨、鈍憨，知道我的意思嗎？做生意？兩三下就清潔溜溜了。〔註140〕

長期與外界隔絕，習慣在船上直來直往的相處方式，使得討海人不敢貿然重回陸地過著穩固生活。

　　此外與家人相處也是問題之一，高船長表示每次休假一個月，初始感到開心，但畢竟長期生活習慣不同產生認知差異，因此與家人之間的磨合，以及面對陸地紛擾的忍耐度都只有一個月。同樣情形也發生在竹明輪船長，年幼時為協助家中清還債務，選擇航海，四處遊歷並獲取高薪，但當他成家後，卻經常感到後悔，對妻兒虧欠甚深，因為孩子成長階段他幾乎「不在場」，與孩子總有生疏感。即使返回陸地與家人生活一樣難以拉近距離，彼此的話題始終對不上「要嘛不講，要嘛講出來沒人聽得懂。」〔註141〕

　　對航海人而言，無論離航或返航，面對家人始終皆存在著距離，在海上是實際距離，僅得以思念；面對家人時是心裡存在界線隔離。在離與返之間，航海人存在許多矛盾與尷尬，卻始終難以解決。廖鴻基寫下船員的鄉愁，那是所有航海人的共同鄉愁。

4、對陸地的思念

　　這樣的情況同時發生在廖鴻基身上，遠洋也讓他開始反思離航與返航之間的意義與兩個家之間的關連性。長期推動海洋文化，因對海洋以及海洋生物的熱愛，廖鴻基被評論者形容為「大海的新郎」，他甚至不諱言希望與大海

〔註140〕同註138，頁201。
〔註141〕廖鴻基：《領土出航》，頁89。

合爲一體。從未間斷行走海岸、行船出海，廖鴻基看似愛海成癖，但在遠洋漁業這趟航程後變得不一樣，海洋改變他「在海中落葉歸根」想法。

　　過去的沿海航行是短暫的，使他可以在海洋世界中「暫時」擺脫陸地上的枷鎖，取得生活的平衡：

> 過去沿海航行總是頻繁的登船出航或是靠港上岸，出航和返航的次數多了，穿梭陸地、海洋兩個世界的感覺漸漸像是在同個屋子裡的兩個房間來來去去。〔註142〕

當時海洋與陸地兩個空間的界線其實不那麼明顯了，但遠航的過程中，單調的航行、海洋的封閉與隔離，都使人想望陸地，陸地反而成爲心靈的寄託：

> 啊！陸地！航行了五天，我每天都上去頂層甲板瞭望一個多小時，垂落在海天交界的雲朵常被我當作是陸地來想像。終於不用再想像了，我看見右舷出現了眞眞實實的山形剪影。〔註143〕

廖鴻基發現陸地在他心中的重要性，這不只是遠洋過程中，對於陸地的渴望，而是航行多日之後，陸地對他而言，是連繫著生活現實，甚至是連繫著「家」。

　　長期海上航行，與陸地之間聯繫完全中斷，於是「手機」擔負起與家鄉的聯繫，文中透過廖鴻基使用手機的過程中，感知他對於陸地及家鄉的思念與渴望，這一段描述非常生動，寫出其心中之急切：

> 雖然才短短五天海上航行，但感覺自己像是斷了線遠颺的風箏和家鄉親友音訊隔離，又這些天臺灣選舉，多麼想這時能藉由手機一線相連知道些家鄉狀況。
>
> 手機用了許多年不求甚解，到了要用時把弄研究了一番仍找不到通話門路。問了新加坡城市碼，試了兩個小時還是無法接通，企圖心強烈吧，撥了再撥弄得一個早上心情慌慌躁躁。午餐後，大副説：「你又沒辦國際漫遊怎麼通？」好吧，既然如此就又掐又捏的硬是把這個和家鄉通話的渴望給勒死了。斷了企圖，不安的情緒果然像一團火澆上了一沱水，雖不甘心 但平靜的接受了繼續音訊隔離的現實。
>
> 哪知，夜裡和大車聊天，他説，不必漫遊也可以和臺灣通話。一線希望的火花再度燃起。又試了半個晚上，差點沒把手機給按斷，仍然不通，徒增懊惱。

〔註142〕廖鴻基：《漂島——一段遠航記述》，頁59。
〔註143〕同註142，頁46。

> 隔天一早醒來，滿腦子想著手機的事。才睡醒的腦子比較清醒吧，
> 恍然想到可能是手機設定的問題。改變頻道把弄了數個小時，試了
> 無數次⋯⋯那慌躁的情緒又回來了⋯⋯終於找到了一個新網路，終
> 於、終於接上了臺灣⋯⋯通了話後又不知道要聊些什麼。〔註144〕

廖鴻基透過手機，試圖尋求通聯的網路，他在文章中展現期待接通電話的心有多強烈，思念故鄉之情就有多深。一趟遠洋後他開始深入對海洋與陸地之間進行思辯，他發現自己的生命似乎存在兩個原鄉，陸地與海洋。

　　航行再久，航海人依舊需要陸地的養分予以滋潤，在這部分的書寫之中，也能發現廖鴻基進行自我反思，曾經渴望自由掙脫，卻又於出走後又極度焦慮、慌亂。但是當他返航回家時，又對陸地上的「家」，呈現一種熟悉的陌生感，甚至還有還在海上的錯覺：

> 三點醒來，愣愣的看著船尾一盞夜燈想不起來這是哪裡？
>
> 午睡時房門開著，母親走到房門口看我，半睡半醒間我問母親：「媽，
> 妳怎在船上？」〔註145〕

廖鴻基在海洋與陸地兩個空間交錯，在海上時想著陸地的家，在陸地上卻忘不了海上的家。徐宗潔認為《漂島》中隱涵著的認同焦慮是「海洋記憶的轉向」他在這趟遠洋之旅，雖然仍是在海洋，但是是長期在船上，在不熟悉的海域，產生了對自我的「鬆動現象」，因此對海洋則產生了「認同焦慮」。〔註146〕

　　所幸他並未陷溺在此焦慮中，經過一番調適，接受海洋帶給他的改變。一年後他跟隨竹明輪再度出海進行遠洋報導，一開始他也曾掙扎，對於他離航與返航之間也產生疑問：

> 我的世界因為航海而有兩個方向相反的箭頭：← →；而這兩個箭頭
> 之間，總是存在著幾個問號：←？？？→。不同方向的疑惑不難有
> 兩種迥異的單向回答，而最難的往往是如何雙向自我解釋──為什
> 麼再度出航？這次打算怎樣的航行姿態？想得到什麼？又如何回
> 來？〔註147〕

〔註144〕廖鴻基：《漂島──一段遠航記述》，頁51～52。

〔註145〕同註144，頁247。

〔註146〕徐宗潔：〈海洋記憶的轉向──讀廖鴻基的《漂島》〉，《文訊月刊》第222期（2004年4月），頁26～27。

〔註147〕廖鴻基：《領土出航》，頁23。

儘管心中有疑惑，但當他提出內心世界的兩個箭頭之時，代表他已經認定自己屬於陸地也屬於海洋，海洋與陸地都是他心目中的故鄉：

> 順流是觀眾，逆流是演員，動靜分別以不同的速度聚合；然後擦身。
> 茫茫大海裡一場流動的因緣際會。一艘船跳過一艘船，從無以計算
> 噸數的沿海小膠筏，跳到沿、近海漁船，再跳到鯨豚調查工作船、
> 賞鯨船⋯⋯選擇甲板，就像演員挑選舞臺。每艘船各有不同的脾氣
> 及個性；一艘船，一世界；自己像個流動演員，選擇流動舞臺，演
> 出流動的戲碼。〔註148〕

他將海洋譬喻成大舞臺，而他自己是舞臺上的演員，不斷逆流而上，突破各個階段，不停嘗試新生活，不願屈就同樣平穩的生活。當他「選擇甲板，選擇了海洋，選擇那流動的生命形式」，也就表示他已經走出一年前對海洋的焦慮。

第三節　回歸達悟文化的海洋朝聖者——夏曼‧藍波安

夏曼‧藍波安（Syman Rapongan，1957），漢名施努來，臺東縣蘭嶼鄉達悟族人。淡江大學法文系、清華大學人類學研究所碩士班畢業、成功大學臺灣文學研究所博士班肄業。長期從事達悟族文化重振的工作，對於整理、建構達悟族特有的「海洋文化」不遺餘力，是達悟族少數知識菁英、文化運動的領導人。

一、夏曼‧藍波安的書寫歷程

（一）成長背景

自從父親的膝蓋生出來之後，夏曼‧藍波安在蘭嶼經歷了新舊兩代價值觀的拉鋸，他總記得小學的時候，父執輩出海的捉飛魚的景象：

> 祖父的兩個弟弟都還健在，他們每次在飛魚季節第一個月出海的時
> 候，一定得讓所有睡在共宿屋裡的小男孩睡著才出去，不能讓他們
> 看到爸爸叔父出海，因為小孩童言無忌會亂說話，惡靈會跟長輩一
> 起出海讓他們捉不到飛魚，這是長輩原初的海洋信仰。他們每次出

〔註148〕同註146，頁56。

> 海的時候，海上會出現很多火炬，都是部落裡的人在海上網飛魚，
> 火把的記憶至今如雕刻般深印在我腦海裡。我想我總有一天也要點
> 著火把到海上捉飛魚，可是這到底是為了什麼呢？〔註149〕

但夏曼‧藍波安還未能了解父執輩海上勞動的內涵，就被快速入侵的現代化價值影響。50年代以來，臺灣輸入的國民教育，以及1967年蘭嶼的觀光開放，導致達悟人的世界裡多了「臺灣」、「大陸」等名詞。

雖然在許多作品中，夏曼‧藍波安一再抨擊童年時期國小老師、軍隊指揮官乃至雜貨店漢人老闆對達悟族的偏見，造成年輕達悟族人自卑的心理，而對達悟文化刻意漠視。但是童年時就同島上多數達悟孩童一般，在迎接承載豐富物資的「臺灣來的貨輪」時，內心有著無限的嚮往與憧憬：

> 沙灘是我們的床，海浪宣洩的潮聲是我們的安眠曲，天空的星星是
> 祖先的靈魂，月亮是祖先的朋友；這些可能比臺灣還漂亮、還美麗。
> 但希望貨輪下一趟再來時，我們能偷渡到臺灣，這才是我們期待貨
> 輪來的第一個願望。〔註150〕

他曾自述，對60年代出生的年輕達悟族人「沒有一個人不嚮往臺灣，或是變成臺灣島嶼的住民」〔註151〕，夏曼‧藍波安自己也不例外。在國小四年級時，接觸到前往蘭嶼參加救國團活動的大學生，讓夏曼‧藍波安萌發到臺灣讀書的念頭，〔註152〕，但是父親卻強地希望他能留在蘭嶼繼承家業與傳統。他在蘭嶼「待了一個月之後，想讀高中的念頭仍然非常強烈。趁著父親出海抓魚時，他又偷偷跑到臺東」，16歲的夏曼‧藍波安離開蘭嶼小島後到臺東市就讀高中，住進天主教「培質院」。

年少時的夏曼‧藍波安縱使能避免掉對母族文化刻意排拒與漠視的心理，卻無法抗拒臺灣現代化的「新鮮知識」〔註153〕與物質生活。從成長軌跡看到，年輕的夏曼‧藍波安在蘭嶼（達悟文化）、臺灣（中華文化、現代化）尋得互容的模式之前，是向大島現代生活傾斜。此後歷經就學、就業，夏曼‧

〔註149〕張清志：〈只有海浪最愛我──孫大川對談夏曼‧藍波安〉，《印刻文學生活誌》第1卷7期（2005年3月），頁37。

〔註150〕夏曼‧藍波安：《冷海情深》（臺北：聯合文學出版社，1997年5月），頁191。

〔註151〕夏曼‧藍波安：《八代灣的神話》，頁124。

〔註152〕邱斐顯：《想為臺灣做一件事──臺灣價值訪談錄及心情紀事》（臺北：前衛出版社，2010年），頁287。

〔註153〕同註151，頁124。原文是指「舊思維的中華文化」，在此是借指被「西化」而後「漢化」的現代教育。

藍波安在臺灣本島滯留了 16 年之久。臺東高中畢業後，他原本有機會可以保
送師大音樂系、高雄師院音樂系或高雄醫學院，但是他卻拒絕保送：

> 一來，他認爲自己的成績沒有好到那種程度，如果憑保送制度，將
> 來在大學裡還是會跟不上其他同學；二來，他一直在思考一個問題：
> 「難道原住民學生只靠保送制度，才有機會上大學嗎？」〔註154〕

從前述兩項拒絕保送大學的理由，不難看出年輕時的夏曼・藍波安叛逆性極
強，儘管他已經進入臺灣現代化社會當中，卻有深刻的省思能力與自我主張、
想法，這在他日後從事原住民運動、反核運動，乃至對現代／傳統生活、思
維的取捨抉擇，都有一定的影響。

在拒絕保送又無力考取大學的情況下，他在臺灣四處以打零工、開計程
車維生，一直到 1980 年才考上淡江大學法文系。對夏曼・藍波安而言，這是
一段非常痛苦的經驗，但四、五年的打工經驗，卻讓他有較多的體悟，而後
在 80 年代的末期，因爲原住民族運動的喚起，讓他就此走上追求自主與反抗
的道路。

在 1984 年「臺灣原住民權利促進會」（簡稱「原權會」）成立之前，原住
民問題一直是臺灣社會不被注意、討論的議題。1984 年 12 月 29 日，原權會
成立，原住民族運動以組織化的型態就此展開；1987 年原權會發表〈臺灣原
住民族權利宣言〉；1988 年 8 月 25 日，第一次「臺灣原住民族還我土地運動」；
從時間序列及運動的密度看來，原住民運動和當時各種社會運動一樣蓬勃發
展。

原權會開始推動臺灣原住民民族運動，是原住民知識青年在面臨民族危
機之時的具體實踐，除了「還我土地」，其間包括了多次的抗爭行動，如：「正
名運動」、「還我姓氏」、「救援雛妓」等，都是由「原權會」直接領導或間接
參與的抗爭運動，並廣泛地獲致各族原住民知識青年的支持與努力，特別是
游離在統治勢力所刻意培植的原住民知青系統之外，對統治者深具反抗意識
的青年。

由於抗爭對象清楚地指向當時的政府，並且爲了達到快速顯著的效果，
因此「原權會」在抗爭行動開始之際，即將發聲據點選擇鎖定在大都市之中，
以期獲得媒體的聲援與大眾的注意。在這樣的風氣引領之下，也帶動原住民

〔註154〕同註 152，頁 286。

文學興起。〔註155〕此時在臺北生活的夏曼‧藍波安也受到這股風潮刺激，加入原運的行列，開始走向達悟族追求自主的道路，並於1988年積極展開的反抗核廢料儲存蘭嶼的運動。許多研究者認為參加原住民社會運動與反核廢料社會運動，是激化夏曼‧藍波安正視自己原住民族身份的一個轉捩點。在本島生活十六年，讓他從嚮往現代生活，到質疑、省思大島／小島島民的身份的差異。

　　然而，時至90年代初期，原住民抗爭運動並未能得到相對顯著的重視，一部分固然是外在政治、經濟力量的強大壓制，各級議會皆由統治勢力所培植的人選把持著，反對力量在政治、經濟的總體壓制下難有做為；另一更為重要的原因，則是來自運動推動者本身的因素，原運團體開始對於運動的未來走向出現了不同聲音。起因源於原住民運動的推動者，大多數是滯居於都會邊緣謀生的各族知青，他們逐漸發現，過去的抗爭訴求與行動並未獲得來自於原住民族本身的共鳴，除了眾多媒體的注視外，並未能夠真正走進原鄉部落、走入族人的心中。各族知青意識到自己大多是自少年時代即到外地求學，以致於與原鄉文化間存在著巨大斷層。畢竟，抽離土地與失去母體的庇佑，致使運動訴求面臨無法避免的空泛現象。對於此困境，一場自我價值與運動意義的質疑，反省與追尋，也悄悄地在滲透進知青的思維中，激盪著他們的心靈。〔註156〕

　　於是，為尋求來自原鄉的草根力量以及與部落族人的緊密連結，許多原住民知識青年、文化工作者紛紛選擇踏上「返鄉尋根」的路途，這包括了泰雅族的瓦歷斯‧諾幹（1961）、魯凱族的奧威尼‧卡露斯（1945）、排灣族的撒古流，以及夏曼‧藍波安。他們各自以自己的母族文化為書寫對象，形成90年代的原住民文學風潮。而與其他原住民作家不同的是，夏曼‧藍波安的母族正是孕育在大海中的達悟族，讓夏曼‧藍波安的作品較之其他原住民作家更顯不同，走出獨樹一幟的原住民風的海洋文學。

〔註155〕原住民的漢語文學早在80年代後期逐漸成形，不過一直到90年代才蔚為風潮，並且確實建立起自己的文學特色。其中，在語言上則是在文中添加母語（無論是漢字或拼音字）及運用母族的族語文法等兩個特色。參考孫大川：〈原住民文化歷史與心靈世界的摹寫——試論原住民文學的可能〉、〈山海世界——《山海文化》雙月刊創刊號序文〉、〈文學的山海，山海的文學〉，收孫大川編：收入於孫大川編：《臺灣原住民族漢語文學選集：評論卷（上）》（新北：印刻出版，2003年4月），頁17～51、52～56、82～92。
〔註156〕夏曼‧藍波安：《冷海情深》，頁6。

1989 年回到蘭嶼定居的夏曼‧藍波安，原本擔任國小、國中的代理代課教師，之後索性辭職，開始其專業作家生涯。這段期間他重新體驗達悟族原初文化，重新學習達悟族傳統技藝。他開始嘗試學習潛水射魚、伐木造舟、捕撈飛魚，重新與海洋建立情感，親身實踐做爲海洋民族的傳統生產技能，拾回原住民的自信尊嚴。

當他恪守飛魚季的一切信仰禁忌，同享全村族人因飛魚所帶來的興奮喜悅；當族中長輩准允他參與建造飛魚祭祀神祇大船的重要工作，讓他親身體會造舟困難與磨練；這都是認可他成爲眞正達悟族的直接讚賞，對此他表示：「用勞動（傳統工作）累積自己的社會地位，用勞動深入探討自己文化的文明過程；與族人共存共享大自然的食物；廢除自己被漢化的污名，讓被壓抑的驕傲再生」〔註157〕。回到這原點，夏曼‧藍波安才能說出「清澈的海是我洗滌我污穢肉體的聖地」〔註158〕，而這就是他個人生命得到重新出發的原點，就在原生的達悟島嶼上、就在海洋上。

（二）著作成績

十餘年的家鄉眞實生活，讓夏曼，藍波安褪去「退化達悟人」的污名，轉成爲長輩心中「最愛海的孩子」。這是他重新認識肯定自己族群文化的機會，不僅以身體勞動的方式進行，還透過與父執輩的接觸與訪述，展開對於傳統神話的蒐羅與記述，進而完成自己的第一本文學作品《八代灣的神話》。1992 年出版的《八代灣的神話》，可以說是他傳承達悟文化的第一步，是一本只述不作的神話傳說採集，〔註159〕並收錄數篇散文的作品。

書中以族語思維漢文書寫的方式，講述了關於雅美人捕魚築屋種芋等主要生活技藝的神話傳說，「故事裏有了詩歌，有了雅美曆法的知識，有了祖先的歷史演進，增加了許多雅美人應該了解的傳統知識、生存技藝等等」〔註160〕在這段找尋「古老的精神源頭」過程中，夏曼‧藍波安體會到傳統神話對於自身乃至於部族的意義。

〔註157〕夏曼‧藍波安：《冷海情深》，頁 148。
〔註158〕夏曼‧藍波安：《海浪的記憶》（臺北：聯合文學出版社，2002 年 7 月），頁 63。
〔註159〕孫大川編：《臺灣原住民族漢語文學選集——小說卷（下）》（新北：印刻出版，2003 年 4 月），頁 92。
〔註160〕夏曼‧藍波安：《八代灣的神話》，頁 2。

　　之後，夏曼‧藍波安繼續從事文學創作，1997年出版散文集《冷海情深》，獲選「聯合報讀書人年度十大好書」；1999年出版第一本長篇小說集《黑色的翅膀》，獲當年度吳濁流文學獎、入選爲「中央日報年度十大本土好書」；2002年出版散文集《海浪的記憶》，也獲得「時報文學獎推薦獎」；2007年出版散文集《航海家的臉》；2009年出版短篇小說集《老海人》，其中〈老海人‧漁夫的誕生〉獲2006年九歌年度小說獎，《老海人》同時榮獲2010年金鼎獎。

　　無論是《八代灣的神話》或《冷海情深》，乃至《黑色的翅膀》與《海浪的記憶》，雖然體裁包括了神話傳說採集、散文與小說，但對夏曼‧藍波安而言，其深層意涵，都是他返鄉重新學習成爲一個「Tao」（人）的過程紀錄。夏曼‧藍波安以文字的方式呈現這段回歸達悟文化的歷程，而在這段尋找、認同到實踐的過程中，他也被蘭嶼的海洋給認同。

　　《冷海情深》是夏曼‧藍波安第一本的暢銷書，根據楊政源從書中篇章、內容、序的研究，同樣是散文創作，《冷海情深》散文集中，完全表現他個人回歸母體文化的省思歷程，在海洋的滋養下，他脫離困頓徬徨重拾自我尊嚴的生存意義：

> 《冷海情深》中的內容多半從夏曼‧藍波安自身出發，撰寫自己本身的生活、情緒、歸返蘭嶼的感受：〈冷海情深〉固然是抒發自己對海洋的熱愛，那篇後來成爲夏曼‧藍波安代稱的〈海洋的朝聖者〉也是書寫個人經驗，即使到了壓軸篇章〈無怨……也無悔〉同樣也是以此宣示自己的決心……總之，《冷海情深》一書以夏曼‧藍波安爲主軸、核心，可以用他當時對自己的稱呼「海底獨夫」以之總縮；〔註161〕

至於《海浪的記憶》，除了延續《冷海情深》的創作精神外，楊政源認爲夏曼‧藍波安逐漸走出自己，擴大思索整個達悟民族依存海洋共生的文化價值，是整個達悟族群與海洋相依相惜永無止境的深情對話：

> 第二卷「想念島上的親人」固然已將書寫重心重新置放在蘭嶼島的記憶——五個夏本、兩個夏曼以及其他「耆老」、「祖父」、「三十年前」的故事——企圖以《史記‧列傳》般的方式紀錄蘭嶼的歷史；

〔註161〕楊政源：《海洋文學在臺灣文學場域的興起——以夏曼‧藍波安與廖鴻基爲觀察核心》，頁183。

> 第一卷「海的美麗與哀愁」中，夏曼‧藍波安的身影也淡了許多，
> 多數篇章皆在描繪（伯、叔）父親日薄西山的嘆惋。〔註162〕

的確，在《冷海情深》中，看到夏曼‧藍波安在自我／大我、現代／傳統、理想／現實……的抗爭與掙扎，以及自我調適；但是在《海浪的記憶》中，前述的抗爭、掙扎與調適不再，多的是夏曼‧藍波安站在敘述者／記述者的立場，娓娓述說周遭的故事。他完成夏本‧永五生的願望：將達悟族特有「聽／說故事」的文化意義落實爲文字向臺灣文化發聲。

也因爲在《海浪的記憶》裡，夏曼‧藍波安有意識地將「個人」消融在部落社會的「團體」中，並把自己的生命與過去（老人）、未來（小孩）串聯在一起，走出自家人之間的小衝突，走入了達悟族的大歷史中。可以說返鄉十年後的夏曼‧藍波安所面臨的問題不再是取得內部的認同，而是向外爭取母族文化的「合法化」。〔註163〕夏曼‧藍波安在《海浪的記憶》中的策略是將自己消融在母族之中，以更近的距離，卻更客觀的筆法，爲母族代言，並且向臺灣的主流社會爭取認同、爭取發言／解釋權。〔註164〕

事實上，這樣的轉變在《黑色的翅膀》就可以看出跡象，這本書雖爲虛構小說，但可視爲夏曼‧藍波安年少至出社會的自傳故事。從這本書可以看到夏曼‧藍波安仍保有《冷海情深》的個人主義，敘述個人成長經驗，同時對故鄉族群、文化、環境態度的轉變，從中看到蘭嶼這半世紀的轉變，呈現蘭嶼本土文化與臺灣漢文化的差異，而故事主角的回歸部落，也象徵著以對抗的方式向臺灣本島發聲。

這種對抗臺灣中華文化的書寫策略，到了2007年出版的《航海家的臉》最爲明顯。《航海家的臉》收錄了從最早原載於2002年2月8日《臺灣新聞報》的〈海洋的風〉，到最晚的一篇，原載於2006年11月7日〈自由時報〉的〈我的秘密基地〉，時間橫跨約五年之久。這期夏曼‧藍波安的生命有幾個轉折：一是2003年父親的去世；二是同年取得清華大學人類學研究所的碩士

〔註162〕同註161，頁183。

〔註163〕楊政源：《海洋文學在臺灣文學場域的興起——以夏曼‧藍波安與廖鴻基爲觀察核心》，頁189。

〔註164〕魏貽君：〈反記憶‧敘述與少數論述〉，《文學臺灣》第8期（1993年10月），頁207～230。魏貽君以拓拔斯‧塔瑪匹瑪爲例，認爲作者以書寫布農族口傳文學的歷史記憶，進一步建立布農族「言說」與「詮釋」的權力，這一點與夏曼‧藍波安的敘述相似。

學位，並於隨後考取成功大學臺灣文學研究所博士班；三則是 2002 年參與蘭嶼核廢料抗爭。

1999 年，夏曼‧藍波安決定再一次走入漢人教育體制，他發現：無論是漢人或西方人類學者的民族志文獻，都有一些錯誤，他應該替自己的民族留下一些文字紀錄，主動搶回發言權。他進入清華大學人類學研究所深造，並以《原初豐腴的島嶼——達悟民族的海洋知識與文化》命題完成碩士論文。〔註 165〕以一個「研究學者」的身份，將達悟文化推上嚴肅的學術殿堂，完成臺灣人類學史上「第一本海洋人類學的碩士論文」。

另一方面，2002 年臺電核廢料貯存場租約到期，但貯存場的遷移卻一直沒有下文。直到 2002 年 5 月 1 日，蘭嶼發動「全島罷工罷課反核」遊行，全島各學校約二至三成學生及半數鄉公所職員請假參與，與警方發生衝突，活動持續到 4 日，經濟部長林義夫到蘭嶼進行溝通。夏曼‧藍波安將蘭嶼反核的經過，投書於《中時》〈人間副刊〉，文章〈飛魚，飛吧！五，四「驅除惡靈」運動的感想〉表達達悟族自 1958 年以來，長期遭受不公平政策的對待，而這些政策，經過政黨輪替卻依舊存在，讓達悟族被迫走向民族滅絕的深淵。

這樣的人生歷練，使得《航海家的臉》激情依舊，而從這更明顯看出大島與小島間的差異。《航海家的臉》一書共收錄 37 篇作品，分三部：輯一、「航海家的臉」，以夏曼‧藍波安自己及家人為主要的描寫對象，與前二書的內容較接近；輯二、「原初的相遇」，以描寫幼時漢／原兩種異文化遭遇的經驗為主要內容，兼具了文化省思；輯三、「蘭嶼，原始豐饒的島嶼？」，則是文化評論，同時也是前二書未曾出現的型態，其中〈飛魚，飛吧！五，四「驅除惡靈」運動的感想〉就收錄在此卷。

夏曼‧藍波安從事原住民運動超過二十年的時間，但在之前出版的四本書裡，卻全無收錄文化評論性質的文章，直到《航海家的臉》才收錄他在 2002 年 5 月到 10 月間發表的十篇短文，〔註 166〕時間點上讓人很難不與其就讀研究所、蘭嶼核廢料抗爭這兩件事相互連結。夏曼‧藍波安在此時進入學院，並開始將所學理論與文學專長結合。

〔註 165〕夏曼‧藍波安：《原初豐腴的島嶼：達悟民族的海洋知識與文化》（新竹：清華大學人類學研究所碩士論文，2003 年）。

〔註 166〕其中〈均衡在山與海的想像：達悟民族的保育觀念〉一文未標註發表時間、地點。

《航海家的臉》之後，夏曼‧藍波安至今又陸續出版了《老海人》（2009）、《天空的眼睛》（2012）、《安洛米恩之死》（2015）三本小說，誠如他在《八代灣的神話》所說，對於小說有「可以真正呈現雅美族人的矛盾與衝突」的期待。﹝註167﹞其中《老海人》以及《天空的眼睛》，仍維持過去的作品風格，對達悟文化的認同以及對漢文化、現代化的批評與對抗，但內容又不止於此，不同之前創作主題，在這兩部小說中，除了抵抗漢文化外，還提出另一種可能性，也就是「原漢和解」的主題。

二、夏曼‧藍波安海洋文學的內容與特色

1996 年後《冷海情深》出版，「海洋朝聖者」的別號也加深夏曼‧藍波安之後的作品讓讀者多少有「海洋」的印象。儘管夏曼‧藍波安也一再強調「達悟文化就是海洋文化」，但誠如楊政源的看法，在討論海洋文化中的達悟文化時，需得特別謹慎，把達悟文化中的「原住民」成份與「海洋」成份進行辨析。他說：

> 亦即，夏曼‧藍波安的書寫出發點是其母族文化，而其母族文化又脫離不了海洋；縱使讀者、編輯者一再以海洋來標籤化、形象化夏曼‧藍波安，但夏曼‧藍波安作品裡的核心關懷始終是達悟文化的。
>
> ﹝註168﹞

也就是說夏曼‧藍波安書寫的深層核心：重心不是海、不是飛魚，而是涵蓋海、飛魚與蘭嶼等物質的達悟文化。如果我們考察夏曼‧藍波安迄今所有創作的歷史脈絡，可以更精確地說：夏曼‧藍波安的作品應屬於原住民文學範疇，只因為達悟文化與海洋的關係密切而無法切割，所以他的作品也屬於海

﹝註167﹞根據楊政源博士論文，從市場銷售層面來看，夏曼‧藍波安的小說作品在經濟資本、文學資本、文化資本乃至象徵資本的累積速度上，都不及散文作品，因此他推定夏曼‧藍波安的創作以散文為主。但如果我們再拉長時間來看，從 2009 年到 2015 年，夏曼‧藍波安又連續推出兩部小說，這顯示夏曼‧藍波安對於小說仍是情有獨鍾。另外從文學內容來看，儘管包含《航海家的臉》，夏曼‧藍波安共出版了三本散文集，但除了《航海家的臉》因為包含了部分文化評論使得整本書說理性質濃厚，其餘兩本散文集《冷海情深》與《海浪的記憶》裡的文章，故事性強，部分篇章其實都可以當作一篇短篇小說。

﹝註168﹞楊政源：《海洋文學在臺灣文學場域的興起——以夏曼‧藍波安與廖鴻基為觀察核心》，頁 150。

洋文學的範疇，但也因此他的海洋文學迥異於臺灣從 50 年代發展迄今的其他海洋文學／書寫，不過異中有同。

原住民作家瓦歷斯・諾幹發表的〈臺灣原住民文學的去殖民〉一文中，曾指出原住民書寫文本通常表現在向外爭取「主體」位置、向內認識自己（文化母體）的文學面貌。〔註169〕同樣的孫大川發表於 2000 年的〈文學的山海，山海的文學〉一文，也認為彼時的原住民文學有若干主題，反映原住民的主體關切：（1）控訴；（2）認同焦慮；（3）山海世界。〔註170〕從兩位原住民作家、學者的看法，來看夏曼・藍波安的作品，也不離這範疇，就是向內認同達悟海洋文化，向外對抗異文化。

（一）向內認同達悟海洋文化

夏曼・藍波安從臺灣大島回歸到蘭嶼小島，重新學習如何潛水射魚、伐木造船等達悟族傳統謀生的技能，學者陳建忠就認為夏曼・藍波安創作的四部作品，〔註171〕「幾乎就是他回歸蘭嶼後尋找民族自我的心靈顯影」〔註172〕，其中第一本著作《八代灣的神話》中，真正的創作只有後面四篇，包括〈我的童年〉、〈飛魚認識我〉、〈不願被保送〉、〈女兒的名字〉，其餘都是神話採集，誠如孫大川所說：「夏曼・藍波安藉流傳在族人記憶中的神話傳說，重新認識蘭嶼海洋的神聖面貌。」〔註173〕

夏曼・藍波安從達悟族的神話故事切入，源於對達悟族文化的認同，選擇了他要書寫的內容：

> 曾經有朋友鼓勵我採自己的詩作結集，卻被我拒絕了，因為我想先把神話寫出來。我發現自己的詩只不過是自己以前在臺北的空虛生活中，所激發出來的情結，是一種痛苦的表現，相對於我們古老的詩歌和神話，簡直是差了十萬八千里，所以，當時我就決定將神話寫出來，不管別人是否認同它為文學。……平時，我們也許不會感

〔註169〕瓦歷斯・諾幹：〈臺灣原住民文學的去殖民〉，收入於孫大川編：《臺灣原住民族漢語文學選集：評論卷（上）》，頁 145。

〔註170〕孫大川編：《臺灣原住民族漢語文學選集：評論卷（上）》，頁 88～89。

〔註171〕這四部作品分別是：《八代灣的神話》、《冷海情深》、《黑色的翅膀》以及《海浪的記憶》。

〔註172〕陳建忠：〈部落文化重建與文學生產——以夏曼・藍波安為例談原住民文學〉，《靜宜人文學報》，第 18 期（2003 年 7 月），頁 199。

〔註173〕孫大川編：《臺灣原住民族漢語文學選集——小說卷（下）》，頁 92。

到這些神話的影響力，但是，這幾年，當我重新回到沒有文字記載的部落裡時，才發現很多神話非得身體力行才能感受到它存在的意義。〔註174〕

夏曼‧藍波安對於自我身分的思考與覺醒，使他以神話、口傳故事來實踐對海洋與族群的認同。他在序中表示：

每年春天的飛魚旺季，我便在海邊期待、祝福阿爸滿載歸來。卵石上條條銀白色的，黑色翅膀的飛魚，更使我在午夜時分精神抖擻。這時，父親又不厭其煩的，用他那善於描繪形容的嘴，清楚地，耐心地口述魚故事的來龍去脈，並且一遍又一遍。此使我幼小心靈中，深深體會到族人為求生存，長久地與大海搏鬥的艱辛。於是，自懂事起即萌芽著，將來有朝一日，必單獨划船出海捕撈飛魚，親身體會族人那顆難以形容的『孤舟夜航的驕傲』的心。〔註175〕

神話故事的採集，亦是族群歷史記憶的爬梳過程，神話發生的場景，連結現實生活的空間，則增加對地域的認同。《八代灣的神話》中的達悟傳統神話，呈現蘭嶼是一個豐饒的海洋空間，包括星象、海象、礁石、部落灘頭、潮水、風向、飛魚祭儀、造船文化、山與海的社會等等，這些皆為海洋空間的一部分。這些神話塑造了達悟生活的原始情境，禁忌的衍生以及日常生活的規範。例如〈飛魚神話故事〉詳細記載飛魚神話的始末及其社會功能，其中寫到飛魚祭典結束儀式時，族人集體乞求的祝詞：

飛魚神魂，雅美族人生命之泉源

族人祭祀　你

冀求明年此季依舊的

踴躍飛越我的船舟

蓋滿我的船身〔註176〕

夏曼‧藍波安對飛魚神話、祭典的詳細描述，代表他對達悟文化的掌握與認同。而讀者藉由他的神話紀錄認識達悟民族豐厚而深邃的海洋知識，「海洋民族」在《八代灣的神話》中油然而生。

〔註174〕同註170，頁62。
〔註175〕夏曼‧藍波安：《八代灣的神話》，頁1。
〔註176〕同註175，頁124。

這樣的紀錄代表夏曼·藍波安開始擺脫漢文化的影響，認同我族價值，表彰自己達悟族的身分。在解嚴之後，本土意識興起成為當下政治、文化的主流氛圍，中國神話逐漸破除讓人們開始思考對於國家、土地的認同。達悟族的夏曼·藍波安揮別中國古老神話的召喚，重新朔源達悟族的神話歷史，尋找與認識這塊土地，誠如他所說：「神話衍引出來的習俗之內涵，絕不是現代人所謂的『迷信』、『荒謬』的；反之，神話故事的消失，即是一個民族文化思維的貧窮」〔註177〕他所提到的「現代人」，指的就是漢文化的價值觀，以如此肯定的語氣，顯示他藉由寫下神話故事建立的自信，與對族群的認同。

除了與父執輩的學習接觸，整理族群獨有的口傳文學；另一方面他參與了捕魚、造舟、潛水、伐木等達悟族文化傳統技藝，透過身體力行的方式，在生活中認識達悟文化，在這些知識學習過程中，他不僅了解到達悟族文化的精神與價值，也在探索、學習過程中逐漸將自己從漢化的世界拉回族群，了解自我與族群間的關係。散文集《冷海情深》，對於回歸蘭嶼部落、實踐達悟文化的心路歷程不僅刻畫入微，書中呈現達悟民族與海洋之間共生共存的關係。例如他在〈黑潮的親子舟〉一文寫到：

> 哇……鬼頭刀在我船旁衝破海面飛了起來，當牠衝入海裡濺起的浪花浸溼了我的衣裳。哇！那是我的大魚，我趕緊捉住我的魚線，展開了大魚和自己智慧和體能的戰爭。……十來分鐘的較量使得自己早已汗流浹背，我脫掉襯衫，脫掉被漢化的虛偽的外衣，和我的族人公平的接納陽光灼熱的紫外線，和浪濤的浸潤。嘿……我是雅美人，真正的，決不是被文明化的雅美族青年。我用雙掌摸摸浮動的海流，唸道：「你們認識我吧，海洋。」〔註178〕

海洋對剛回到蘭嶼的夏曼·藍波安來說，最嚴峻的考驗就是傳統技藝的陌生無能，致使年輕力壯的他在族人眼中卻像是個殘廢的雅美男人，不是生產者而是消費者，也因此在《冷海情深》中最頻繁出現的書寫主體就是關於達悟族群的傳統生產技藝。這方面的書寫可說是表現了夏曼·藍波安在重返蘭嶼後最為真實的生活困境與摸索學習，透過實際參與的個人經驗，透過族人海洋漁獵生活，才深切地明白到勞動背後的生命價值與生存態度。

〔註177〕夏曼·藍波安：《八代灣的神話》，頁2。
〔註178〕夏曼·藍波安：《冷海情深》，頁64～65。

　　除了下海捕魚，上山伐木造舟，也是達悟族海洋文化中重要的傳統技藝：「造舟是我雅美人最重要的技藝、生存工具以及被族人肯定爲眞正是男人的工作。除了造船外，你的工是否精細、船快不快……等等，無一不是在證實你的能力，而這個能力的長久累積便是你的社會地位。」〔註179〕夏曼・藍波安在文中記下個人力行這一切的過程，從跟隨父親上山，父親一步一步教導他選木材，學著口中唸頌禱詞莊嚴地砍下每塊「充滿飛魚腥味的木塊」，到聽見父親削木的清脆音響在山中繚繞時的感動，以及用這條父子同力合作的拼板舟，去體會祖先在海上生產，釣 Arayo（鬼頭刀魚）那種不可取代的驕傲。儘管這樣的學習讓夏曼・藍波安有些疑惑，例如砍樹時說了許多祈求的話語，一開始他也覺得是種迷信，對此，父親緩緩的解釋：

　　　　樹是山的孩子，船是海的孫子，大自然的一切生物都有靈魂，你不
　　　　祝福這些大自然的神祇，你就不是這個島上有生命的一份子……。
　　　　有了這些儀式，大自然就不會淘汰我們的民族。……〔註180〕

父親的教誨讓夏曼・藍波安體會傳統價值觀，在從第一棵樹砍到第十二棵樹時，夏曼・藍波安發現「在島上生存的驕傲的表現正是和自己的勤勞成正比」；在學習造舟技藝的過程中，讓他「學會了敬畏山林，學會了祝福祖靈，也學會了疼山愛海的生命本質」。

　　然而，學習這些技能並非一蹴可幾，在〈海洋朝聖者〉中，詳述了自己對潛水由畏懼害怕轉而親愛熱切的心路歷程。在文中他因爲強勁的海流而害怕，做出求救的舉動而被斥責，他甚至認爲人類的體能是絕對無法征服海流的。但隨後他又想起父親曾說過的話：「孩子，你要養成愛慕海洋的個性，因爲有海洋，才有我們這個民族。」海洋是達悟族賴以維生的寶庫，沒有相當的體能、技藝、經驗……等，「是絕難從海神爺爺那兒獲得食物的。」〔註181〕經過了解、質疑、勞動、反省，加上不斷的身體力行，夏曼・藍波安體悟到海洋勞動所賦予的價值：

　　　　由於越來越熟習近海的潛水海域及潮水與陰陽圓缺的引力關係，而
　　　　逐漸消除了心中畏懼海洋的怯懦，正式勇敢接受波峰的考驗及盡情

〔註179〕同註178，頁55。
〔註180〕夏曼・藍波安：《冷海情深》，頁59。
〔註181〕同註180，頁113。

　　享樂波谷下的清新艷麗、奪目的海底世界。從此，我自許爲「海洋
　　之子」。〔註182〕

從這點看來，勞動只是過程，伐木造舟、潛水射魚是達悟人的基本價值，必
須持續的勞動，才能深刻體會達悟海洋文化。這樣的描述傳統技藝與勞動者
的智慧在《冷海情深》極爲顯目的主題。

　　夏曼・藍波安的行動實踐，正如同孫大川認爲原住民文學創作者必須先
回歸部落，親身參與祖先的經驗世界，才能精確掌握自己民族的內在生命。
他說：「不要急著去扮演啓蒙者的角色，我們需要先被啓蒙；讓山海以及祖
先生活的智慧，滲透到我們生命的底層，成爲我們思想、行動有機的部分。」
〔註183〕而不論是向耆老採集文化神話，還是實際透過勞動，都讓夏曼・藍
波安深刻體驗達悟的海洋文化，誠如他《冷海情深》在自序中曾說：

　　我深深的體會到，有很多的智慧是從生活經驗累積下來的，而生活
　　經驗如是一群人共同努力建構的話，那便是文化。蘭嶼島上的族人
　　在如此之環境下，共同堅守屬於這個島上的生存哲理，孕育出了獨
　　特的——達悟文明，這些年的失業（刻意的）爲的就是企圖想要探
　　索祖先們與大海搏鬥時，對於「海洋」的愛與恨的眞理，而這樣的
　　探索，在與耆老們談論共同的海裡經歷與經驗交換時，發現他們的
　　長年勞動的生活哲理在面對我微笑的同時，卻是如此地令我感動。
　　男人們的思維、每句話都有「海洋」的影子，他們的喜與怒也好像
　　是波峰與波谷的顯明對比，倘若自己沒有潛水射魚的經驗，沒有暗
　　夜出海補飛魚，沒有日間頂著灼熱烈陽，體會釣 Arayo（鬼頭刀魚）
　　寶貴經驗，那是不會深深迷戀海洋的，沒有這樣的愛戀，就不會很
　　珍惜自己民族長期經營的島嶼，包括文化。〔註184〕

也因爲從生活中感受到海洋的眞實存在，因此凌性傑就認爲夏曼・藍波安
將海洋和自我融爲一體，是爲「主客交融」的敘述，人與海洋之間的關係，
可以相互選取、辨識、記得，更能代代相傳。〔註185〕同樣的，孫大川也認
爲：

────────────────

〔註182〕同註180，頁121～122。
〔註183〕孫大川編：《臺灣原住民族漢語文學選集：評論卷（上）》，頁40～41。
〔註184〕夏曼・藍波安：《冷海情深》，頁12～13。
〔註185〕凌性傑：〈面對海洋的兩種態度——從《海洋遊俠》與《海浪的記憶》談起〉，
　　　　頁441。

夏曼寫海其實講的是蘭嶼人的宇宙信仰和生活，海的冷暖、顏色和
律動，在夏曼的潛海實踐中，早已變成他皮膚感應和呼吸節奏的一
部分。出海的勇氣和對海的敬畏，是傳統達悟人最動人的性格特質，
夏曼在他的海洋書寫中充分將那種奮不顧身卻又寧靜自制的情緒張
力表露無遺。如果你細細品味夏曼寫他在海底十幾公尺，閉氣與浪
人鰺眼對眼對峙，或靜靜讓鯊魚擦身而過，你必然會同意夏曼不是
坐在船上寫海，而是潛入海寫海。海不是對象，他被海圍繞，屬於
海的一部分。海是宇宙的核心，海就是蘭嶼文化的全部。〔註186〕

　　這樣的批評不是過譽，事實上，整個達悟族的口傳神話，勞動生活與
海洋息息相關，正影響達悟族對海洋的態度。夏曼・藍波安也提及這樣的
觀點：

如果沒有海的話，也許我們的祖先就不可能造船，也就是說，因為
有海才有船。如果沒有長輩傳授海上觀測天候、認識潮水等等的經
驗知識，沒有聆聽長輩們的故事的話，下一代的人的經驗知識是不
可能豐富的。〔註187〕

在《海浪的記憶》中，可以看出達悟族的生活與海息息相關，海洋不但是他
們生活周遭的環境，他們透過經驗的承傳，讓後代達悟人擁有對海洋、對自
然的相關知識，同時還藉由故事的言說，藉由對海洋、對自然、對飛魚的尊
敬，讓達悟族人體會倫理秩序、與人相處、與自然和諧互動的原理。夏曼・
藍波安描述聽父親說故事的感想：

父親們說故事時，竟可以把海洋善良的一面，形容成彷彿就是身邊
慈祥的祖母；形容海洋的恐怖時，卻會令我就要把心臟吐出口來，
好像自己躺在二、三十公尺高且就要暴裂的巨浪下，但又有很舒服
的感覺。〔註188〕

　　說故事的人必須身體會過海洋的苦與美，並且對族群文化有虔誠的信
仰，才能體會這種感受。〔註189〕在夏曼・藍波安的眼中，這些耆老們的一生

〔註186〕夏曼・藍波安：《海浪的記憶》，頁6～7。
〔註187〕同註186，頁73。
〔註188〕夏曼・藍波安：《海浪的記憶》，頁220。
〔註189〕同註188，頁72。夏曼・藍波安認為達悟族男人要學會怎樣說故事，「環境的
　　　　描述是扣連著說故事的人的思維，遣詞用字的深淺意涵，在達悟社會裡也正
　　　　是考驗他的文辭修養與勞動生產的能力是否成正比」。

就像平靜的汪洋大海一樣，「在一般人透視不到的海底世界，實踐他們敬畏自然界的神靈信仰，又從自然界的物種體認到尊重自己生命的真諦。」〔註190〕

他自己不但深受這樣的海洋文化所迷戀，大海更內化成他的信仰：「大海是我的教堂，也是我的教室，創作的神殿，而海裡的一切生物是我這一生永遠的指導教授。」〔註191〕儘管如此，有時候他卻也會說：

> 這些年以來，我通常以很平常的心去潛水，沒什麼特別的「信仰」，很單純的生產行為，就是到了海邊就「撲通」地衝入海裡。而那些年的期間，我通常游的時間很長，也很單純地只是為了游泳而游泳。〔註192〕

看似矛盾的筆法，其實正是他對於民族文化的探索過後，不經意所流露出海洋之於達悟人的深厚關係與生存哲學，這是夏曼‧藍波安對自我及族群認同的深化。

（二）認同的焦慮

雖然返鄉後的夏曼藍波安，積極渴望回歸達悟族文化，但在他的作品中也呈現了文化認同的焦慮。這在第一本散文集中《冷海情深》中最為明顯，書中不斷出現來自於家人生活經濟壓力的不諒解，在自序裡他曾自剖：

> 是的，我要賺錢了。我不擔憂離開家人，但我很萬分恐懼離開我的海洋。為了不要聽到家人對我的囉嗦嘮叨。我，唯有拿起筆來寫些這幾年與海接觸的感想與生活經驗來敷衍家人。這幾篇拙作便在如此之情況下，陸陸續續發表在報章雜誌裡的。〔註193〕

返鄉後的夏曼‧藍波安首先碰到經濟問題，在序中就可以看到孩子的母親的抱怨：「夏曼，我很想上山種地瓜、種菜了，換你上班，好嗎？」孩子搜不到零用錢也說：「爸爸，你最懶，你都不賺錢給我們。」〔註194〕曾在臺北生活過幾年，妻子清楚知道丈夫的才能與理想，認為丈夫不該如此一無是處，但是她更了解理想與現實，在蘭嶼與臺北生活的得失，誠如董恕明所說，妻子是站在務實面，她不覺得夏曼‧藍波安的追求與堅持，能為現實生活帶來

〔註190〕同註188，頁226。
〔註191〕同註188，頁21。
〔註192〕同註188，頁210。
〔註193〕夏曼‧藍波安：《冷海情深》，頁12。
〔註194〕同註193，頁11。

較多助益。〔註195〕因此妻、子的抱怨終究合情合理。然而就連一輩子在蘭嶼生活，渴望兒子夏曼·藍波安回歸，希望他擺脫「漢化的達悟人」，做一個真正的達悟人的父母也要他在漢人的資本主義經濟體系中謀求工作：「孫子的父親，你卻做工賺錢呀，不要天天往海裡去島上的惡靈已不像從前那樣善良了，那怕離開蘭嶼去臺灣工作，也可以呀！」

當然這些話，可以視為夏曼·藍波安個人家族內的溫馨喊話，也可以解讀作者的父母一開始並不清楚作者好端端在臺北生活工作，跑回家鄉是為何原因，因此對於作者每天無所事事往海裡跑去捕魚，像「啃老族」一般而感到憂慮。但是從他們的憂心，不難發現就連老一輩的達悟人也受到現代化生活影響，認為夏曼·藍波安應該去承擔家裡的經濟開銷，讓整個家庭過著現代化生活，哪怕是遠離去臺灣工作都好。這對於一心想回鄉，尋找達悟文化滋養的夏曼·藍波安來說，不啻是一種挫折，讓他返鄉尋求認同的渴望產生了矛盾，而這樣的焦慮與矛盾，大量出現在〈冷海情深〉，〈無怨……也無悔〉等文章，這讓他不禁思索著：

> 這幾年來孤伶伶的學習潛水射魚，學習成為真正的達悟男人養家餬口的生存技能，嘗試祖先用原始的體能與大海搏鬥的生活經驗孕育自信心。用新鮮的魚回饋父母養育之宏恩，用甜美的魚湯養大孩子們，就像父親在我小時候養我一樣的生產方式。我的做法錯了嗎？
>
> 〔註196〕

誠如論者所說夏曼·藍波安對自己的選擇固然有清楚的認識，但他自己卻難免在這當中感到疑惑，而他的疑惑也正是許多論者如楊照、孫大川等人的憂慮，認為原住民文學所可能碰到的困境——原住民社會中母體文化正在模糊、消失化。

達悟民族自 50 年代以來，受到國家政策的強制介入，交通策略與觀光資本的推促，大量的貨幣經濟使達悟人意識到自己經濟生活的困窘，年輕的一代為了貨幣而出走；語言及學校教育的改造使下一代離母文化越來越遠；加上土地及建設的政策打亂達悟人生活環境的使用模式；種種的破壞都改造了達悟族原有的生活空間。年輕的一代到臺灣工作，價值取向不再

〔註195〕董恕明：〈浪漫的返鄉人——夏曼·藍波安〉，收入孫大川編：《臺灣原住民族漢語文學選集——評論卷（下）》，頁179。
〔註196〕同註193，頁213。

傳統，造成世代的隔閡，孫大川說：「老人的海與年輕人的海，已不是同一個海。」〔註197〕物質環境受外來文化入侵，島上的人行為模式漸受影響。所幸海洋恆常的定律、傳統達悟文化鞏固夏曼·藍波安的信心，只不過在《冷海情深》可以看到他在一連串肯定、否定之間的徘徊游移，雖然他最後成為大部分耆老所認定的真正達悟人，但在之後的作品仍可見他的焦慮，而且是對整個海洋家園感到憂心。

在《海浪的記憶》序言〈浪濤人生一個有希望的夢〉中，夏曼寫著蘭嶼這個非貨幣經濟考量的世界似乎正在殞落消散，在達悟耆老深邃而難以言喻的憂鬱眼神中訴說著無力抗拒的變遷：

> 近幾年來，當他們不再划船出海抓飛魚的時候，在飛魚汛期間，他們始終是不約而同來到堤防上數船隻，結果每一年的答案總是相同：「船隻越來越少，真懷念過去的男人所建造的船隻佔據整個沙灘的情景。」太陽落海後，他們總是說著這句話回到他們被乾柴燻黑的房間，想著過去甜美的歲月，回憶因飛魚的來到被蒸騰的喜悅灑落在部落的上空。〔註198〕

「船隻越來越少」顯示下一代達悟年輕人已不再認同過往達悟族生活方式，這種認同的矛盾不只出現在新一代年輕人身上，過去夏曼·藍波安年少時，個人認同也是矛盾、衝突的，而離鄉之後的生活並未使這些矛盾衝突並未獲得解套。

在自傳小說《黑色翅膀》，可以看到這樣的衝突與矛盾。小說中藉由四個達悟小孩：賈飛亞、卡洛洛、卡斯瓦勒、吉吉米特檢視童年的經驗。賈飛亞的心中，希望不管父母親的反對，他們都能夠一起念國中，之後能夠再去臺灣念高中，然後念大學。卡洛洛想要到臺灣工作；卡斯瓦勒在看過世界地圖後，想要在國中畢業後去當海軍，其實是想要遠颺當水手；吉吉米特則是想要跟海在一起。之後，四個小孩一起去偷看來自臺灣的師母白白的大腿，又令他們想起臺灣的種種。最後，四個小孩長大了，卡斯瓦勒成為夏曼·基那卡，當了海軍之後娶了漢人的女人，在臺灣生活；卡洛洛成為夏曼·比亞瓦翁，早早就放棄臺灣的生活，回鄉從事海洋漁獵生活，擁有結實的三角肌；賈飛亞則是成為夏曼·阿諾本，他如願到了臺灣唸書，回鄉成為老師，但是

〔註197〕夏曼·藍波安：《海浪的記憶》，頁2。
〔註198〕同註197，頁44～45。

他羨慕夏曼·比亞瓦翁結實的肌肉，因此跟他學習傳統技藝，經過一番努力，終究在海上被肯定了；吉吉米特則去跑遠洋漁船，浪跡天涯，海洋一樣也堅強了他的體格及豐富了他的閱歷。

四個小孩懷著夢想長大，童年的夢想受到臺灣的影響，長大成人後，心中的海洋都不同了。對吉吉米特來說，他用自己方式愛海洋，去遠洋；對夏曼·阿諾本而言，海洋則是他欲鍛鍊結實肌肉，尋找族群認同的場域；對於夏曼·比亞瓦翁來說，海洋則是他養家活口的地方；而對夏曼·基那卡而言，海洋或許僅是一個童年時期族群的記憶。夏曼·藍波安在書中暗示了他年少時期的焦慮，究竟是要選擇達悟族的傳統生活方式還是接受臺灣的生活？而這同時也是整個達悟族群所面臨的問題。

我們可以把夏曼·阿諾本視為夏曼·藍波安本人，他追尋夏曼·比亞瓦翁，返鄉成為勞動的達悟人，這是他現實中的處境；而吉吉米特與夏曼·基那卡長大的工作則視為夏曼·藍波安童年時對臺灣的想像與願望，他們雖各得其所，卻與母體文化產生斷裂。小說的最後，吉吉米特寫給母親的信中其中有一句話：「我只有在海上工作，才覺得像爸爸的靈魂那樣勇敢」〔註199〕，這句話道出夏曼·藍波安的終極關懷，是希望這些迷失方向的達悟人最終都能找到「回家的海」，一同為延續部落文化而努力。

在《老海人》短篇小說集中，延續夏曼·藍波安對於族人文化認同的憂心，呈現達悟部落在外來文化與現代經濟的壓迫下，逐漸消減族人對於傳統文化的認同與傳統價值觀改變的危機。前兩篇〈安洛米恩的視角〉、〈漁夫的誕生〉都以安洛米恩為主角，安洛米恩是作者的表弟，是個潛水射魚的能手，但是看在部落族人的眼中，卻是個失去靈魂的可憐人：

> 部落裡祖母輩的婦女在涼臺上望海，休息閒聊，經常紛紛議論的說，但願安洛米恩是正常的男人，但願他是四十年以前沒有電燈、沒有快艇的男人，把女兒嫁給他是福氣，有吃不完的魚，哎！這樣的男人的靈魂被偷走實在很叫人憐憫，雲層因而遮住了安洛米恩走向灘頭的陽光。〔註200〕

〔註199〕夏曼·藍波安：《黑色的翅膀》（臺北：聯經出版事業公司，2009 年 8 月），頁 252。

〔註200〕夏曼·藍波安：《老海人》（新北：印刻生活雜誌出版，2009 年 8 月），頁 62。

安洛米恩潛水射魚的能力，本該受到達悟族人的讚賞與欽羨，但是族人反而感嘆著安洛米恩的生不逢時，彷彿過去引以為傲的傳統捕魚技術，卻成為現今的凋零落魄，而對於傳統文化的堅持，則已變成失去靈魂的「傻子」：

> 望著右肩上的午後陽光，坐在潮間帶清洗潛水鏡，把漁槍丟向海裡的同時，他宛如忘了上帝在這個島嶼也有房子的事實，在入水前口中喃喃自語的，只有海神理解的禱詞。假如有上帝，應該也有「海帝」掌管水世界裡的事物吧！這句話由於常常掛在嘴邊，牧師就稱他為「神經病」，就是這樣被傳播出去的。〔註 201〕

安洛米恩對於海神的尊敬，卻是牧師眼中信仰不夠虔誠的神經病，而安洛米恩對於傳統文化的堅持，則成為族人心中的憐憫與惋惜。不過安洛米恩並非真正傳統的達悟人，他不會建造傳統拼板舟，他也因為父親夏曼·沙洛卡斯與鄰居的嫌隙，而成為部落的邊緣人。但是儘管如此，夏曼·藍波安藉由安洛米恩與牧師、族人的對比，呈現出傳統文化與外來文化因為相互衝突而衍生的嚴肅問題，甚至是在強勢文化與經濟的入侵下，因而讓達悟部落的傳統價值觀受到改變。

而這個被作者暱稱的「優質的神經病」，後來在新版《冷海情深》所收錄的〈星期一的蘭嶼郵局〉再度出現，透過他來觀察蘭嶼新的問題，也就是蘭嶼郵局在發生了臺電核廢料場發放輻射傷害的「賠償金」與三千元的「老人年金」，於是衍生有人藉著幫老人提款、存款抽取佣金的問題。新的政策衍伸的新型態問題，看似並不嚴重，但在「優質的神經病」安洛米恩眼中卻是郵局上演的醜陋鬧劇，凸顯蘭嶼始終無法避免被漢族文化、現代化的滲入與影響。過去是教育、生活問題，近年來是核廢料問題，新世代又有新的問題，因此，對於始終努力實踐達悟文化的夏曼·藍波安而言，以知識份子的身份建構本土文化與自我認同之際，面對達悟族已然面臨到對自我文化與認同產生混淆，不勉感到憂心，也因此，在認同本土文化之際，他也不得不在他的作品中，對異族文化提出批判與對抗。

（三）向外抵抗外來文化

在夏曼·藍波安返回蘭嶼後，面對物質環境受外來文化的侵略，教育內容受到扭曲的影響，讓他開始思考達悟族的未來，除了透過寫作來澄清內心

〔註 201〕同註 200，頁 63。

對自身文化的思考，回歸達悟文化外，在作品中常見的內容則是對抗漢文化。因此許多論者如葉連鵬直接指出，作品《八代灣的神話》、《冷海情深》及《黑色的翅膀》就主題內容而言是海洋的，但其精神表現則是屬於反殖民的，而藉由海洋文學與後殖民論述來檢討夏曼·藍波安的創作，就成為此文的論述主軸。〔註202〕言下之意，夏曼·藍波安的海洋文學是帶著反殖民的觀點從事創作，在主流文化與社會中展現對於文化霸權的抵抗力量，進而重新建構達悟的文化。

所謂的後殖民文學，或是文學中的反殖民、去殖民化，根據艾勒克·博埃默（Elleke Boehmer）在《殖民與後殖民文學》中所說，曾受到殖民統治的人民的文學，例如印度、非洲和加勒比的民族主義作家，著重想從他們不同的歷史、種族和隱喻方式中，重新構築起被殖民統治所破壞了的一種文化屬性。這種需求是一種尋根、尋源、尋找原初神話和祖先，尋找民族的先母先父：總之，這是一種恢復歷史的需求。〔註203〕

解嚴後眾多（學者）大都皆以族群衝突、文化差異等後殖民角度來解讀戰後的國民政府來臺接收政經狀況。戒嚴時期的國民政府統治，是否能夠以殖民關係描述，仍有待進一步討論，但誠如廖咸浩所說，漢人的移民者是以不同的程度及方式在臺灣殖民。他說：

> 儘管「中華帝國主義」與十九世紀的西方帝國主義不大相同，但漢人對臺灣原住民的歧視，以及長期無所不用其極的掠奪，很難說不是殖民。這也解釋了為何原住民稱漢人為 pairang，亦即閩南語的「壞人」的諧音。〔註204〕

他進一步指出原住民與漢人的關係，80 年代解嚴以前，原住民長期陷入了「雙重宰制」的情況，也就是說，原住民此時政治上被國民政府統治，但在文化上受到漢人所宰制，這漢人包括了臺灣閩、客籍的「本省人」，以及 1949 年來臺的外省族群。漢人宰制生活文化，國民政府則脅迫性及意識形態的國家意識強加於其身上。執行同化政策，使原住民遭受了文化的迫害及自信心的打擊。因此，整個原住民運動、原住民文學的本質就是一種「反宰制」的行

〔註202〕葉連鵬：《臺灣當代海洋文學之研究》，頁 216～233。
〔註203〕艾勒克·博埃默（Elleke Boehmer），盛寧、韓敏中譯：《殖民與後殖民文學》（遼寧：遼寧教育出版社，1998 年 11 月），頁 211～212。
〔註204〕孫大川編：《臺灣原住民族漢語文學選集：評論卷（上）》，頁 251。

動與文學，是對一切宰制權威的反抗。他們同時注意到：相對於臺灣閩、客籍（即所謂的本省人）的政治反對運動而言，原住民抗爭的對象不單只是政治、經濟壓迫背後的威權體系（國民黨政權），更是那導致文化宰制的強勢主體（和文化）。

大部份論者認爲夏曼·藍波安所抵抗的文化霸權是來自於大島臺灣的漢族文化，包含著國民政府的大中華思想，以及臺灣本土的閩南、客家常年對原住民歧視的思想。不過除此之外，這文化霸權還涵蓋著現代化問題，而這也是一直以來臺灣作家，不論是本省、外省在寫作常見的課題。當然對夏曼·藍波安以及其他達悟族來說，現代化的侵略還是來自臺灣，而某種程度，對他們而言，漢化也是一種現代化的侵略，但其中仍有些不同，以下就幾個面向分別論述：

1、抵抗大島漢文化

在早期《八代灣神話》中，就可看見漢族霸權對達悟民族的歧視與異樣眼光，在〈我的童年〉就敘述到一位「潘老師」就對達悟學童說教，他效法「吳鳳」的精神前來蘭嶼感化蘭嶼的「野蠻人」，脫離落後的「原始生活」，成爲堂堂正正的「中國人」。他說：「往後，你們『學習』他『捨身取義、殺生成仁』的『偉大』精神。如果不是『吳鳳』。今日臺灣的山地同胞仍然會「砍」別人的頭，不會革除這個『惡習』的；」〔註205〕潘老師的說法是一種殖民主義話語的呈現，可悲的是，這位潘老師其實是一位平埔族，而他自己能「不謙虛自傲」的說出這一番話，顯然他已經受到漢化影響，也許壓根認爲自己是漢人而忘記平埔族的眞實身份，更沿用漢人對原住民的異樣眼光，看待其他原住民。

二次大戰結束後，當大島臺灣與小島蘭嶼兩種截然不同文化的碰觸，產生衝突與文化，是自然再不過的事，夏曼·藍波安在一次座談會上曾說：

> 在我念小學三年級時，班上有一位外省籍老師，他問我們太陽從哪裡出來？我們說從山上出來，接著又問從那而下去？有位同學答下到海的另一邊，老師就賞了他一巴臺灣掌，說：不對，應該是山的那一邊。當時我們只覺得奇怪，因爲太陽的確是從海的那邊下去。到現在我才瞭解，爲什麼大陸性格的民族一直不會去瞭解海洋性格的民族。〔註206〕

〔註205〕夏曼·藍波安：《八代灣的神話》，頁152。
〔註206〕貫福相編：《人與海：臺灣海洋環境》，頁33～34。

一語道出海洋民族與漢人文化截然不同的生活經驗與文化思維，然而漢族的統治威權，卻往往逼迫被殖民族群依照殖民者的思維模式，這蠻橫的同化過程，不僅讓種族文化之間產生衝突，被殖民壓迫的一方也會對本身文化的認同產生疑惑，甚至像上文所述的潘老師一樣徹底漢化。

從夏曼‧藍波安的作品中，不難發現，漢文化對達悟文化的霸凌，多半是來自於教育。1969 年，蘭嶼設立國中，島上的國民教育延長至九年，並規定所有國中學生「公費住校」。因為是離島的偏遠地區，師資與教育環境自然是相當欠缺，就如夏曼‧藍波安回憶當時的老師，完全是以教化未開化人民的心態來教學。加上語言政策的強制實施，導致年輕一代的達悟人漸漸不會說母語了，與傳統文化的斷裂。

在〈海洋大學生〉裡的主角達卡安，就是以「逃學」及「零分考卷」抗拒著教育體制的束縛，對他而言學校是永遠的夢魘。雖然在同伴馬洛的嘲笑中，達卡安對於「結業證書」帶來的羞辱感受內心仍會介懷。因此，達卡安選擇在海底累積他的成績，希望藉由潛水射魚的能力，得到部落族人對其肯定的「畢業證書」。然而，漢人教育制度給予的羞辱，不時糾葛達卡安的心志，讓他對此耿耿於懷：

> 他看著海回想三年以前的這個時候，看著他的結業證書，傷心地認為漢人學校制度的教育不適合他；學校的老師，他的父親，還有他的同學們都說他來這個世界太晚了，他應該是在漢人沒有來到這個島嶼以前的人才對……，只是祖母曾經對他說：「孫子啊，別難過，我們都一樣看不懂漢字啊，不過我相信你能分辨男人魚與女人魚的，如果你會潛水抓魚的話。」想到這句話，彷彿只有祖母和海浪能了解他的心臟脈搏。〔註207〕

在這股外來壓迫的浪潮侵襲下，部落族人的文化認同與價值觀面臨著考驗而逐漸轉變，像達卡安、夏曼‧藍波安等，還算是有民族自省能力者，但更多達悟人卻在漢文化侵襲下，喪失原鄉文化認同。例如像夏曼‧藍波安的大姊那一代的達悟族女性成員，因為「我要吃饅頭，不要吃芋頭飛魚」〔註208〕。後來都嫁給漢族的外省老兵，雖然男女相遇而結婚，本是你情我願的單純動機，但是他們也因此與故鄉達悟切斷了親密關係。

〔註207〕夏曼‧藍波安：《海浪的記憶》，頁 174。
〔註208〕夏曼‧藍波安：《航海家的臉》（新北：印刻出版，2007 年 7 月），頁 146。

這樣情形當然不只發生在女性身上，在《黑色的翅膀》中，就將達悟族面對漢族文化入侵的反應，夏曼‧藍波安藉著四個達悟族小孩的成長過程，描寫他們在達悟文化與異族文化的衝突及矛盾中，對於遵循傳統繼承達悟文化、或是轉向誘惑追求異族文化的各自選擇。無論是哪一個主角、哪一種選擇，都具體而微地表現出達悟社會所面臨的現實考驗。雖然，卡斯瓦勒終於還是選擇「白色胴體」的誘惑，而吉吉米特尚在徘徊中找尋回家的海，但是卡洛洛對於「黑色翅膀」的堅守，以及賈飛亞的返鄉回歸，才是作者最終亟欲展現「達悟人的天堂是在蘭嶼的一片海洋」之意圖。從這故事中，接受漢人教育的達悟人，無論是抗拒抑或渴望，都在達悟文化與漢族文化的衝突中受到傷害，即使最後選擇繼承傳統走向海洋，卻都無法挽回外來漢文化對於部落族人的改變。

在〈女兒的名字〉一文中，夏曼‧藍波安就曾為女兒姓名問題與戶政事務所的公務員起了爭執，他希望為女兒取「施奇諾娃」四個字，從達悟語言解釋，有「勤奮的人」的涵義。但公務員卻以中國人名字不是兩個字就是三個字回絕，然而對於夏曼‧藍波安的要求卻又找不到法源加以反駁，最後只能依夏曼‧藍波安的意，在戶口名簿上填寫達悟族的名字。這一段描述，顯示了公務員僵化的辦事態度，以及主觀的漢人意識（中原沙文意識），強制認為其他民族應該也要同樣思維。而這其實其來有自過去國民政府來臺，對於原住民命名方式加以管制，這是一種威權展示，如同日治時代皇民化時期所推行的「改姓名運動」，然而此舉卻是嚴重剝奪了原住民的命名權。夏曼‧藍波安為女兒爭取正名，看似只是個小小動作，卻是爭回文化的自主權，維護民族尊嚴，他自己也在兒子出身後，從施努來正式更名為夏曼‧藍波安，恢復了達悟族「親從子名制」〔註209〕的傳統。

2、抵制漢化的書寫策略

除了在文中展現對抗漢文化的意識，許多論者如葉連鵬都發現到夏曼‧藍波安書寫語言上的並用策略，以及語言文字的挪用與變異，也是其反抗殖民的另一種表現。董恕明在自己的博士論文中也提出了相同的觀點，認為在夏曼‧藍波安的書寫中，不僅具體看見「文類」交互併陳的多元展現，也試著在自身母語和漢族中文之間做不同的嘗試與開發，製造出一種相對敞開的

〔註209〕達悟族採「親從子名」的習俗。作者在兒子「藍波安」出生後，改名為「夏曼‧藍波安」，在達悟語的意思就是藍波安的父親。

空間，換句話說，夏曼・藍波安（及其他原住民作家）的書寫是在自己母語和其使用中文間，找尋言說表達的各種縫隙，甚至是鬆動與超越中文原有的既定成規，成為建構自身的一部份。〔註210〕

　　早在 1992 年，夏曼・藍波安出版第一本作品《八代灣的神話》，就是以漢語和達悟族語對照的方式，但此後的《冷海情深》、《海浪的記憶》等書，夏曼・藍波安卻不再堅持使用前書漢語／達悟族語對照的方法，而代之以漢語為主，間夾少量達悟族語，時而加註說明。根據楊政源的觀察，或許因為《冷海情深》與《海浪記憶》成書之前各篇作品皆曾發表於報章雜誌，為了方便讀者閱讀，因此無法像《八代灣的神話》一般，藉由漢語／達悟族語對照的方法。〔註211〕

　　雖然達悟族語，不論音譯漢語或是羅馬拼音，與《八代灣的神話》相比都大幅減少，但是以《冷海情深》為例，書中，夏曼・藍波安漢語、達悟語混雜：有白話漢語、達悟族語音譯漢語（雅瑪、依那）、羅馬拼音達悟族語（Yama、Ina、Arayo、Apnorwa）等，看得出夏曼・藍波安似乎有意識地遊走在漢語、達悟語中。至於長篇小說《黑色的翅膀》，出版前並未在任何報章雜誌發表，僅由晨星出版社出版並申請國藝會的創作獎補助，相較之下比較沒有市場壓力；因此在大部份的對白上，再度使用《八代灣神話》中漢語／達悟族語的對照模式。

　　《海浪的記憶》後，夏曼・藍波安的作品大致上以漢語為主，達悟語為輔的書寫策略，彷彿他的漢語寫作即是對漢語合法化的默認，但事實上他是以漢語書寫來抨擊漢文化，對著殖民市場發聲，宣揚反殖民理念。這絕對不是完全被動地受制於漢語，尤其是在《航海家的臉》中，夏曼・藍波安更創作出一種不同於前的書寫筆調，在〈祖先原初的禮物〉，談到耆老的智慧與個性：

> 六十來歲以下的族人好似血氣方剛的年輕人賣弄半瓶酒的能量，依據被太陽曬的時間長短對晚輩瞎掰說教，好使較晚見到太陽的後人明瞭他自己的「酒瓶深度」，頻頻的在馬路邊即興創作，於是部落裡

〔註210〕董恕明：《邊緣主體的建構——臺灣當代原住民文學研究》（臺中：東海大學中國文學研究所博士論文，2003 年），頁 118～125。

〔註211〕楊政源：《海洋文學在臺灣文學場域的興起——以夏曼・藍波安與廖鴻基為觀察核心》，頁 180。

優質的詩歌吟唱，漸漸消耗了貫穿在人與詩歌融合爲一體的質感。
〔註212〕

這段話乍看之下，十分難以判定其意旨，其實這段話主要形容八十來歲的部落耆老，即使喝了酒，說話的語氣依舊有沉著的美感，反觀六十來歲以下的族人，就顯得相當不堪，「酒瓶深度」應指酒量，也有可能是指酒品，六十歲以下「酒瓶深度」不足的人唱的歌，爲什麼以「優質」狀之？夏曼・藍波安在這似乎有諷刺的意味，但就其語義眞是如此嗎？因爲他也曾用「優質的神經病」來稱呼他的表弟安洛米恩，而他對表弟的看法，看似諷刺，卻又帶有關懷的深情，而這就是夏曼・藍波安獨特的語法。

葉連鵬就認爲夏曼・藍波安的書寫是：「一方面採用漢文書寫，另外一方面在語彙、象徵、文法以及表達方式的運用上，加入達悟語的特性，是一種剝離／依附同時進行的雙重過程。」〔註213〕他並引《殖民與後殖民文學》一書，說明「剝離／依附」的意涵：

> 我們可能就會這樣來看待反帝的文化民族主義：它好比是一個剝離依附同時進行的雙重過程。也就是說，它體現了「cleaving」這個詞的兩種不同的意思：即是「分裂」——離開殖民界定，越過殖民話語的邊界，但同時又是爲達到這一目的而採用借鑑、拿來或挪用殖民權力的意識形態、言語和文本的形式——即所謂的「依附」。
> 〔註214〕

這樣的語法，從《航海家的臉》之後大量出現，夏曼・藍波安刻意創造出「達悟式的漢語」自有其用意。他不只一次感嘆，會讀他的作品，多半不是部落的人，而是漢人，因此他對臺灣讀者丟出「中文」與「達悟語」結合的實驗品，除了挑戰、顛覆漢人讀者以往對漢語閱讀的習慣，在閱讀時產生陌生感、斷裂性，同時，這樣的特異語法的寫作方式，也是想對臺灣讀者「反傾銷」達悟族語言〔註215〕，某種程度也是讓漢人讀者透過閱讀，了解達悟族語言、文化特色，而這無疑也是原住民文學抵抗書寫的一種特色。

〔註212〕夏曼・藍波安：《航海家的臉》，頁28。
〔註213〕葉連鵬：《臺灣當代海洋文學之研究》，頁231。
〔註214〕葉連鵬：《臺灣當代海洋文學之研究》，頁231。
〔註215〕楊政源：《海洋文學在臺灣文學場域的興起——以夏曼・藍波安與廖鴻基爲觀察核心》，頁197。

　　一直以來，用漢語做為原住民文學創作的媒介，就是文學界上爭論不休的問題，贊成的如同孫大川認為，原住民以漢語書寫，固然減損了族語表達的某些特殊美感，另一方面，卻創造了原住民各族之間及漢族之間對話、溝通的共同語言。這不僅是讓主體說話的一種表現，而且讓主體說話成為一種公共的、客觀的存在和對象，主體性不再是意識形態上的口號，它成為具體的力量，不斷強化，形塑原住民的主體世界。〔註216〕然而另一派如瓦歷斯·諾幹，則持相反之詞，他認為：

> 原住民文學的起點就在於使用原住民族群文字，捨棄這個起點，所謂的原住民文學將永遠只是臺灣文學的一個支派，而無法道道地地的成為「中心文學」，也將無法獨立於中國文學的「邊疆文學」之譏。
> 〔註217〕

另外，他也引用了比爾·阿希克洛夫特等學者在《逆寫帝國：後殖民文學的理論與實踐》一書的理論，認為用「逆寫」的策略，也就是在行文中加入「原住民詞彙」、「語法」、「典故」、「神話」，其實是一種主體宣告的姿態，表面上看來作者可以準確地表達與描述，並且強迫讀者更進入書寫者的世界，也意圖、偏移、分裂主流閱讀習慣。他甚至認為「因為逆寫，原住民書寫的去殖民才有可能展開。」〔註218〕

　　兩者的說法都很有道理，至於採用何種方式創作，是作家本身的選擇，而事實上，對夏曼·藍波安而言，兩種方式他都嘗試過，對於語言文字的使用，他曾表示：

> 當我對自己母語的認識越來越深時，我是以自己的語言來解釋漢字、駕馭漢字，而不是以漢字來駕馭我的思維，因此漢語不會成為我的絆腳石，而是我要運用、豐富文本的工具。〔註219〕

而他的實驗，「跨文化」（漢／原／其他）的文字嘗試，確實也增加原住民文學，乃至於臺灣文學的多元性，而從海洋文學的角度，則是他打開另一片，迥異漢人書寫的海洋風貌。

〔註216〕孫大川編：《臺灣原住民族漢語文學選集：評論卷（上）》，頁10。
〔註217〕瓦歷斯·諾幹：〈原住民文學的創作起點讀「敬泰雅爾」的幾點思考〉，收入瓦歷斯·諾幹：《番刀出鞘》（臺北：稻香出版社，2000年6月），頁133。
〔註218〕瓦歷斯·諾幹：《番刀出鞘》，頁145。
〔註219〕張清志：〈只有海浪最愛我──孫大川對談夏曼·藍波安〉，頁40。

3、對抗現代化

現代化是鄉土文學常見的課題，在臺灣，「現代性」可以在街頭巷尾、城鄉差距甚大的山巔海湄間畢現無疑，而在原住民文學裡也是如此，事實上，原住民面對現代化所帶來的衝突恐怕還不止如此。瓦歷斯·諾幹在〈從臺灣原住民文學反思生態文化〉一文，引用班魯銳（T. Banure）的看法，認為西方現代化發展模式的引入，迫使原住民分散精力，應付和抵抗外來的文化、政治和經濟宰制，而不能集中精力於正面追求他們自身定義的社群文化。〔註220〕

在〈臺灣來的貨輪〉一文中，就指出大量入侵的貨幣經濟，嚴重打亂了達悟族的生活及傳統文化的延續，因為自60年代開始，臺灣來的貨輪帶來臺灣的現代商品，儘管當時族人無貨幣消費，但影響已經產生：

> 貨物終於被搬上了海邊，我們開始動歪腦筋，由奪魁的泳將任務編組：你們搬柑橘、你們搬罐頭、你們扛……。另一方面，雜貨鋪的老闆娘正逐一喊價：那一籃五角、那一箱一元、那……。搬貨賺錢固然重要，但更重要的是，從籃底弄個洞取出東西，偷偷埋在沙裡或石礫下。老闆娘愉快地分發工錢，我們更高興第一趟又一趟的來回搬運。〔註221〕

臺灣來的貨物讓達悟族純淨的靈魂受到污染，更糟的是「貨輪的來與往嚴苛支配了我們心靈的夢想」年輕的孩子開始嚮往臺灣，和土地失去了親密關係。

不只孩子嚮往現代化貨品，大人也受到現代化影響，在〈飛魚的呼喚〉一文中，描述達卡安想要跟爸爸出海捕飛魚，因為在海上達卡安有足夠的膽識被稱為「飛魚先生」，但是在陸上，他卻不適應現代化教育，所以是「零分先生」。然而，達卡安的爸爸的心中不為達卡安願意學習捕飛魚而快樂，反而害怕他無法適應現代化的教育、將來無法適應現代化社會而感到憂心。

之後在《海浪的記憶》中達卡安長大了，在〈海洋大學生〉一文中，這個「零分先生」國中畢業只拿到結業證書，被朋友馬洛取笑，但兩年後達卡安已經熟稔潛水抓魚的技巧了，馬洛卻在臺灣當工人，文章標題「海洋大學生」是夏曼·藍波安對達卡安的肯定。達卡安雖然國中沒有畢業，但他將零分轉化為海底裡的生產知識，選擇海洋為生產的場域，已經足以是一個海洋

〔註220〕瓦歷斯·諾幹：〈從臺灣原住民文學反思生態文化〉，收入於孫大川編：《臺灣原住民族漢語文學選集：評論卷（上）》，頁165。
〔註221〕夏曼·藍波安：《冷海情深》，頁190。

大學生了。反觀其他達悟年輕人紛紛前往臺灣，但是原本在現代化教育制度下受挫的達悟人，到臺灣之後又因為文化資本的弱勢而只能從事粗重、薪資低廉的勞動工作，成為資本主義之下的犧牲品，馬洛就是一例，不但和土地產生了距離，受到現代化的影響，更與達悟文化失去了親密關係。

在《海浪的記憶》之中，第二卷「想念島上的親人」，則是夏曼・藍波安藉以文字表達對達悟部落兩代族人的關注，描述族人面對現代文化入侵時，老人們無所適從的失落，以及下一代尷尬處境的矛盾。〈上帝的年輕天使〉裡夏曼・阿泰雁一大早就被妻子嘮叨「米酒只會吃你的肌肉」、「沒有太太的年輕人老早就去捉魚了，而你卻一大早去雜貨店欠一瓶米酒」，沒想到下了海卻是：

> 他笑了，氣泡從嘴裡冒出，很多小魚兒搶著戳破小氣泡；他又吐了
> 一口氣，泡沫自海底慢慢地漂浮上升，小魚兒又爭先恐後地戳破泡
> 沫；他又吐了一口，但最後吐的是胃裡發酸的穢物，魚兒們又爭著
> 搶著吃，遠方體型較大的魚逐漸逼近。遠遠的、很遠的、很深遠的
> 海底是淡藍的、深藍的，午後的陽光折射入海，可以清晰地看出一
> 絲絲的光線。然後，在最深藍、看不到的陽光折射光的地方，夏曼・
> 阿泰雁的靈魂已在那兒悠悠地自在地漂游……〔註222〕

文章沒明說，但顯然奪走夏曼・阿泰雁的靈魂的是公賣局販賣的米酒。

同樣也是因為現代化入侵所帶來的錐心傷痛，夏本・阿烏曼在〈永恆的父親〉裡面對兒子死亡打擊的同時，對於逐漸背離達悟文化的下一代更是不勝欷歔。對於兒子的一意孤行，雖然他只能以達悟的禁忌、飛魚神的詛咒加以勸阻，但是將其視為迷信而嗤之以鼻的兒子，依然為外地人駕駛快艇經過部落的海灣。最終兒子發生船難，而業者卻一句：「船底破洞」的敷衍解釋來推託責任。面對突來的噩耗，不僅留給夏本・阿烏曼夫妻無盡的傷痛，更多則是迷惑不解的失落與感嘆：

> 現在的孩子接受臺灣人的學校教育，他們的想法已和我們不一樣
> 了，就像我們的海一樣，一邊是清澈的，一邊是混濁的，有何辦法
> 呢？兒子在海上失蹤至今已經五個月了，什麼消息也沒有，你的表
> 嫂天天喝眼淚度日，而我天天上山想忘記這一件事。應該是先長出
> 來的葉子先掉落，為何是正綠的葉先落地呢？〔註223〕

〔註222〕夏曼・藍波安：《海浪的記憶》，頁128～129。
〔註223〕同註222，頁148。

也因為達悟族在現代化的影響下遭受到不公的對待，夏曼・藍波安只好以書寫捍衛達悟人的尊嚴。他以文字抵抗成為「新惡靈」的貨幣經濟、為現代化入侵下的達悟族群發聲、並藉著老人的記憶重新喚醒達悟文化。夏曼・藍波安書寫老人的智慧，也是一種抵抗現代化的書寫策略，藉由老人的思想、話語、做為顯現達悟族的傳統智慧。

　　除了現代化所帶來的經濟、教育、文化對達悟族產生緩慢而劇烈的影響，90 年代以後核廢料問題、國家公園政策，乃至於臺灣島上本土化的政治風潮，也為蘭嶼小島帶來直接的衝擊。面對新型態的現代化問題，夏曼・藍波安一改過去藉由散文、小說形式思考問題，反而直接以文化評論或是實際行動表達他的想法，他在《原住民族》發表的一系列文章，除了批判過去政府種種的不當政策與族人受到的壓迫，也清楚去論述，為何蘭嶼要向國家公園說：「不」、為何蘭嶼要邁向自治之路、達悟的「自治」定義和政府定義的差異等等。文化批判和文學創作是原住民作家不能迴避的天職，從夏曼・藍波安身上也可以看到文化批判和文學創作的緊密關係。他的行動與批判，也表示他將個人對達悟海洋的愛戀與認同，擴展到對整個族群未來發展的層面。

三、夏曼・藍波安海洋文學的困境與突破

　　面對傳統與現代化之間的矛盾抉擇，因為過度抵抗現代化，陳建忠認為，源於母體文化而生的依戀與堅持，讓夏曼・藍波安在驕傲中卻也陷入了窘境。他指出，夏曼・藍波安藉著「反智論」的思考方式，讓達悟文化在樂觀的期待與肯定下，顛覆漢族所建立的價值體系，但是在面對現實的壓力與入侵，夏曼・藍波安對母體文化的延續與固守卻也讓人窺見陰影。陳建忠更進一步剖析，這種「反智論」侷限了夏曼・藍波安的精進，反映至創作則是情感停滯與經驗僵化的現象。〔註 224〕

　　確實在夏曼・藍波安的許多文章中看到這樣的現象，例如夏曼・藍波安的父親總是告誡他：別太相信書本，也認為老師不懂得尊重自然的權利，他們只相信族中長輩一代一代承傳下來的知識與經驗：

> 夏曼，你在臺灣莫名奇怪的生活了十六年，你是無法體會、無法相
> 信我們這些老人為何如此敬畏島上一切有生命的生物。你在臺灣受

〔註 224〕陳建忠：〈部落文化重建與文學生產——以夏曼・藍波安為例談原住民文學〉，頁 207。

教育，臺灣的老師絕對不懂樹的靈魂是有被尊重的權利的，他們只

教育與我們島上族人生活不相干的知識。〔註225〕

達悟族的傳統教育是以實際行動、口傳等方式呈現，是與生活環境直接產生關係，這是課本學習不到的知識，但完全否定書本的現代化教育，不是也是一種迷思？

固然夏曼·藍波安對於達悟文化本質的肯定與固守，有其絕對必要的意義，面對現代文明與資本主義的入侵，夏曼·藍波安認爲唯有站穩腳步確立其文化的「本土價值」，才能夠與其競爭、抗衡，但一味的對抗外來文化，認同自我，難免陷入狹隘的族群意識之中，如林正三所說，陷入「我族中心理論」的陷阱，〔註226〕或者是像孫大川所說的是「自我中心理論」、「本質論」的陷阱：

「我」與「他者」的對立、鬥爭，恐怕正是中了「本質論」的蠱毒，

將人與人的關係鎖定在範疇內來理解。〔註227〕

孫大川認爲原住民過度強調自我，否定他族，雖是對殖民文化的抵抗，但同時也是喪失與其他文化對話的可能性。而過度對自我文化的認同，就會像希臘神話中納西斯對自己水中身影的耽戀，「他們喪失了對自己及現實世界的估計能力。由此引發的自我肯定的力量，固然強烈充沛，但終究是鏡花水月，難逃自毀的命運。」〔註228〕

綜觀夏曼·藍波安的作品多少有這樣的跡象，尤其在〈航海的感想〉這一文更爲明顯。2005 年 5 月，夏曼·藍波安與一位日本人以及五位印尼人共同合作與接力，從開始親自造船到航行大海，在整個南太平洋海上追尋南島民族先人過往的蹤跡。這是一趟尋根溯源之旅，也是一趟跨越國界的冒險之旅，就如夏曼·藍波安所期許的：「以達悟族的驕傲，代表臺灣人，實踐海洋立國的宏願。」原以爲 2007 出版的《航海家的臉》會以此次遠航爲書寫主軸，但事實上只有這篇〈航海的感覺〉提到這次航行，而就他的觀察，五位印尼

〔註225〕夏曼·藍波安：《冷海情深》，頁 59。

〔註226〕林正三：〈孫大川與臺灣原住民族文藝復興運動〉，收入孫大川編：《臺灣原住民族漢語文學選集：評論卷（下）》，頁 70。

〔註227〕孫大川編：《臺灣原住民族漢語文學選集：評論卷（上）》，頁 77。

〔註228〕孫大川：《山海世界——臺灣原住民世界的摹寫》（臺北：聯合文學出版，2000年 4 月），頁 192。

船工是虛有其表的「釣魚好手」，口口聲聲說，很快就有新鮮魚吃，但是到了
航行十二天後，依然釣不到半片魚鱗：

> 在海上十多天以來，除了厭惡他們自以為是釣魚高手的姿態外，在
> 我心中也開始討厭我們的食物。早餐喝咖啡與餅乾，中餐與晚餐永
> 遠是印尼白米與泡麵，然而這樣的食物是我們的唯一選擇。船遠離
> 蘇拉維西島開始向東航海之後，有一天的凌晨，我開始下我的拖釣
> 線，很快地，就在天剛破曉，海平線泛起白光後，我釣了一尾鬼頭
> 刀魚，這是這艘船初貨魚，於是山本先生向這些印尼人說，你們五
> 人全輸給夏曼先生，夏曼是我們這艘船的福星。他們的表情是「心
> 有不服」，然而，他們依然下鉤試圖破解山本先生的咒語，後來真的
> 被他們釣到比我大一倍的鬼頭刀魚，讓他們的驕傲從海底起死回
> 生，於是我聽不同的印尼語話說故事的口水重量比鬼頭刀魚重，這
> 些朋友露出了海上漂泊數十天來最驕傲的微笑，而我不斷以一度讚
> 的手勢讚美他們的厲害。〔註229〕

雖然夏曼‧藍波安一直強調達悟族面對得手的漁獲要保持謙卑之心，但我們
從上述句子中都能感受到他的「臭屁」。〔註230〕或許，夏曼‧藍波安描述的可
能事實，但從這不難發現，曾經深怕受到漢人歧視的夏曼‧藍波安，在「落
後」國家遇見其他弱勢民族，眼中也免不了出現異樣眼光。〔註231〕

　　所幸這一類書寫並不多見，事實上在2004年的一次訪談中，夏曼‧藍波
安清楚地認知闡述新舊時代間的不同，〔註232〕曾經受過現代化教育的夏曼‧
藍波安，返鄉10年的生活經驗，對於母族文化在傳統／現代間的走向，必然
有更清楚的思維，知道單單用拼板舟、飛魚祭……等形式儀式已不足以對抗

〔註229〕夏曼‧藍波安：《航海家的臉》，頁99～100。
〔註230〕張清志：〈只有海浪最愛我——孫大川對談夏曼‧藍波安〉，頁37。孫大川在
　　　　訪談說出他對夏曼‧藍波安的看法：「我在想，你最近這幾年的寫作，包括你
　　　　早期的《冷海情深》跟後來的《海浪的記憶》，都是讓你越來越臭屁、越來越
　　　　有自信的一個原因。」孫大川用「臭屁」形容夏曼‧藍波安，雖然是玩笑用
　　　　語，但也可以藉此看出夏曼‧藍波安的個性，對自己的能力、成就多少有些
　　　　自負。
〔註231〕在〈航海的感覺〉文中，夏曼‧藍波安形容這群印尼人眼光是懦弱的，因為
　　　　他們多半是「文盲」，對印尼以外的世界是陌生的，參加航海計畫的動機，是
　　　　因為如此可以擺脫部落的貧窮，甚至因此賺錢而提升自己的地位。
〔註232〕張瓊方：〈藍波安爸爸的寂寞〉，《臺灣光華雜誌》第29卷8期（2004年8月），
　　　　頁32～33。

現代文明。〔註233〕他其實相當清楚一直反抗現代化、漢人文化其實對達悟族而言，也並非必然絕對「對」的事，在《海浪的記憶》，就看見他為此陷入矛盾與衝突的迷惘當中，在〈天使的父親〉裡的主角夏本‧阿泰雁是〈上帝的年輕天使〉夏曼‧阿泰雁的父親，面對兒子將靈魂永遠留在海底的死亡縱使痛徹心扉，站在兒子躺下的土地旁，內心的傷痛終究無法釋懷：

> 長子走了，他很後悔，非常地後悔，他回想三十年前的事。如果當時允諾神父帶兒子去臺灣唸書的話，兒子也許不會成為「酒鬼」，不會是臺灣公賣局忠實的顧客，不會為了買酒和孫子的母親吵個不停，不會被部落的族人瞧不起；如果當時神父強逼他領洗成為天主教徒的話，上帝的祝福也許比較多，好多的「也許」在腦海裡震盪；如果當時，我沒有造船強留兒子在身邊，強灌兒子達悟文化的優美，海洋的美麗，成為海的「孩子」的話，也許……，也許不會有這樣的「結局」。然而「也許」的想法，僅僅是掩飾他的難過，送給兒子靈魂的話。〔註234〕

雖然怨恨兒子是受到現代化商品紅標米酒的蠱惑而喪命，但他的心中也曾想像如果送兒子去臺灣接受現代化教育，「也許」就能避過此劫。文中運用很多「也許」，其實也表示夏曼‧藍波安也並不十分肯定，到底是要接受？還是排拒現代化？

在〈三十年前的優等生〉更能反映像夏曼‧藍波安這一代的達悟人是在達悟文化與現代化的衝突與矛盾中痛苦掙扎著成長。文中的主角洛馬比克，在部落族人眼中是個「專射殘障的魚」的落魄人物，然而在三十年前，他卻是學校老師們眼中的完美學生，始終保持優異成績的他不僅令人萬分羨慕，並且被認為是最有前途的人。但是，洛馬比克在國小畢業之後，卻因為父親強硬阻擋而放棄到臺灣升學的機會，順從父親的期盼在部落中留下，同時也在心中留下些許遺憾。然而，他雖然留下來，卻抵擋不住現代文化與現代經濟的強勢入侵，部落社會的風氣也因此受到改變，甚至漸次改變部落族人的價值觀。因此，三十年前的優等生洛馬比克，只能在酒醉

〔註233〕孫大川：《久久酒一次》（臺北：張老師出版社，1991年7月），頁108～126。曾指出「這些年來原住民從考古、政治、文化到人道關懷中」，潛藏著「標本化」、「泛政治化」及「浪漫化」的陷阱。

〔註234〕夏曼‧藍波安：《海浪的記憶》，頁134～135。

之際回想三十年前的驕傲，詛咒二十年前去世的父母，帶著悔恨與潦倒不斷重複內心的痛苦。

相較於達卡安、龍蝦王子夏曼‧馬洛努斯安於部落生活，洛馬比克就顯得相當落魄，他「從最好掉落到最爛的人」〔註235〕只因為三十年前他聽了父親的話，而他父親之所以堅決反對她去臺灣唸書，則是因為來蘭嶼的中國人強占了他們一半的土地，來自中國的外省人帶走了洛馬比克的姊姊，因此他深怕兒子去臺灣接受教育，也被現代化社會所帶走。

不論是〈海洋大學生〉、〈龍蝦王子〉以及〈三十年前的優等生〉，都有著一股憂傷難釋的情愁。部落社會在現代化的過程中，價值的轉型困惑矛盾正衝擊著這一代的達悟族，如何在傳統與現代，蘭嶼與臺灣，達悟文化與漢文化進行抉擇，夏曼‧藍波安也十分迷惘：

> 孩子們的未來是追求貨幣生產的時代，父母親過去的歲月是追求初級物資的生產；孩子們的母親深入在父母親、部落過去的思維卻又陷在孩子們未來的幻想裡。從歷史經線不可變動的發展中，我被逼著要試著填補這兩個時代落差最大的、最親的人之知識生產與勞力生產的迫切需求。我的狀況就像擺盪的鞦韆開始在矛盾與衝突的迷惘深淵裡輾轉滾動。〔註236〕

洛馬比克的故事並未結束，在《老海人》短篇小說中，洛馬比克再度上場，在小說〈海人〉、〈老海人洛馬比克〉中，我們得知洛馬比克後來還是去了臺灣，不過不是唸書，而是做工賺錢，到西部做起貨運助手，但也因此染上酒癮，並輾轉回到東部，在臺東加路蘭港跳上綠島漁民陳船長的漁船當起討海人。

在〈海人〉這篇，小說一開始洛馬比克就為祖籍湖南長沙的外省老兵許柏南辦裡後事，外省老兵在蘭嶼賣過早點，與洛馬比克並不熟識，但因為老兵曾在洛馬比克不在蘭嶼期間，照顧洛馬比克的親哥哥，因此也被洛馬比克視為大哥，他們在臺東街上偶遇，結果幾杯黃湯下肚，許柏南就因身體不適而往生。孤家寡人的許柏南的後事就落在同樣也是孤家寡人的洛馬比克身上。

小說透過兩個不同民族，但同樣都是社會邊緣人，在大時代的波瀾下，遠離故鄉，顛沛流離。他們的悲劇命運，固然是大時代環境所造成，但是他

〔註235〕夏曼‧藍波安：《海浪的記憶》，頁206。
〔註236〕同註235，頁213～214。

們的個性，家庭因素，也未嘗不是造成悲劇的原因，尤其是洛馬比克後來染上酒癮，個性孤僻，遠離蘭嶼過著漂泊人生，在在註定他悲劇的一生。然而當洛馬比克在臺東遇見綠島朋友阿明，並來到綠島與陳船長再度相遇，這位對待洛馬比克如同父子一般的老船長，他的親身兒子阿輝卻因為參與遠洋漁業而喪命，而他喪子的悲痛也因此觸動洛馬比克思家的情緒，儘管故鄉已無親人，他仍決議返回故鄉：

> 「就是這兒，阿明。」海人請求阿明把船開慢，把許老的骨灰罈用紅色布條慢慢地放入汪洋大海中，說：「許老，海流會帶你回大陸，kak mamo ayayipasalaw so pahad.（願你的靈魂如燕子般的善良。）」
>
> 海人不回頭一望，他只是靜靜地往前看著面貌逐漸清晰的蘭嶼，暮然回首，往事已矣，阿明似乎明瞭海人心中想的事，盡在無言中把海人載到他部落前的小海灣，他們如往日的誓約分手前各喝六個罐啤酒，讓海人在那兒跳下海潛水，表示未曾離開過他的島嶼。跳下海的水花，海人浮出海面舉起於槍柄，阿明知道此舉是「再見」的意思，阿明加速引擎船尾龍捲的浪沫也是他們再次見面的信息。〔註237〕

孤家寡人的外省老兵、達悟族洛馬比克，還是老年喪子的綠島陳船長，不管他們種族為何，皆受到如海洋般不確定性的命運擺弄，筆者認為透過這樣的安排，夏曼‧藍波安試圖化解過去作品中常見的原、漢之間的衝突。雖然文中對於閩南人的貪婪，國共之間莫名的爭戰有所揭露，但從原、漢善意相處的故事中，看見夏曼‧藍波安丟出新的思維，達悟民族對於漢人，乃至於漢文化、現代文明，除了對抗，是否還有另一種可能性？

而在 2012 年所出版的長篇小說《天空的眼睛》則是深化思索這可能性，也就是「原漢和解」。故事的主角夏本‧巫瑪蘭姆的長女西嫩‧巫瑪蘭姆，與洛馬比克有同樣的背景，想繼續念大學而不可得，只能繼續去臺灣做女工，後來未婚生子生了巫瑪蘭姆，並帶回蘭嶼交由父母教養，自己則又回到臺灣做工。孫子巫瑪蘭姆的父親不詳，讓夏本‧巫瑪蘭姆深感到愧疚，甚至懷疑自己犯了禁忌而三年來釣不到浪人鰺。而再一次的失手的夜晚，他不但被浪人鰺拉下造成船翻覆，這一天他也聽到女兒西嫩‧巫瑪蘭姆在臺灣因「猛爆型肝炎」而過勞死亡的噩耗。

〔註237〕夏曼‧藍波安：《老海人》，頁181。

顯然又是一齣達悟人受到現代化的侵略,而到臺灣發展所產生的悲劇。但隨著劇情的鋪陳展開,開始明白原來西婭‧巫瑪蘭姆的未婚生子是有苦衷,孩子未出世之前,父親小陳就被車撞死,而她之所以拚命賺錢,也是希望在臺灣買房子,讓兒子有更好的生活環境。這樣的願望,雖然不是像夏本‧巫瑪蘭姆這一代老達悟人所能想像的價值觀,但卻是新一代達悟人的普遍想法,因此他們一個一個前往臺灣尋找夢想,乃至於與漢人成家立業,這之間有歡笑,但更多時候卻是以悲劇收場。

小說後來,當夏本‧巫瑪蘭姆再一次在海裡巧遇「魚瑞」浪人鰺:

> 一個人與一尾大魚在六米的深度,在午後的末梢,在夜色即將來臨之前的寧靜黃金色,又是靛藍的海「巧遇」自己心坎裡水世界的俊男,他想,什麼人比我更幸福呢!他說在心海。忽然間,大魚眨了兩次眼皮,讓他驚悚⋯⋯
>
> 他發現浪人鰺的唇肉與牙齒留著七只生了鏽的大魚鉤,其中一只新的鋼絲連鉤是他認識的,就是自己親手製作的連鉤。哇!想著原來把我的人與船翻覆的就是這條魚」於是內心底層燃起了熊熊烈火,說祖宗積陰德讓我與牠「巧遇」哇!⋯⋯
>
> 兩個男人情愫對視一分鐘之後,「魚瑞」左右輕拍尾翼,尾翼在水裡如是船舵一樣,游向牠該遊歷的水世界,也許繼續尋覓獵物果腹吧!爲了生存。〔註238〕

正巧,這一天巫瑪蘭姆的漢人姑姑陳觀雲也出現在蘭嶼島上,並且與他們相認。這位在英國研究宗教的博士,用一則哈薩克獵人故事,傳達各個物種因爲生存而必須和平相處:獵人爲了追殺頭狼,來到冰天雪地的深山,也忘記了回家的路,當他舉槍要射殺頭狼,才驚覺殺了頭狼就完全找不到路回去,於是獵人放了頭狼生路,而頭狼幫助獵人找到回家的路。這故事也與小說的支線,夏本‧巫瑪蘭姆與魚瑞浪人鰺從對決到彼此「相知相惜」相呼應。而從漢人親戚陳觀雲口中說出哈薩克故事,似乎暗示了,各物種都能因爲生活而放下仇恨共處,那同爲人類,種族之間不是更要打破分際的藩籬。

〔註238〕夏曼‧藍波安:《天空的眼睛》(臺北:聯經出版事業公司,2012年8月),頁160～161。小說第一章,就是透過擬人化的手法,藉由老浪人鰺的敘事觀點帶出故事。一直到這條魚遇見了主角夏本‧巫瑪蘭姆,進入第二章之後,敘事觀點則轉到夏本‧巫瑪蘭姆上。

　　小說的結局有些煽情，原本筆者以爲陳觀雲的出現，是夏曼‧藍波安刻意安排，試圖化解原、漢之間的矛盾，但是在後記裡，夏曼‧藍波安強調陳觀雲是確有其人，並且成了巫瑪蘭姆的新媽媽。〔註239〕這讓筆者忍不住懷疑，過去像夏曼‧藍波安這一代的達悟人，必須面對現代化、漢文化的入侵，而在傳統與現代，原鄉與臺灣兩種截然不同文化所帶來的衝突矛盾；但是到了夏曼‧藍波安之後，對新新一代的新達悟人而言，他們已無可避免的碰觸到新舊、原漢文化的衝突，甚至很多新達悟人是在衝突之後所誕生的新一代，他們這一代新人類所面臨的課題不只有像上一代達悟人一般，對新舊文化的衝突產生不適、矛盾、抗拒，還有因新舊文化衝突、交融後所衍生的新問題，而夏曼‧藍波安已經意識到這一點，誠如巫瑪蘭姆喪母後望海的自省：

> 在這事件之前沒有想過的事，也發覺了自己的膚色比他外祖父母白，感受到自己有閩南人的血統，開始想著「自己必須比別人更努力，給外祖父母最少的擔憂，認爲混血兒是榮耀，也是這個島民的新品種。」〔註240〕

這當然不會是一個小孩會有的想法，但是夏曼‧藍波安藉由「混血兒是榮耀」這一句話，也暗示了傳統與現代化、原住民與漢人的衝突、矛盾等過去的問題已經產生，新的問題即將接踵而來，未來達悟族唯有跨過這種族藩籬、新舊文化界線，藉由尊重不同文化的差別，乃至於接納差異文化的衝突，才是達悟文化未來的可能發展。

第四節　小結

　　如果從結果論來看臺灣海洋文學發展，是相當殘酷的一件事。儘管於50年代，《中國海軍》、《海洋生活》挾帶一整個海軍戰力，以及70年代大海洋詩社擁有一旗艦的詩人，然而在推動、發展海洋文學上，成效遠不及一位討海人及一位原住民作家。然而廖鴻基與夏曼‧藍波安之所以能夠成功，實有其因緣條件，在那臺灣本土意識抬頭，解嚴後人們開始親近海洋、擁抱海洋的90年代，國家政治、社會、文化等局勢發展都爲他們創作、推動海洋文學提供良好的誘因。

〔註239〕夏曼‧藍波安：《天空的眼睛》，頁188。
〔註240〕夏曼‧藍波安：《天空的眼睛》，頁107。

　　除了時勢造英雄，夏曼‧藍波安與廖鴻基的努力仍是不容忽視。廖鴻基從逃離陸地人世走入海，轉而積極認識海洋、書寫海洋，更以素人作家之姿，闖蕩臺灣當代文學領域。一開始他以討海人為書寫對象，成為漁夫作家，隨後因關心海洋環境生態，跨足自然生態寫作。2000 年後他更因推廣海洋文化與教育，隨著海洋計畫拓展他的海洋版圖，他成立黑潮海洋文教基金會、遠洋航行、繞島航行，由沿海而近海而遠洋，同時他的文學版圖也從書寫討海人、鯨豚外，還涵括了遠洋漁業、貨運，以及臺灣漁業、海洋生態問題等一切與海洋文化相關議題。然而不論題材為何，他的文學範疇始終不會離開海，他試著不斷的改變題材，來記載、建構臺灣海洋不同面向的文化底蘊。

　　海洋不只是書寫的題材，更是廖鴻基守護的心靈烏托邦。他不斷與大海對談，而這也是一種自我的對談。回顧廖鴻基的海洋經歷，有討海人時期純粹直觀的接觸海洋，尋鯨小組之後以較為科學的、數據的、知識性的方式記載、理解海洋，這些過程促成了廖鴻基的生態倫理觀，因此筆下的海洋也是自我生命蛻變的紀錄。儘管途中曾因遠洋航行讓他對海洋的熱誠產生懷疑，但卻也讓他對自己的海洋使命以及文學目標更加明確，誠如他在《鯨生鯨世》的期許：「我已經成為海洋天使，藉著我的描寫，我當一座橋，讓岸上的朋友們走過這座橋，看見海洋。」

　　相較於廖鴻基逐漸擴展海洋版圖，來完成他的海洋文學，建構海洋文化，夏曼‧藍波安的海洋文學則是重返屬於自己族群文化的原點，他重回蘭嶼，回到母體文化的懷抱。這一點他又與呂則之有幾分相似，呂則之的海洋書寫著重的是澎湖外那一片海，同樣的夏曼‧藍波安也只關注蘭嶼四周的那灘海水。儘管他曾在 2005 年參與南太平洋遠航，但異鄉的海水始終激盪不出他心底的浪潮。因此我們看到他筆下的海洋，始終是神靈、禁忌、飛魚與拼板舟交織的海洋，是道道地地的達悟海洋。

　　夏曼‧藍波安一方面以文字敘述神話及族群歷史、塑造達悟傳統文化的海洋空間，一方面也藉由文學創作，寫下自我探索母體文化的生命經驗，同時透過書寫延續達悟民族文化傳統，抵抗、批判異族文化，企圖營造達悟民族自信再生的能量。因此，他的海洋文學，是探本溯源的原鄉書寫，是從追索自我尋求生命意義為出發，進而發現一個肯定自我存在意義的所在；同時也成為一股文化實踐的力量，使讀者可以貼近他的立場去認識達悟並進而了解達悟族的問題。換言之他的海洋文學是他為蘭嶼土地生活經驗提供出另一

種觀察，是關心蘭嶼土地、關心達悟人民，因此他的文學創作不但是海洋文學範疇，也可以說是屬於鄉土文學、原住民文學範疇。

廖鴻基與夏曼·藍波安皆是在本土意識高漲的 90 年代回歸故鄉，回歸海洋，他們的海洋文學雖然受到主流本土文化的影響，但是他們筆下的海上風光，卻又是過往主流文化所不曾見過，是一種全新視野之拓展，甚至是一股對臺灣人民早已習慣的陸權文化所展現的抵抗力量。有別於 70 年代的海洋書寫中的海洋，總是充滿著神秘、凶險與死亡，他們的海洋文學寧靜、親切而充滿情感，因為愛海的緣故，使得海洋在他們的描述下有家的意涵。如此「大海是我家」的書寫情境，也往往刺激讀者去重新思考，生活在臺灣這塊土地上，應該保持何種態度去面對島外的湯湯大海。

除了作品表現對海洋的強烈歸屬感，作品題材豐富新穎，以及書寫技巧之多元化表現，有一點也必須要注意，那就是二人在海洋文學作品的質與量上皆相當可觀。廖鴻基有逾十本作品集，夏曼·藍波安也有八本作品與一本針對其母族的人類學碩士論文。他們的持續創作以及豐富的成績，也都是他們能在 90 年代後的臺灣文學掀起滔天巨浪的重要原因。

第十章　結　論

回顧自 16 世紀以來，西方列強掌握海洋資源，於是快速拓展國家勢力。但時至今日，海洋勢力不再只是拓展權力之途徑，海洋資源、海洋環境等，都是需要被關注與悉心照料的環節。2001 年聯合國締約國文件中表示：「21世紀是海洋世紀」，海洋佔地球表面 70%以上，而臺灣四面環海，這島嶼自然不能屏除大海而獨自發展。

近年來臺灣的國家發展，正陷入本土化與國際化間，不斷產生拉扯衝突。事實上海洋文化是臺灣的本土特色，而臺灣想要走出島嶼與世界接軌，所憑藉的仍是海洋。而一般社會大眾想要與海洋有進一步接觸，除了親自走入大海，另外就是透過海洋文學來認識海洋文化。

許多論者都常以西方的歷史為例，認為海洋文學的興衰與國力的強弱有密切的關係，英國於 15 世紀至 18 世紀間，藉著發展海權快速的崛起，於 19世紀成為全世界第一強國。而 19 世紀以前多數的海洋文學名著是英國作品。而美國則是 20 世紀取代英國成為海上強權，20 世紀的傑克‧倫敦《海狼》、美爾維爾《白鯨記》、海明威《老人與海》都是美國的作家作品。關於這樣的說法，筆者深感懷疑。首先，一國的強弱與文學的發展是否成必然的關係，仍有待爭論；其次，這些知名的海洋文學名著，其實不是一國一時的作品，而是散見於各國文學裡頭，至今筆者尚未見到有研究者針對國外海洋文學的歷史發展脈絡做一嚴整的研究。但不能否認，這種「厚西薄中」、「以西鑑臺」的看法倒是適時的刺激了臺灣海洋文學的發展與研究。

戰後臺灣的海洋文學發展從 50 年代海軍文學開始算起，已有一甲子歷史，即使從 90 年代海洋文學再起，1996 年廖鴻基的《討海人》開始算起，也

有近 20 年左右。看似已經累積一定成績，但事實上臺灣發展海洋文學的歷史上尙短，海洋文學仍有發展空間。

針對本研究的研究成果，分述如下：

一、臺灣的確有海洋文學

臺灣的海洋文學起源甚早，50 年代有海軍的海洋文學、60 年代有超現實的海洋詩，70 年代有鄉土的、漁民的海洋小說，80 年代有自然生態的海岸書寫，90 年代則有原住民的海洋文學。臺灣的海洋文學一直不絕如縷，原本筆者擔心，1975 年成立的大海洋詩社，似乎與當時盛行的鄉土文學風潮格格不入；另外 90 年代以《討海人》一書竄起的廖鴻基，其討海人、素人作家的身分，也與當時文學風潮毫無干連。但仔細爬梳資料後才發現，《大海洋》對現代詩的隱微批評，以及對傳統中華文化的維護，與當時鄉土文學所強調的「回歸鄉土」、「回歸現實」有異曲同工之妙。至於廖鴻基也非單純的討海人，在出版《討海人》之前，他曾參與環保、政治運動，並出版了《環保花蓮》一書，顯然受到當時本土化、環保意識抬頭的社會風氣影響，也因此其在卸下討海人工作之後，仍馬上投入海洋環境保護運動。

二、臺灣海洋文學與臺灣文學發展關係密切

臺灣不但有海洋文學，而且跟隨著臺灣文學發展脈動以不同樣貌面世，展現海洋文學的千萬風情。誠如討海人常說的「海面闊闊無阻」，海洋由近到遠可以分爲沿海、近海、遠洋等，從上到下則包含了水體上面的空氣、水體本身（即海水）、水底下的底土（subsoil）等面相，換言之海洋文學能夠包羅萬象、無所不包也是應屬自然。

然而海洋文學成爲臺灣文學底下一個文學範疇，仍有其獨特性，海洋文學發生的地理空間：海洋的異質性與獨特性，是無法漠視的。在 50 年代的海軍文學中，海洋波濤洶湧、廣闊無邊，是洗鍊自由戰士戰鬥意識的場域。這時期的海戰小說，如郭嗣汾的《黎明的海戰》、彭品光的〈荒島夢回〉，作品表現海軍將士在海上冒險犯難精神，在困難中尋求突破的人生體驗與生命啓示。而另一方面，海洋的另一頭就是故國鄉里，是遙思、懷念的方向，而大海的隔離性，更加重這一層鄉愁，這不是其他空間場域所可以比擬。因此這時候的海洋詩、散文，也充分帶有懷鄉文學的特色。到了 70 年代，成員大多

來自海軍的大海洋詩社，他們的作品也沿襲如此風格。在朱學恕、汪啓疆的
海洋詩中，他們歌頌海洋的同時，也反映對故國鄉土的思緒，而寫下「也許，
海上的漂泊會淡忘故鄉」的詩句。

　　在 70 年代的海洋小說中，海洋又呈現另一種風貌。海洋的險惡、萬變，
成為討海人求生的夢魘，海上航行的封閉、搖擺更刺激討海人產生暴力、瘋
狂等獸性。在王拓的〈海葬〉、〈炸〉中，可以看見「生在海上，就要死在海
上」的討海人悲歌，而在東年的〈暴風雨〉、〈海鷗〉中，大海的廣闊與封閉，
長期的航行，終究讓討海人精神失序，顯露殘暴的獸性。而由於受到寫實主
義影響，這一時期的小說家深入描寫討海人人性細節，不但深刻反映 70 年代
討海人刻苦的眾生相，也使得他們海洋的小說充滿陰暗、悲觀。

　　同樣的，在 80 年代呂則之的海洋小說上也能看見同樣的基調。在呂則之
小說中，離島的封閉性，使得他筆下的菊島人物都充滿著粗獷、認命卻藏著
憂鬱的獨特性格，而他們終其一生都在對抗海洋，對抗大海包圍下的封閉。
然而不論有多麼凶險，湯湯大海卻是島國子民不能不去面對，在東年的長篇
小說《失蹤的太平洋三號》，航行海上的太平洋三號，就是臺灣的縮影，航行
的方向搖擺及迷惘，正象徵著風雨飄搖的臺灣處境。而不論要航向何方，都
顯示出臺灣島國與海洋密切的重要事實。

　　80 年代本土意識提升後，海洋更參與臺灣主體建構，搖身一變成了溫柔、
慈祥的母親。此時，海洋根植於母土，不但是人們的生活場域，更是血脈相
連。而受到了環保意識抬頭，自然寫作的影響，這時期的海岸生態書寫，展
現臺灣海岸豐富生態，在劉克襄、王家祥的作品中，可以看見濱鷸、蒼鷺、
高腳鴴群聚在西濱海岸，沙灘上的荒地，葶藶、泥胡荽、朴樹正努力的發芽
生枝。這些作家有精確的生態知識，作品充滿著蒐異獵奇的興趣，對臺灣海
岸的自然景物充滿好奇與新鮮感。儘管他們並未真正進入海洋從事觀察，但
是尊重欣賞多元的生命存在，讓海洋不再有如過往般的凶險恐怖。至此，海
洋不再是故國千里，是現實生活的家，作家不但愛她認同她，更因她資源枯
竭、環境破壞而流淚哭泣。

三、90 年代海洋文學再次開展

　　海洋文學到了 90 年代才被重視，並且逐漸發展，也是不能否認的事實。
90 年代以前，雖有《海洋生活》海軍刊物，朱學恕的《大海洋》詩刊大聲疾

呼海洋文學，但卻未受到文學及社會大眾所重視。反觀作家以海洋為題材進行創作，如東年、呂則之的海洋小說，劉克襄、王家祥的海岸生態書寫，雖然受到文壇重視，但理論者與研究者絕少以海洋文學角度視之，反將這些海洋書寫收編到其他主流文學論述之下。

由此可見，不是90年代才有海洋文學，而是整體社會對於「海洋」、「海洋文學」接受度的提昇。當90年代之後由於國家對於海洋的鬆綁以及政策的提倡，加上社會由於種種原因促成文化走向多元價值，促使海洋題材的書寫趁勢而起，或與環保議題結合，或以自然書寫面貌呈現……才逐漸接受有一種叫做「海洋文學」的文類；「海洋文學」的觀念被接受了之後，人們才看到海洋文學。

當時的作家適時創作，更為這股文學風潮興風作浪。以廖鴻基為例，他不只是一位單純的漁民、單純的海洋文學作家，他企圖藉由海洋文學發揚努力多年的環境保護志業，延續了80、90年代環保作家的精神，他們有人借途報導文學（馬以工），有人借途自然寫作（劉克襄）……廖鴻基則是敘述海洋（鯨豚）之美來告訴社會大眾海洋生態維護的重要。此外，他還出發遠洋，記錄了臺灣遠洋漁業、貨運的驕傲與辛酸，遠洋是臺灣領土的延伸，透過海洋島國臺灣連結世界，藉由他的作品，島國子民可以脫離站在大陸的思維，轉換成海洋角度的思維，認識多元文化意涵。

至於同時的夏曼・藍波安，則和90年返鄉尋根的原住民知青一樣，他們都企圖利用文字（或其他工具）來重新定義、詮釋其母族文化──孫大川用學術論述、奧威尼・卡露斯盎用神話、霍斯陸曼・伐伐用小說、瓦歷斯・諾幹用散文與報導文學……等。而恰巧夏曼・藍波安的母族達悟族是一個與海洋緊密結合的民族，夏曼・藍波安的文學自然充滿海洋意象。他企圖成為小島與大島之間轉譯者，透過達悟族的海洋文化與書寫，為當時臺灣依舊存在的陸權思想，畫出另一片海域。

無論是廖鴻基的海洋文學，還是夏曼・藍波安的海洋文學，都趕上了這波90年代的本土風潮。他們有豐富的海洋情懷，切身的海洋體驗，深刻的海洋觀察，而他們的大量的創作，更帶動這股海洋文學創作、研究的風潮，於是多種因緣條件到齊之下，海洋文學在90年代逐漸受到重視。

四、海洋文學的發展與作家的職業有很大關係

葉連鵬在其博士論文《臺灣當代海洋文學之研究》，曾指出臺灣當代海洋文學也些特殊現象及特色，其中「作家的所在地分佈與地緣有很大的關係」、「缺少女作家的書寫」〔註1〕但是根據筆者的觀察，以及葉連鵬所說：「在傳統觀念上，海洋一直被視為男性的工作場域，女性因此被剝奪深入接觸海洋的機會。」不難發現臺灣海洋文學作家與「職業」有很大的關係。以本研究所舉的作家例子來看，50年代海軍文學，作家固然多在海軍或軍中服役，50、60年代從事海洋詩創作，例如張默、瘂弦等人，乃至於70年代大海洋詩社同仁，也多半是因為其擔任海軍職務的關係。70年代的東年，則是因為有遠洋工作的經驗，才創造出一篇篇深刻動人的海洋小說。至於王拓與呂則之雖非直接從事海上工作，但是他們都是漁村出生，父執輩都從事討海人工作，因此記憶中與「討海」職業仍有關聯。

反觀劉克襄、王家祥兩人，看起來就顯得「不務正業」，因為他們都是趁工作的閒暇時間，從事海岸觀察紀錄。不過他們對生態觀察與書寫的熱誠，又不下於對工作喜愛。至於廖鴻基、夏曼・藍波安兩人就更不用說，兩人都是專職的漁夫，即使後來廖鴻基卸下討海人工作，仍從事尋鯨小組、成立黑潮海洋文教基金會等與海洋相關的事務。

也因為如此，當作家一離開職務，很快就不再提筆創作海洋文學。50年代海軍作家，如郭嗣汾、彭品光幾乎到了70年代，就不再創作海洋文學。彭品光還曾在70年代寫下〈大力提倡海洋文藝〉〔註2〕，但現實中他本人卻已經不再從事海洋相關題材的創作。而70年代作家，如王拓、東年，乃至於呂則之，到了90年代也幾乎都轉換跑道。王拓從政去了，就連文學創作也減少了；東年、呂則之則轉往從事編輯工作，雖然東年仍繼續從事小說創作，其中《初旅》、《再會福爾摩莎》，乃至於2013年所推出的《愚人國》都曾將臺灣航海史寫入小說，但這些小說多是強調臺灣與海洋的關係，已經不是他自己個人的海洋生活經驗，也因此他在〈我在上個世紀的寫作〉一文中引述了詩人梅西菲爾（John Masefield）的詩句：「我一定要再出海一次，去到那看不到其他人的海和天空／……我一定要再出海一次，歌舞飄泊人生／和海鷗

〔註1〕葉連鵬：《臺灣當代海洋文學之研究》（桃園：中央大學中國文學研究所博士論文，2006年），頁262～263。
〔註2〕彭品光：《澎湃怒潮集》（臺北：星光出版社，1978年8月）。

或巨鯨一起生活，那裡的氣流像磨亮的刀刃。」〔註3〕期待再像從前一般能再從事海洋文學，雖然這是他的期待，但恐怕也是他的感嘆。

另外像是劉克襄、王家祥也是如此。90 年代後，劉克襄轉往自然史的爬梳，並從事生態旅遊寫作，雖偶爾也會來到濱海小鎮、漁村，進行古道踏查，寫下〈七星潭防風林〉、〈菊島旅行記〉、〈不存在般的小琉球〉等旅遊小品，但想要看劉克襄再次「寒流來襲，大地飛沙走石。在接近八級，酷寒的海風下，我獨自扛著相機背包，手拎著腳架，緊縮著身子，辛苦地走進海岸。」〔註4〕幾乎已成絕響，這不但是因為他所觀察的海岸正遭受迫害而逐漸消失，另一方面也是因為年過半百的他，想要再從事這樣的海岸踏查，也並不容易。從以上例子不難發現，想要從事海洋文學創作，與深刻的海洋經驗息息相關，而這又多半與作家所從事的海洋工作有關，一旦作家離開相關職務，他的海洋文學創作也泰半等同於宣告結束。

五、海洋文學理論百家爭鳴

至於理論方面，50 年代《海洋生活》海軍刊物，以及 70 年代大海洋詩人朱學恕努力試圖建構海洋文學理論，但是由於《海洋生活》服膺於政府「戰鬥文藝」政策理論，朱學恕立論過於寬泛而模糊不清，因此未能幫助海洋文學擴張版圖。之後 50 年代至 80 年代期間，長期的海禁關係，社會大眾無法親近海洋，文學創作者與研究者也不特別重視海洋，海洋始終只是創作者的書寫題材之一，海洋文學，或者是海洋書寫，只是臺灣文學的一股微弱的支流。雖然這四十年來，臺灣文學界每十年就有新的文學風潮輪替，不論是 50 年代的現代詩、60 年代的現代文學、70 年代的鄉土文學，還是 80 年代的本土文學、自然寫作，但是每當新世代文學風潮出現，詩人、小說家就忙著為新的文學進行理論架構，並對上一代文學進行口誅筆伐，於是也就無暇（更是無心）為海洋文學立論。

不過，即使這段期間海洋文學理論停擺，但不能否認的是，70 年代鄉土文學的興起，80 年代臺灣本土意識抬頭，這時期的文學理論建構，雖不是針對海洋文學，但是對於海洋文學／書寫的發展也產生關鍵的影響，使得海洋

〔註3〕東年：〈我在上個世紀的寫作〉，收入東年：《愚人國》（臺北：聯合文學出版，2013 年 7 月），頁 313。

〔註4〕劉克襄：《風鳥皮諾查》（臺北：遠流出版，1991 年 6 月），頁 9。

文學創作逐漸從浪漫想像的文學調性轉向經驗現實描述的趨勢，這一點從東年的海洋小說到後來的劉克襄、王家祥的海岸生態書寫，都能看到這明顯的轉變軌跡。

　　眞正較爲嚴謹的海洋文學理論則是 2000 年之後，由於廖鴻基與夏曼・藍波安兩位海洋文學作家出現，並大量從事海洋文學創作後，逐漸吸引文評家的投入研究，並紛紛針對海洋文學進行理論架構。而在學術界加入研究之後，使得海洋文學理論的討論與界說更加熱烈。然而由於臺灣海洋文學的發展橫跨半世紀之久，文學理論在過去是模糊不清，而中間又有中空的狀況，因此新的研究者對於海洋文學理論的架構可以說是從頭開始，加上各研究者因選材的需求，以及對海洋文學認知的不同，於是新世紀研究者的海洋文學理論也呈現百家爭鳴、眾聲喧嘩的狀況。不過，這也代表海洋文學的地位持續提昇，臺灣學界對海洋文學的重視有增無減，在這趨勢下，海洋文學的理論將是與時俱進，海洋文學的發展仍有無限可能。

六、海洋文學有待發展

　　因爲廖鴻基、夏曼・藍波安所吹起的海洋文學炫風，使得 90 年代後海洋文學成爲創作顯學，不但研究者眾，從事海洋文學創作的作家也不少。撇開過去已經營許久的作家例如朱學恕、汪啓疆、東年、劉克襄、王家祥等作家不論，光是在 90 年代，其中作家及作品就有廖鴻基的《討海人》（1996）、《鯨生鯨世》（1997）、《漂流監獄》（1998）、《來自深海》（1999）、《尋找一座島嶼》（1999）等五本著作；以及夏曼・藍波安的《八代灣的神話》（1992）、《冷海情深》（1997）、《黑色翅膀》（1999）等三部作品。另外，還有丘彥明《民主女神號航海日記》（1990）、吳永華的《群鳥飛躍在蘭陽》（1993）、《守著蘭陽守著鳥》（1994）、《蘭陽海岸之歌：蘇花古道與河口濕地的深情記事》（1997）、尹萍《海洋臺灣》（1993）、詩人蔡富澧的詩集《與海爭奪一場夢》（1993）、梁琴霞《航海日記》（1996）、曾玲《一個臺灣女孩的航海日記》（1997）、《小迷糊闖海關》（1998）、李潼《蔚藍的太平洋日記》（1997）、沈振中的自然寫作《老鷹的故事》（1998）、《鷹兒要回家》（1999）、《老鷹觀想錄》（1999）、高岱君的《馬爾地夫星星海》（1999）等，海洋文學相關作品與 80 年代相比，有令人眼睛爲之一亮的成績。

　　到了 2000 年以後，海洋文學更爆炸性的成長，廖鴻基有《海洋遊俠──臺灣尾的鯨豚》（2001）、《臺 11 線藍色太平洋》（2003）、《漂島：一段遠航記述》（2003）、《腳跡船痕》（2006）、《海天浮沉》（2006）、《領土出航》（2007）、《後山鯨書》（2008）、《南方以南》（2009）、《飛魚・百合》（2010）、《漏網新魚：一波波航向海洋的寧靜》（2011）、《回到沿海》（2012）等。同時，夏曼・藍波安則是有《海浪的記憶》（2002）《航海家的臉》（2007）、《老海人》（2009）、《天空的眼睛》（2012）、《大海浮夢》（2014）。另外，還有杜披雲《風雨海上人》（2000）、陳素宜《海洋的故事》（2000）、許育銘《討海：火燒船難，海上漂流十九天求生實錄》（2000）、曾玲《乘瘋破浪》、阿彬《船上的 365 天》（2001）、高岱君《散步在雲朵的背脊：高岱君貝殼詩》（2001）、劉寧生《海洋之子劉寧生》（2001）、潘弘輝《水兵之歌》（2002）、高世澤《捷運的出口是海洋》（2003）、《詩索海洋》（2008）、王緒昂《在鯨的國度悠遊》（2003）、沈振中《老鷹的故事第三集，尋找失落的老鷹》（2004）、呂嘉惠《湛藍深海》（2004）、蔡富澧《藍色牧場》、林建隆《藍水印》（2004）、范欽慧《海洋行旅》（2006）、張祖德《航向看不見的島嶼：獨木舟澎湖百島航行手記》（2008）、薛好薰《海田父女》（2011）等。

　　這些海洋文學相關作品看似洋洋灑灑，但絕大分都只是作家的一時之作。如果我們把只出版單本作品的作家去除之後，不難發現，號稱海洋文學開展的 90 年代，海洋文學數量急遽攀升的新世紀，真正有持續、大量進行海洋文學創作的作家，除了廖鴻基還是廖鴻基，除了夏曼・藍波安還是夏曼・藍波安。對此，郝譽翔就曾感嘆地說：

> 臺灣談論海洋文學已經有許多年了，然而談歸談，真正投入海洋寫作的人，卻仍舊是稀少得可憐，也導致研究者遠遠超過了創作的人，但可惜研者又多是從來不沾一點海水的。〔註5〕

這話說得相當中肯，確實是臺灣海洋文學創作的一景。

　　當然我們不能忽視還有其他作家回頭過來繼續從事與海洋文學相關的創作，例如呂則之也在退休後，以澎湖海洋為經緯，又陸續完成了《浪潮細語》、《父親的航道》、《風中誓願》、《悠悠瘋狗天》等四部長篇小說。50 年代海軍作家張放，也以回憶的方式，以過去在澎湖服役的經驗為背景，創作了「海

〔註 5〕郝譽翔：〈多情的女性海洋〉，收入薛好薰：《海田父女》（臺北：寶瓶文化，2011 年），頁 9。

峽」、「邊緣人」三部曲,重新詮釋過往國共內戰史的海洋小說。但即使如此,創作者仍是有限,持續創作者更少,整個臺灣海洋文學的創作,看似蓬勃發展,事實上仍在起步的狀態,還有很大的努力空間。

引用文獻

一、古籍專書

1. 《臺灣府志》，（清）蔣毓英撰，臺北：大通書局《臺灣文獻史料叢刊》影印《臺灣文獻叢刊》本，1987 年初版。

2. 《臺灣府志》，（清）高拱乾撰，臺北：大通書局《臺灣文獻史料叢刊》影印《臺灣文獻叢刊》本，1987 年初版。

3. 《裨海紀遊》，（清）郁永河撰，臺北：大通書局《臺灣文獻史料叢刊》影印《臺灣文獻叢刊》本，1987 年初版。

4. 《諸羅縣志》，（清）周鍾瑄撰，臺北：大通書局《臺灣文獻史料叢刊》影印《臺灣文獻叢刊》本，1987 年初版。

5. 《臺海使槎錄》，（清）黃叔璥撰，臺北：大通書局《臺灣文獻史料叢刊》影印《臺灣文獻叢刊》本，1987 年初版。

6. 《重修臺灣府志》，（清）范咸撰，臺北：大通書局《臺灣文獻史料叢刊》影印《臺灣文獻叢刊》本，1987 年。

7. 《澎湖紀略》，（清）胡建偉撰，臺北：大通書局《臺灣文獻史料叢刊》影印《臺灣文獻叢刊》本，1987 年初版。

8. 《續修臺灣縣志》，（清）謝金鑾撰，臺北：大通書局影印《臺灣文獻史料叢刊》影印《臺灣文獻叢刊》本，1987 年初版。

9. 《彰化縣志》，（清）周璽撰，臺北：大通書局《臺灣文獻史料叢刊》影印《臺灣文獻叢刊》本，1987 年初版。

10. 《噶瑪蘭廳志》，（清）陳淑均撰，臺北：大通書局《臺灣文獻史料叢刊》影印《臺灣文獻叢刊》本，1987 年初版。

11. 《淡水廳志》，（清）陳培桂撰，臺北：大通書局《臺灣文獻史料叢刊》影印《臺灣文獻叢刊》本，1987 年初版。

12. 《臺灣輿圖》，（清）夏獻綸撰，臺北：大通書局《臺灣文獻史料叢刊》影印《臺灣文獻叢刊》本，1987 年初版。

13. 《澎湖廳志》，（清）林豪撰，臺北：大通書局《臺灣文獻史料叢刊》影印《臺灣文獻叢刊》本，1987 年初版。

14. 《苗栗縣志》，（清）沈茂陰撰，臺北：大通書局《臺灣文獻史料叢刊》影印《臺灣文獻叢刊》本，1987 年初版。

15. 《苑裡志》，（清）蔡振豐撰，臺北：大通書局《臺灣文獻史料叢刊》影印《臺灣文獻叢刊》本，1987 年初版。

二、文學專書（依作者姓氏筆劃排序）

1. 王拓撰，《牛肚港的故事》，臺北：草根出版社，1998 年 5 月初版。

2. 王拓撰，《金水嬸》，臺北：九歌出版社，2001 年 5 月初版。

3. 王拓撰，《望君早歸》，臺北：九歌出版社，2001 年 5 月初版。

4. 王家祥撰，《文明荒野》，臺中：晨星出版社，1990 年 6 月初版。

5. 王家祥撰，《自然禱告者》，臺中：晨星出版社，1992 年 12 月初版。

6. 王家祥撰，《四季的聲音》，臺中：晨星出版社，1997 年 11 月初版。

7. 王家祥撰，《山與海》，臺北：玉山社出版事業股份有限公司，1996 年 6 月初版。

8. 瓦歷斯·諾幹撰，《番刀出鞘》，臺北：稻香出版社，2000 年 6 月初版。

9. 朱學恕撰，《三葉螺線》，高雄：創世紀詩社，1962 年 8 月初版。

10. 朱學恕撰，《給海》，高雄：大業書局，1970 年 8 月初版。

11. 朱學恕撰，《海之組曲》，高雄：山水詩社，1975 年 3 月初版。

12. 朱學恕撰，《飲浪的人》，高雄：大海洋文藝社，1986 年 3 月初版。

13. 何毓衡撰，《藍色記憶》，臺北：文星出版社，1964 年初版。

14. 何毓衡撰，《浪花上的喜劇》，臺北：海洋生活月刊社，1965 年初版。

15. 吳永華撰，《守著蘭陽守著鳥》，臺中：晨星出版社，1994 年 9 月初版。

16. 吳永華撰，《被遺忘的日籍臺灣動物學者》，臺中：晨星出版社，1996 年 1 月初版。

17. 吳永華撰，《蘭陽三郡動物誌》，臺北：玉山社，1997 年 3 月初版。

18. 呂則之撰，《海煙》，臺北：自立晚報出版社，1983 年初版。

19. 呂則之撰，《雷雨》，臺北：聯經出版事業公司，1988 年 3 月初版。

20. 呂則之撰，《海煙》，臺北：草根出版事業有限公司，1997 年 4 月初版。

21. 呂則之撰，《荒地》，臺北：草根出版事業有限公司，1997 年 4 月初版。

22. 呂則之撰，《憨神的秋天》，臺北：草根出版事業有限公司，1997 年 4 月初版。

23. 汪啟疆撰，《夢中之河》，臺北：黎明文化事業公司，1979 年 8 月初版。

24. 汪啟疆撰，《海洋姓氏》，臺北：尚書文化出版社，1990 年 6 月初版。

25. 汪啟疆撰，《海上的狩獵季節》，臺北：九歌出版社，1995 年 11 月初版。

26. 汪啟疆撰，《藍色水手》，臺北：黎明文化事業股份有限公司，1996 年 6 月初版。

27. 汪啟疆撰，《人魚海岸》，臺北：九歌出版社，2000 年 1 月初版。

28. 邱斐顯撰，《想為臺灣做一件事——臺灣價值訪談錄及心情紀事》，臺北：前衛出版社，2010 年初版。

29. 東年撰，《落雨的小鎮》，臺北：聯經出版事業公司，1977 年 12 月初版。

30. 東年撰，《大火》，臺北：聯經出版事業公司，1979 年 9 月初版。

31. 東年撰，《去年冬天》，臺北：聯經出版事業公司，1983 年 9 月初版。

32. 東年撰，《失蹤的太平洋三號》，臺北：聯經出版事業公司，1985 年 3 月初版。

33. 東年撰，《給福爾摩莎寫信》，臺北：聯合文學出版社，2005 年 1 月初版。

34. 東年撰，《愚人國》，臺北：聯合文學出版社，2013 年 7 月初版。

35. 林仙龍撰，《心境》，臺北：浩瀚出版社，1975 年 5 月初版。

36. 洛夫撰，《無岸之河》，臺北：大林書店，1970 年 3 月初版。

37. 洛夫撰，《魔歌》，臺北：中外文學月刊社，1974 年 12 月初版。

38. 洛夫撰，《眾荷喧嘩》，新竹：楓城出版社，1976 年 5 月初版。

39. 洛夫撰，《因為風的緣故》，臺北：九歌出版社，1988 年 6 月初版。

40. 夏曼・藍波安撰，《八代灣的神話》，臺中：晨星出版社，1992 年 9 月初版。

41. 夏曼・藍波安撰，《冷海情深》，臺北：聯合文學出版社，1997 年 5 月初版。

42. 夏曼・藍波安撰，《海浪的記憶》，臺北：聯合文學出版社，2002 年 7 月初版。

43. 夏曼・藍波安撰，《航海家的臉》，新北：印刻出版有限公司，2007 年 7 月初版。

44. 夏曼・藍波安撰，《黑色的翅膀》，臺中：聯經出版事業股份有限公司，2009 年 8 月初版。

45. 夏曼・藍波安撰《老海人》，新北：印刻生活雜誌出版有限公司，2009 年 8 月初版。

46. 夏曼・藍波安撰，《天空的眼睛》，臺北：聯經出版事業股份有限公司，2012 年 8 月初版。

47. 徐仁修撰，《猿吼季風林》，臺北：遠流出版社，1999 年 6 月初版。

48. 孫大川撰，《久久酒一次》，臺北：張老師出版社，1991 年 7 月初版。

49. 郭嗣汾撰，《黎明的海戰》，香港：亞洲出版社有限公司，1954 年 12 月初版。

50. 郭嗣汾撰，《海星》，臺北：三民書局有限公司，1967 年初版。

51. 郭嗣汾撰，《謝橋》，高雄：長城出版社，1967 年 3 月初版。

52. 郭嗣汾撰，《迷津》，臺中：立志出版社，1969 年 4 月初版。

53. 張放撰，《沙河村》，臺北：文豪出版社，1977 年 11 月初版。

54. 張放撰，《不是過客》，臺北：黎明文化事業股份有限公司，1991 年 10 月初版。

55. 張放撰，《海兮》，臺北：文史哲出版社，1996 年 1 月初版。

56. 張放撰，《海魂》，臺北：昭明出版社，2001 年 4 月初版。

57. 張放撰，《漲潮時》，臺北：昭明出版社，2001 年 6 月初版。

58. 張放撰，《與海有約》，臺北：昭明出版社，2001 年 7 月初版。

59. 張放撰，《海燕》，新北：詩藝文出版社，2006 年 5 月初版。

60. 張放撰，《天河》，新北：詩藝文出版社，2007 年 2 月初版。

61. 張放撰，《海客》，新北：詩藝文出版社，2007 年 10 月初版。

62. 張明初撰，《碧海左營心》，臺北：星光出版社，2002 年 8 月初版。

63. 張默撰，《紫的邊陲》，臺北：創世紀出版事業，1964 年 10 月初版。

64. 張默撰，《上昇的風景》，臺北：巨人出版社，1970 年 10 月初版。

65. 張默撰，《張默自選集》，臺北：黎民文化事業，1978 年 3 月初版。

66. 曾玲撰，《小迷糊闖海關》，臺北：大田出版有限公司，1998 年 8 月初版。

67. 曾玲撰，《乘瘋破浪》，臺北：大田出版有限公司，2000 年 12 月初版。

68. 覃子豪撰，《海洋詩抄》，臺北：新詩周刊社，1953 年 4 月初版。

69. 彭品光撰，《荒島夢回》，臺北：海洋生活月刊社，1959 年 12 月初版。

70. 彭品光撰，《赤子悲歌》，臺北：臺灣學生書局，1972 年 11 月初版。

71. 瘂弦撰，《瘂弦詩集》，臺北：洪範書店，1961 年初版。

72. 廖鴻基撰，《環保花蓮》，花蓮：花蓮洄瀾文教基金會，1995 年 5 月初版。

73. 廖鴻基撰，《討海人》，臺中：晨星出版有限公司，1996 年 6 月初版。

74. 廖鴻基撰，《鯨生鯨世》，臺中：晨星出版有限公司，1997 年 6 月初版。

75. 廖鴻基撰，《漂流監獄》，臺中：晨星出版有限公司，1998 年 4 月初版。

76. 廖鴻基撰，《來自深海》，臺中：晨星出版有限公司，1999 年 2 月初版。

77. 廖鴻基撰,《山海小城》,臺北:望春風文化事業股份有限公司,2000 年 10 月初版。

78. 廖鴻基撰,《海洋遊俠——臺灣尾的鯨豚》,新北:印刻出版社,2001 年 10 月初版。

79. 廖鴻基撰,《漂島——一段遠航記述》,新北:印刻文學生活雜誌出版有限公司,2003 年 12 月初版。

80. 廖鴻基撰,《尋找一座島嶼》,臺中:晨星出版社,2005 年 3 月初版。

81. 廖鴻基撰,《腳跡船痕》,新北:印刻出版有限公司,2006 年 4 月初版。

82. 廖鴻基撰,《領土出航》,臺北:聯合文學出版社,2007 年 6 月初版。

83. 廖鴻基撰,《後山鯨書》,臺北:聯合文學出版社,2008 年 2 月初版。

84. 廖鴻基撰,《南方以南》,臺北:聯合文學出版社,2009 年 9 月初版。

85. 廖鴻基撰,《漏網新魚:一波波航向海的寧靜》,臺北:有鹿文化事業有限公司,2011 年 7 月初版。

86. 廖鴻基撰,《回到沿海》,臺北:聯合文學出版社,2012 年 2 月初版。

87. 鄭愁予撰,《夢土上》,臺北:現代詩社,1955 年初版。

88. 鄭愁予撰,《衣缽》,臺北:臺灣商務印書館,1966 年 10 月初版。

89. 劉克襄撰,《旅次札記》,臺北:時報文化出版事業,1982 年 6 月初版。

90. 劉克襄撰,《隨鳥走天涯》,臺北:洪範書店,1985 年 1 月初版。

91. 劉克襄撰,《旅鳥的驛站》,臺北:中華民國自然生態保育協會,1984 年 3 月初版。

92. 劉克襄撰,《消失中的亞熱帶》,臺中:晨星出版社,1986 年 9 月初版。

93. 劉克襄撰,《橫越福爾摩沙》,臺北:自立晚報社,1989 年 10 月初版。

94. 劉克襄撰,《風鳥皮諾查》,臺北:遠流出版事業股份有限公司,1991 年 6 月初版。

95. 劉克襄撰,《後山探險——十九世紀外國人在臺灣東海岸的旅行》,臺北:自立晚報社 1992 年 5 月初版。

96. 劉克襄撰,《自然旅情》,臺中:晨星出版社,1992 年 12 月初版。

97. 劉克襄撰,《深入陌生地——外國旅行者所見的臺灣》,臺北:自立晚報社,1993 年 3 月初版。

98. 劉克襄撰,《永遠的信天翁》,臺北:遠流出版事業股份有限公司,2008 年 6 月初版。

99. 薛好薰撰,《海田父女》,臺北:寶瓶文化,2011 年初版。

100. 韓韓、馬以工撰,《我們只有一個地球》,臺北:九歌出版社,1983 年 1 月初版。

三、文學選集

1. 朱學恕、汪啓疆編，《中國海洋文學大系：二十世紀海洋詩精品賞析選集》，新北：詩藝文出版社，2002 年 4 月初版。

2. 吳明益編，《臺灣自然寫作選》，臺北：二魚文化，2003 年 8 月初版。

3. 林燿德編，《海事——中國現代海洋小說選》，臺北：號角出版社，1987 年 7 月初版。

4. 林燿德編，《海是地球的第一個名字——中國現代海洋詩選》，臺北：號角出版社，1987 年 7 月初版。

5. 林燿德編，《藍種籽——中國現代海洋散文選》，臺北：號角出版社，1987 年 7 月初版。

6. 施叔、高天生編，《王拓集》，臺北：前衛出版社，1992 年 4 月初版。

7. 施叔、高天生編，《東年集》，臺北：前衛出版社，1992 年 4 月初版。

8. 封德屏編，《臺灣人文出版社 30 家》，臺北：文訊雜誌社，2008 年初版。

9. 孫大川編，《臺灣原住民族漢語文學選集：小說卷（上）》，新北：印刻出版有限公司，2003 年 4 月初版。

10. 孫大川編，《臺灣原住民族漢語文學選集：小說卷（下）》，新北：印刻出版有限公司，2003 年 4 月初版。

11. 孫大川編，《臺灣原住民族漢語文學選集：評論卷（上）》，新北：印刻出版有限公司，2003 年 4 月初版。

12. 孫大川編，《臺灣原住民族漢語文學選集：評論卷（下）》，新北：印刻出版有限公司，2003 年 4 月初版。

13. 瘂弦、張默編，《六十年代詩選》，臺北：大業書店，1961 年 1 月初版。

14. 瘂弦、洛夫、張默編，《七十年代詩選》，臺北：大業書店，1967 年 9 月初版。

15. 瘂弦編，《創世紀詩選》，臺北：爾雅出版社，1984 年 9 月初版。

四、文史理論與批評專書

1. 王拓撰，《街巷鼓聲》，臺北：遠景出版社，1977 年 9 月初版。

2. 王德威撰，《閱讀當代小說》，臺北：遠流出版社，1991 年 9 月初版。

3. 王德威撰，《如何現代・怎樣文學？十九、二十世紀中文小說新論》，臺北：麥田出版社，1998 年初版。

4. 田啓文撰，《臺灣環保散文研究》，臺北：文津出版社，2004 年初版。

5. 古繼堂撰，《臺灣小說發展史》，臺北：文史哲出版社，1996 年 10 月初版。

6. 朱學恕撰，《開拓海洋新境界》，高雄：大海洋文藝雜誌社，1987 年 10 月初版。

7. 朱雙一撰，《戰後臺灣新世代文學論》，臺北：揚智文化，2002 年 2 月初版。

8. 吳明益撰，《臺灣現代自然書寫的探索》，新北：夏日出版，2012 年 1 月初版。

9. 吳明益撰，《臺灣自然書寫的作家論》，新北：夏日出版，2012 年 1 月初版。

10. 吳明益撰，《自然之心——從自然書寫到生態批評》，新北：夏日出版，2012 年 1 月初版。

11. 孟樊、林燿德編，《世紀末偏航》，臺北：時報出版社，1990 年 12 月初版。

12. 周芬伶、簡恩定等撰，《現代文學》，新北：空中大學，1999 年 8 月初版。

13. 洛夫撰，《洛夫詩論選集》，臺北：開源出版事業，1977 年 1 月初版。

14. 洛夫撰，《孤寂中的迴響》，臺北：東大圖書有限公司，1981 年 7 月初版。

15. 高天生撰，《臺灣小說與小說家》，臺北：前衛出版社，1985 年初版。

16. 孫大川撰，《山海世界：臺灣原住民心靈世界的摹寫》，臺北：聯合文學出版社，2000 年 4 月初版。

17. 張默撰，《飛騰的象徵》，臺北：水芙蓉出版社，1976 年 9 月初版。

18. 張默撰，《無塵的鏡子》，臺北：東大圖書有限公司，1981 年 9 月初版。

19. 尉天驄編，《鄉土文學討論集》，臺北：遠景出版社，1978 年 4 月初版。

20. 陳芳明撰，《臺灣人的歷史與意識》，臺北：敦理出版社，1988 年 8 月初版。

21. 陳芳明撰，《臺灣新文學史（上）》，臺北：聯經出版事業股份有限公司，2011 年 10 月初版。

22. 陳芳明撰，《臺灣新文學史（下）》，臺北：聯經出版事業股份有限公司，2011 年 10 月初版。

23. 陳建忠等撰，《臺灣小說史論》，臺北：麥田出版社，2007 年 3 月初版。

24. 陳義芝編，《臺灣現代小說史綜論》，臺北：聯經出版事業公司，1998 年 12 月初版。

25. 彭品光編，《當前問學問題總批判》，臺北：青溪新文藝學會，1977 年 11 月初版。

26. 彭品光撰，《澎湃怒潮集》，臺北：星光出版社，1978 年 8 月初版。

27. 彭瑞金撰，《臺灣新文學運動 40 年》，高雄：春暉出版社，1998 年 8 月初版。

28. 彭瑞金撰，《驅除迷霧·找回祖靈》，高雄：春暉出版社，2000 年。

29. 舒蘭撰，《中國海洋詩話》，臺北：布穀出版社，1985 年初版。

30. 葉石濤撰，《臺灣文學史綱》，高雄：春暉出版社，1987 年 2 月初版。

31. 賈福相編，《人與海：臺灣海洋環境》，臺北：聯經出版事業公司，1998 年 6 月初版。

32. 楊照撰，《倉皇島嶼——歷史與現實分析》，臺北：遠流出版公司，1996 年 11 月初版。

33. 楊照撰，《夢與灰燼——戰後文學史散論二集》，臺北：聯合文學出版社，1998 年 4 月初版。

五、外文譯作

1. 必麒麟（William Alexander Pickering）撰，陳逸君譯，《歷險福爾摩沙》（Pioneering in Formosa : recollections of adventures among Mandarins, wreckers & head-hunting savages），臺北：原民文化，1999 年 1 月初版。

2. 艾勒克・博埃默（Elleke Boehmer）撰，盛寧、韓敏中譯，《殖民與後殖民文學》（Colonial and Postcolonial Literature），遼寧：遼寧教育出版社，1998 年 11 月初版。

3. 伊能嘉矩撰，楊南郡譯，《平埔族調查旅行——伊能嘉矩〈臺灣通信〉選集》，臺北：遠流出版社，1996 年 9 月初版。

4. 伊能嘉矩撰，楊南郡譯，《臺灣踏查日記（上）》，臺北：遠流出版社，1996 年 9 月初版。

5. 伊能嘉矩撰，楊南郡譯，《臺灣踏查日記（下）》，臺北：遠流出版社，1996 年 9 月初版。

6. 佛斯特（Edward Morgan Forster）撰，李文彬譯，《小說面面觀》（Aspects of the novel），臺北：志文出版社，2002 年 1 月初版。

7. 阿爾多・李奧帕德（Aldo Leopold）撰，吳美真譯，《沙郡年記——李奧帕德的自然沉思》（A Sand County almanac. With other essays on conservation from Round River），臺北：天下文化出版，1998 年初版。

8. 馬偕（George Leslie Mackay）撰，林晚生譯，《福爾摩沙紀事：馬偕臺灣回憶錄》（From Far Formosa），臺北：前衛出版社，2007 年 5 月初版。

9. 鳥居龍藏撰，楊南郡譯，《探險臺灣——鳥居龍藏的臺灣人類學之旅》，臺北：遠流出版社，1996 年 9 月初版。

10. 森丑之助撰，楊南郡譯，《生蕃行腳——森丑之助的臺灣探險》，臺北：遠流出版社，2000 年 1 月初版。

六、論文及與其他著作

1. 行政院研究發展考核委員會編，《海洋白皮書》，臺北：行政院研究發展考核委員會，2001 年初版。

2. 行政院研究發展考核委員會編，《海洋政策白皮書》，臺北：行政院研究發展考核委員會，2006 年初版。

3. 行政院海洋事務委員會編，《2004 年海洋事務研討會實錄》，臺北：行政院海洋事務推動委員會，2004 年 12 月初版。

4. 行政院教育部編，《海洋教育政策白皮書》，臺北：行政院教育部，2007年 3 月初版。

5. 邱文彥編，《海洋文化與歷史》，臺北：胡氏圖書，2003 年初版。

6. 邱文彥編，《海洋永續經營》，臺北：胡氏圖書，2003 年初版。

7. 邱文彥編，《海洋產業發展》，臺北：胡氏圖書，2003 年初版。

8. 金榮華撰，〈海洋與海洋文學〉，《人文海洋——2004 海洋「人文藝術與社會」研討會會後論文集》，臺北：華立圖書，2005 年 8 月初版。

9. 凌性傑撰，〈面對海洋的兩種態度——從《海洋遊俠》與《海浪的記憶》談起〉，《第七屆青年文學會議論文集》，臺北：文訊雜誌社，2003 年 11月初版。

10. 夏曼・藍波安撰，〈印尼海航路的體驗〉，《人文海洋——2006 海洋「人文藝術與社會」研討會會後論文集》，臺南：耀昇企業社，2007 年 10 月初版。

11. 陳昌明撰，〈人與土地：臺灣自然寫作與社會變遷〉，《文化、認同、社會變遷：戰後五十年臺灣文學國際學術研討會論文集》，臺北：行政院文建會，2000 年 6 月初版。

12. 陳明柔編，《臺灣的自然書寫——2005 年「自然書寫學術研討會」文集》，臺中：晨星出版社，2006 年 11 月初版。

13. 莊宜文撰，〈航向人性的黝深海域——試論東年的海洋小說〉，《海洋與文藝國際會議論文集》，高雄：中山大學文學院，1999 年 9 月初版。

14. 楊淑雅撰，〈海洋女神——媽祖的故事〉，《人文海洋——2004 海洋「人文藝術與社會」研討會會後論文集》，臺北：華立圖書，2005 年 8 月初版。

15. 葉連鵬撰，〈「鄉土」與「海洋」的合奏曲——試論呂則之的小說世界〉，《澎湖研究第二屆學術研討會論文集》，澎湖：澎湖縣立文化局，2003年 4 月初版。

16. 廖鴻基撰，〈海洋文學及藝術〉，《海洋永續經營》，臺北：胡氏圖書，2003年初版。

17. 蔡振念撰，〈臺灣現代海洋詩中的意象與情感〉，《海洋與文藝國際會議論文集》，高雄：中山大學文學院，1999 年 9 月初版。

18. 鍾玲編撰，《海洋與文藝國際會議論文集》，高雄：中山大學文學院，1999年 9 月初版。

七、期刊

1. 大海洋詩社撰，〈本刊編印中國海洋詩選〉，《大海洋》第 5 期，1976 年 12 月。

2. 大海洋詩社撰，〈大海洋潮訊〉，《大海洋》第 8 期，1977 年 12 月。

3. 王平陵撰，〈海洋文學的重要性〉，《海洋生活》第 9 卷第 9 期，1963 年 9 月。

4. 王家祥撰，〈悲泣的河海專輯　傷痕篇 1 綠牡蠣的惡夢海岸〉，《人間》第 7 期，1986 年。

5. 中國海軍月刊社撰，〈編者的話〉，《中國海軍》第 19 卷第 1 期，1966 年 1 月。

6. 尹雪曼撰，〈把希望寄託在海軍〉，《中國海軍》第 6 卷第 9 期，1953 年 9 月。

7. 朱學恕撰，〈海上風浪又一年〉，《海洋生活》第 8 卷第 3 期，1962 年 3 月。

8. 朱學恕撰，〈他自陸上來〉，《海洋生活》第 8 卷第 10 期，1962 年 10 月。

9. 朱學恕撰，〈海之羅列〉，《海洋生活》第 9 卷 12 期，1963 年 12 月。

10. 朱學恕撰，〈開拓海洋文學的新境界〉，《大海洋》創刊號，1975 年 10 月。

11. 朱學恕撰，〈談海洋詩的永恆性——爲悼念海洋詩人覃子豪先生而作〉，《大海洋》第 12 期，1979 年 10 月。

12. 朱學恕撰，〈論海洋文學與現代詩〉，《大海洋》第 17 期，1983 年 7 月。

13. 朱學恕撰，〈論詩與現實〉，《大海洋》第 18 期，1984 年 6 月。

14. 朱學恕撰，〈論「新儒思想」與海洋文化〉，《大海洋》第 23 期，1985 年 12 月。

15. 朱學恕撰，〈讓我們來讀詩〉，《大海洋》第 24 期，1986 年 4 月。

16. 朱學恕撰，〈中國海洋雄風萬里長〉，《大海洋》第 27 期，1987 年 1 月。

17. 朱學恕撰，〈論海洋文學與海洋詩〉，《大海洋》第 31 期，1988 年 9 月。

18. 朱學恕撰，〈論開拓海洋詩的新境界（上）〉，《大海洋》第 34 期，1990 年 1 月。

19. 朱學恕撰，〈論開拓海洋詩的新境界（中）〉，《大海洋》第 35 期，1990 年 6 月。

20. 朱學恕撰，〈論開拓海洋詩的新境界（下）〉，《大海洋》第 36 期，1990 年 12 月。

21. 朱學恕撰，〈大海洋詩刊　再出發〉，《大海洋》第 38 期，1991 年 3 月。

22. 朱學恕撰，〈論海洋文學〉，《大海洋》第 40 期，1992 年 5 月。

23. 朱學恕撰，〈大海洋詩刊，再出發！〉，《大海洋》第 38 期，1991 年 12 月。

24. 朱學恕撰，〈論人活者需要詩〉，《大海洋》第 39 期，1992 年 1 月。

25. 朱學恕撰，〈藍藍的回憶（一）〉，《大海洋》第 68 期，2003 年 12 月。

26. 朱學恕撰，〈藍藍的回憶（二）〉，《大海洋詩雜誌》第 69 期，2004 年 6 月。

27. 朱學恕撰，〈藍藍的回憶（三）〉，《大海洋詩雜誌》第 70 期，2004 年 12 月。

28. 朱學恕撰，〈藍藍的回憶（四）〉，《大海洋詩雜誌》第 71 期，2005 年 6 月。

29. 朱學恕撰，〈藍藍的回憶（五）〉，《大海洋詩雜誌》第 73 期，2006 年 6 月。

30. 朱學恕撰，〈藍藍的回憶（六）〉，《大海洋詩雜誌》第 75 期，2007 年 6 月。

31. 朱雙一撰，〈現代人的焦慮和生存競爭——東年論〉，《聯合文學》第 11 卷 3 期，1995 年 1 月。

32. 江州司馬撰，〈新年的新希望〉，《中國海軍》第 4 卷第 12 期，1951 年 12 月。

33. 江夏撰，〈請爲現代詩建立形式——觀現代詩三十年特展有感〉，《大海洋》第 19 期，1985 年 3 月。

34. 江煜坤撰，〈外行人看現代詩〉，《大海洋》第 2 期，1976 年 3 月。

35. 江寶釵撰，〈冰山底下的眞相——評呂則之「雷雨」〉，《文訊》第 36 期，1988 年。

36. 汪啓疆撰，〈夜過沙鹿〉，《大海洋》第 7 期，1977 年 6 月。

37. 汪啓疆撰，〈海邊歲月〉，《大海洋》第 13 期，1980 年 3 月。

38. 汪啓疆撰，〈孩童之歌〉，《大海洋》第 13 期，1980 年 3 月。

39. 吳汝誠撰，〈萬壽山〉，《大海洋》第 13 期，1980 年 3 月。

40. 宋玉撰，〈海洋與詩歌〉，《海洋生活》第 1 卷第 3 期，1955 年 3 月。

41. 宋海屛撰，〈文學與文藝的欣賞〉，《中國海軍》第 4 卷第 12 期，1951 年 12 月。

42. 宋澤萊撰，〈將「自然主義」和「虛無主義」推向頂峰的文學高手——論東年小說的深度〉，《臺灣新文學》第 10 期，1998 年 6 月。

43. 李瑞騰撰，〈評論的觀察回歸歷史脈絡〉，《聯合報》，1998 年 3 月 25 日 41 版。

44. 東年撰，〈海洋臺灣與海洋文學〉，《聯合文學》第 154 期，1997 年 5 月。

45. 東年撰，〈大海是我的故鄉〉，《聯合文學》第 158 期，1997 年 12 月。

46. 林仙龍撰，〈老漁人來到海邊〉，《大海洋》第 24 期，1986 年 4 月。

47. 林麗如撰，〈唱不完的海洋詩歌——專訪朱學恕先生〉，《文訊》第 183 期，2001 年 11 月。

48. 李季撰，〈一個孤立而擺盪的小社會──評東年的〈賊〉〉，《書評書目》第 77 期，1979 年 9 月。

49. 姜龍昭撰，〈論海洋文學〉，《海洋生活》第 4 期，1955 年 5 月。

50. 洛夫撰，〈貝殼〉，《海洋生活》第 4 卷第 9 期，1958 年 9 月。

51. 洛夫撰，〈詩人書柬〉，《大海洋》第 26 期，1986 年 10 月。

52. 紀弦撰，〈現代派信條釋義〉，《現代派》第 13 期，1956 年 1 月。

53. 范祥麟撰，〈談海洋文學〉，《海洋生活》第 7 卷第 7 期，1961 年 7 月。

54. 范祥麟撰，〈再談海洋文學〉，《海洋生活》第 7 卷第 12 期，1961 年 12 月。

55. 宣建人撰，〈海之歌〉，《海洋生活》第 6 卷 3 期，1960 年 3 月。

56. 孫德喜撰，〈海洋詩人朱學恕〉，《大海洋詩雜誌》第 72 期，2005 年 12 月。

57. 徐宗潔撰，〈海洋記憶的轉向──讀廖鴻基的《漂島》〉，《文訊月刊》第 222 期，2004 年 4 月。

58. 夏曼‧藍波安撰，〈飛魚祭（ARAYO）〉，《聯合報》，1993 年 4 月 17 日 37 版。

59. 海洋生活月刊社撰，〈振興海權，建設海軍一代發刊詞〉，《海洋生活》創刊號，1954 年 5 月。

60. 海洋生活月刊社撰，〈我們對於這次徵文的「感」與「想」〉，《海洋生活》，第 10 卷第 4 期，1964 年 4 月。

61. 海洋生活月刊社撰，〈海洋生活第十年，將海洋生活透過文藝的形式表現出來〉，《海洋生活》第 10 卷第 4 期，1964 年 4 月。

62. 海洋生活月刊社撰，〈如何有效推行「毋忘在莒」運動〉，《海洋生活》第 11 卷 1 期，1965 年 1 月。

63. 海洋生活月刊社撰，〈擴大三民主義的文藝運動〉，《海洋生活》第 11 卷 5 期，1965 年 5 月。

64. 郭玉敏撰，〈當代成名作家訪談錄──訪王家祥〉，《臺灣新文學》第 6 期，1996 年 11 月。

65. 郭嗣汾撰，〈天風海雨奏凱歌〉，《海洋生活》第 2 卷 10 期，1956 年 10 月。

66. 郭嗣汾撰，〈綠屋〉，《海洋生活》第 5 卷第 4 期，1959 年 4 月。

67. 張放撰，〈櫻花戀歌（一）〉，《海洋生活》第 2 卷第 11‧12 期，1956 年 12 月。

68. 張放撰，〈駭浪〉，《中國海軍》第 22 卷第 1 期，1969 年 1 月。

69. 張家麟撰，〈我去永安〉，《大海洋》第 6 期，1977 年 3 月。

70. 張家麟撰，〈泡沫〉，《大海洋》第 10 期，1978 年 10 月。

71. 張清志撰，〈只有海浪最愛我——孫大川對談夏曼·藍波安〉，《印刻文學生活誌》第 1 卷第 7 期，2005 年 3 月。

72. 張默撰，〈夜泊蘇比克〉，《中國海軍》第 10 卷 9 期，1957 年 10 月。

73. 張默撰，〈海啊，生命之源的海啊！〉，《中國海軍》第 19 卷第 7 期，1966 年 7 月。

74. 張默撰，〈再會·左營〉，《大海洋》第 5 期，1976 年 12 月。

75. 張瓊方撰，〈藍波安爸爸的寂寞〉，《臺灣光華雜誌》第 29 卷第 8 期，2004 年 8 月。

76. 許綿延撰，〈如何整合及協調水上警察、海關、國軍等單位，以強化我國海域執法機制與力量，與地〉，《海軍學術月刊》第 176 期，1998 年 8 月。

77. 陳克華撰，〈海洋文學的典範〉，《中國時報》，1996 年 07 月 4 日 39 版。

78. 陳建忠撰，〈部落文化重建與文學生產——以夏曼·藍波安爲例談原住民文學發展〉，《靜宜人文學報》第 18 期，2003 年 7 月。

79. 舒蘭撰，〈中國海洋詩史話〉，《大海洋》第 10 期，1978 年 12 月。

80. 舒蘭撰，〈中國海洋詩史話〉，《大海洋》第 11 期，1979 年 5 月。

81. 舒蘭撰，〈中國海洋詩史話〉，《大海洋》第 12 期，1979 年 10 月。

82. 舒蘭撰，〈中國海洋詩史話〉，《大海洋》第 14 期，1980 年 12 月。

83. 舒蘭撰，〈中國海洋詩史話〉，《大海洋》第 15 期，1981 年 10 月。

84. 舒蘭撰，〈中國海洋詩史話〉，《大海洋》第 16 期，1982 年 9 月。

85. 舒蘭撰，〈中國海洋詩史話〉，《大海洋》第 17 期，1983 年 7 月。

86. 黃騰德撰，〈從廖鴻基「鯨生鯨世」看臺灣的海洋文學〉，《臺灣人文》第 4 期，2000 年 6 月。

87. 彭品光撰，〈「黎明海戰」讀後記〉，《中國海軍》第 8 卷第 5 期，1955 年 5 月。

88. 彭品光撰，〈荒島夢回〉，《中國海軍》第 10 卷第 1 期，1957 年 1 月。

89. 彭品光撰，〈碧海情深〉，《海洋生活（六）》第 7 卷第 6 期，1961 年 6 月。

90. 費驊撰，〈一九七〇年代我國的經濟發展趨勢與經濟問題〉，《海外學人》第 15 期。

91. 瘂弦撰，〈現代詩三十年的回顧〉，《中外文學》第 10 卷 1 期，1981 年 6 月。

92. 楊天水譯，〈海角雲天〉，《中國海軍》第 13 卷第 1 期，1960 年 1 月。

93. 楊照撰，〈地理景物的人文縱深——讀劉克襄《臺灣舊路踏查記》〉，《中國時報》，1995 年 7 月 29 日 34 版。

94. 楊照撰，〈土地的自然存有——劉克襄的《隨鳥走天涯》〉，《中國時報》，1999 年 3 月 23 日 37 版。

95. 楊錦郁撰，〈海是地球的第一個名字〉，《聯合報》，1993 年 4 月 15 日 35 版。

96. 詹宏志撰，〈兩種文學心靈——評兩篇聯合報小說獎得獎作品〉，《書評書目》第 93 期，1981 年 1 月。

97. 葉連鵬撰，〈落入海的國籍——試析朱學恕的海洋境界〉，《大海洋詩雜誌》第 65 期，2002 年 5 月。

98. 葉連鵬撰，〈臺灣海洋詩壇旗艦——大海洋詩雜誌探析〉，《大海洋詩雜誌》第 72 期，2005 年 12 月。

99. 葉連鵬撰，〈論呂則之《浪潮細語》中的地方與海洋認同〉，《海洋文化學刊》第 8 期，2010 年 6 月。

100. 董成瑜撰，〈呂則之——孤島心語盡付大海〉，《中國時報》，1997 年 8 月 14 日 43 版。

101. 廖鴻基撰，〈古列泰鞍〉，《民眾日報》，1990 年 8 月 27 日 18 版。

102. 廖鴻基撰，〈一粒檳榔〉，《民眾日報》，1991 年 4 月 3 日 11 版。

103. 廖鴻基撰，〈我的女兒〉，《中國時報》，1991 年 7 月 21 日 31 版。

104. 趙友培撰，〈論文藝的戰鬥〉，《海洋生活》創刊號，1954 年 12 月。

105. 墨人撰，〈春雷〉，《中國海軍》第 4 卷第 11 期，1951 年 11 月。

106. 蔡文婷撰，〈海洋文學的初航——《討海人》〉，《光華雜誌》第 21 卷 11 期，1996 年 11 月。

107. 蔡文婷撰，〈願作大海的新郎——漁夫作家廖鴻基〉，《光華》第 21 卷 11 期，1996 年 11 月。

108. 蔡秀枝撰，〈廖鴻基《討海人》中的民間信仰與文化〉，《海洋文化學刊》第 5 期，2008 年 12 月。

109. 劉克襄撰，〈臺灣的自然寫作初論〉，《聯合報》，1996 年 1 月 4 日 34 版。

110. 蕭蕭撰，〈臺灣海洋詩的美學特質〉，《臺灣詩學季刊》29 期，1999 年 12 月。

111. 龍應台撰，〈爲澎湖立傳：評「海煙」〉，《新書月刊》第 22 期，1985 年 7 月。

112. 魏貽君撰，〈反記憶・敘述與少數論述〉，《文學臺灣》第 8 期，1993 年 10 月。

113. 簡義明、陳佳妏撰，〈尋找風鳥的身世——專訪劉克襄〉，《自由時報》，2000 年 7 月 29 日 39 版。

114. 饒立風撰，〈發展海洋文藝〉，《海洋生活》第 10 卷第 4 期，1964 年 4 月。

八、學位論文

1. 王靖芊撰，《海洋文學作家廖鴻基作品之研究》，嘉義：南華大學文學系碩士論文，2008 年。

2. 王韶君撰，《臺灣海洋文學的發展與文化建構（1975～2004)》，臺北：臺北教育大學臺灣文學研究所碩士論文，2005 年。

3. 伍寒榆撰，《洄瀾海洋：綠鯨島嶼——廖鴻基海洋書寫研究》，臺南：成功大學臺灣文學研究所碩士論文，2005 年。

4. 江典育撰，《臺灣生態書寫研究：以劉克襄、許悔之、張芳慈爲例》，臺中：中興大學臺灣文學研究所碩士論文，2010 年。

5. 江采蓮撰，《海洋心・海島情——廖鴻基的海洋文學作品研究》，宜蘭：佛光大學文學系碩士論文，2011 年。

6. 吳志群撰，《廖鴻基海洋書寫研究》，臺北：臺北教育大學臺灣文學研究所碩士論文，2005 年。

7. 吳明益撰，《當代臺灣自然寫作研究》，桃園：中央大學中國文學系博士論文，2002 年。

8. 吳建宏撰，《回歸與漂流——夏曼・藍波安與廖鴻基的海洋書寫研究》，臺中：中興大學臺灣文學研究所碩士論文，2011 年。

9. 吳韶純撰，《臺灣現代海洋文學研究》，高雄：高雄師範大學國文教學研究所碩士論文，2005 年。

10. 李友煌撰，《主體浮現：臺灣現代海洋文學的發展》，臺南：成功大學臺灣文學研究所博士論文，2011 年。

11. 李炫蒼撰，《現當代臺灣「自然寫作」研究》，臺北：臺灣師範大學國文研究所碩士論文，1998 年。

12. 李珮琪撰，《海洋作爲認同的場域——從廖鴻基及夏曼・藍波安作品探究其認同與實踐》，花蓮：花蓮師範學院多元文化教育研究所碩士論文，2005 年。

13. 李智婷撰，《海洋文學提升學生海洋關懷意識之行動研究》，基隆：臺灣海洋大學教育研究所碩士論文，2011 年。

14. 李靜華撰，《臺灣自然寫作中的人與自然》，高雄：高雄師範大學回流中文碩士班碩士論文，2009 年。

15. 林宗德撰，《消弭海／陸的界線——論廖鴻基作品中海洋文化的思想體系與美學實踐》，臺中：靜宜大學中國文學研究所碩士論文，2008 年。

16. 林怡君撰，《戰後臺灣海洋文學研究》，臺南：成功大學臺灣文學系碩士論文，2007 年。

17. 柯汶諭撰，《打造南方意識——以南方綠色革命的運動者爲例》，臺南：成功大學臺灣文學研究所碩士論文，2010 年。

18. 夏曼·藍波安撰，《原初豐腴的島嶼：達悟民族的海洋知識與文化》，新竹：清華大學人類學研究所碩士論文，2003 年。

19. 許尤美撰，《臺灣當代自然寫作研究》，桃園：中央大學中國文學系碩士論文，1997 年。

20. 陳三甲撰，《王家祥小說研究》，嘉義：南華大學文學研究所碩士論文，2004 年。

21. 陳胤維撰，《臺灣當代漁民文學研究》，彰化：彰化師範大學臺灣文學研究所碩士論文，2009 年。

22. 陳清茂撰，《宋元海洋文學研究》，高雄：中山大學中國文學系研究所博士論文，2009 年。

23. 陳曉萱撰，《廖鴻基海洋文學研究（1995～2012）》，高雄：高雄師範大學中國文學研究所碩士論文，2013 年。

24. 黃勤媛撰，《論夏曼·藍波安及其作品中海洋意象》，新竹：玄奘大學中國語文研究所碩士論文，2007 年。

25. 黃慧眞撰，《廖鴻基海洋書寫研究（1995～2007）》，臺北：淡江大學中國文學系碩士論文，2008 年。

26. 楊政源撰，《海洋文學在臺灣文學場域的興起——以夏曼·藍波安與廖鴻基爲觀察核心》，嘉義：中正大學中國文學研究所博士論文，2012 年。

27. 葉春馨撰，《八〇年代「臺灣文學」正名論》，桃園：中央大學中國文學研究所碩士論文，1995 年。

28. 葉連鵬撰，《臺灣當代海洋文學之研究》，桃園：中央大學中國文學研究所博士論文，2006 年。

29. 董恕明撰，《邊緣主體的建構——臺灣當代原住民文學研究》，臺中：東海大學中國文學系博士論文，2003 年。

30. 劉又萍撰，《劉克襄與夏曼·藍波安生態文學之環境倫理觀比較》，臺南：臺南大學生態旅遊研究所碩士論文，2008 年。

31. 劉咏絮撰，《與鯨豚對話——劉克襄與廖鴻基的鯨豚書寫探究》，臺中：東海大學中國文學系碩士論文，2008 年。

32. 蔡逸雯撰，《臺灣生態文學論述》，宜蘭：佛光人文社會學院文學研究所碩士論文，2003 年。

33. 鍾仁忠撰，《陳冠學及其散文研究》，高雄：高雄師範大學中國文學碩士論文，2007 年。

34. 簡玉妍撰，《臺灣環保散文研究——以 1970～1990 年代爲範圍》，臺中：中興大學臺灣文學系碩士論文，2010 年。

35. 簡義明撰，《臺灣「自然寫作」研究——以 1981～1997 爲範圍》，臺北：政治大學中國文學系碩士論文，1997 年。

36. 簡曉惠撰，《夏曼·藍波安海洋文學研究》，屏東：屏東教育大學中國語文學系碩士論文，2008 年。

九、研討會論文

1. 吳旻旻撰，〈臺灣當代散文中的「海／岸」〉，「2005 年海洋文化學術研討會」宣讀論文，基隆：臺灣海洋大學，2005 年 6 月 10 日。

2. 林仁昱撰，〈論臺灣現代創作歌曲的海洋情懷〉，「2005 年海洋文化學術研討會」宣讀論文，基隆：臺灣海洋大學，2005 年 6 月 10 日。

3. 林明德撰，〈臺灣漁村的偶戲〉，「海洋與文藝國際會議」宣讀論文，高雄：中山大學，1998 年 12 月 19 日～20 日。

4. 陳芷凡撰，〈母語與海洋文學意象的辯證──以夏曼·藍波安《黑色的翅膀》爲例〉，「2005 年海洋文化學術研討會」宣讀論文，基隆：臺灣海洋大學，2005 年 6 月 10 日。

5. 陳南宏撰，〈現實潛伏在深海裏──論廖鴻基討海人形象的現實批判〉，「2005 年海洋文化學術研討會」宣讀論文，基隆：臺灣海洋大學，2005 年 6 月 10 日。

6. 陳室如撰，〈浪濤與文學的合奏──臺灣現代散文中的海洋書寫〉，「2005 年海洋文化學術研討會」宣讀論文，基隆：臺灣海洋大學，2005 年 6 月 10 日。

7. 焦垣生撰，〈淺談當代中國大陸的海洋文學〉，「海洋與文藝國際會議」宣讀論文，高雄：中山大學，1998 年 12 月 19 日～20 日。